湖北省普通本科高校“荆楚卓越人才”协同育人计划项目专项经费资助

微课、慕课与翻转课堂视频制作一本通

朱定见　编著

西南交通大学出版社
·成　都·

图书在版编目（CIP）数据

微课、慕课与翻转课堂视频制作一本通 / 朱定见编著. —成都：西南交通大学出版社，2019.10（2020.7 重印）
ISBN 978-7-5643-7192-0

Ⅰ. ①微… Ⅱ. ①朱… Ⅲ. ①多媒体课件－制作 Ⅳ. ①G436

中国版本图书馆 CIP 数据核字（2019）第 247520 号

Weike，Muke yu Fanzhuan Ketang Shipin Zhizuo Yibentong
微课、慕课与翻转课堂视频制作一本通
朱定见　编著

责任编辑	罗在伟
助理编辑	郭鑫鹏
封面设计	何东琳设计工作室
出版发行	西南交通大学出版社 （四川省成都市金牛区二环路北一段 111 号 西南交通大学创新大厦 21 楼）
邮政编码	610031
发行部电话	028-87600564　　028-87600533
网址	http://www.xnjdcbs.com
印刷	成都中永印务有限责任公司
成品尺寸	185 mm × 260 mm
印张	14.25
字数	356 千
版次	2019 年 10 月第 1 版
印次	2020 年 7 月第 2 次
书号	ISBN 978-7-5643-7192-0
定价	49.80 元

前　言

Preface

近年来，慕课、金课建设已经成为课程建设的重中之重，与此同时，翻转课堂的教学方式也越来越多地受到教育管理部门、教师和学生的关注、重视和喜爱。作者注意到无论是慕课、金课建设还是翻转课堂教学，都绕不开微课制作。而微课制作最难的部分就是微视频的制作，因此，作者围绕微视频的制作编写了这本书。

本书以 PPT 和 Camtasia 两个软件为主，辅以 Photoshop、EasySketch、GIF Movie Gear 等软件，让读者既能快速上手，又能知道努力的方向。本书编排结构如图 0-1 所示。

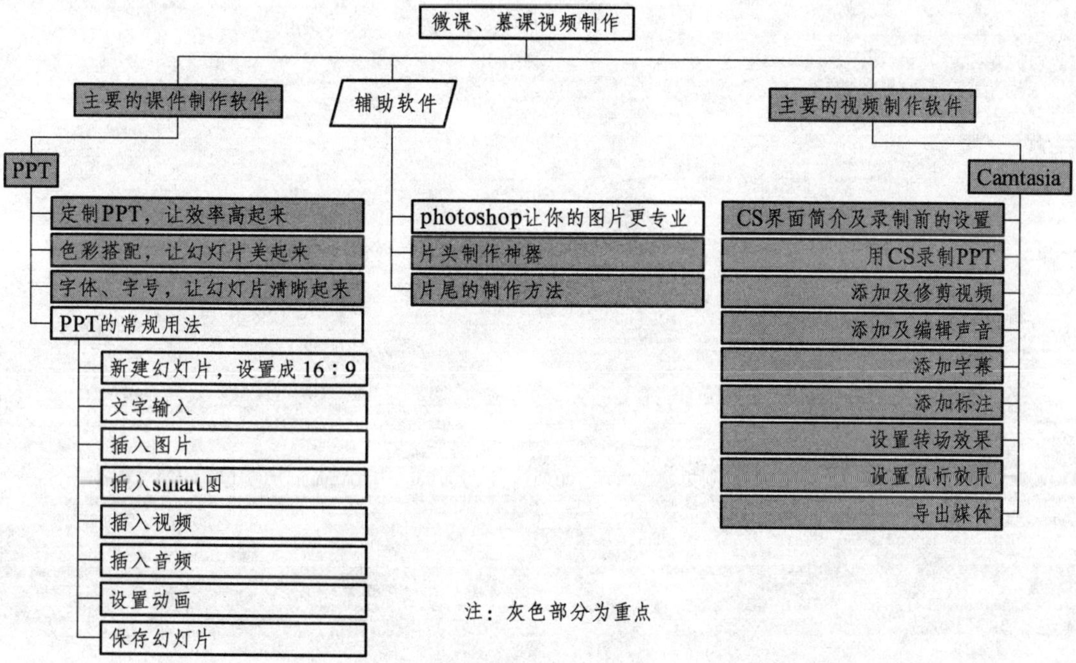

图 0-1　全书编排结构

本书具有以下三个特色。

（1）目标明确，问题导向。紧紧围绕金课、慕课、微课的视频制作这个中心，解决了如下问题：什么是微课？什么是慕课？什么是翻转课堂？我要做慕课，该怎么办？我要做课件，该怎么办？我要做动画，该怎么办？我要做片头，该怎么办？我要录屏幕，该怎么办？我要加字幕，该怎么办？我要去噪音，该怎么办？我想让图片更专业，我该怎么办？我想让片头片尾更专业，我该怎么办？

（2）图文并茂，言简意赅。全书采用两列表格的形式：一列简单阐述操作步骤；另一列是软件的截图，加上必要的标注。这样既省去了大量的文字描述，又能使学习者轻松掌握学习内容。

（3）专家提示。对于同一问题的不同解决方案，或者学习者可能遇到的问题和学习者可能发生的错误，通过“专家提示”给予点拨和提醒。

基于以上特色，如果您拥有本书，您一定能在最短的时间内，提高自己利用 PPT 制作课件的能力，一定会很快掌握利用 Camtasia、Photoshop、EasySketch 和 GIF Movie Gear 等软件进行视频制作、图片修饰、动画创作以及添加字幕等技能。

本书承湖北省普通本科高校“荆楚卓越人才”协同育人计划项目专项经费资助。

朱定见

2019 年 5 月

扫码下载本书资源包

目 录
Contents

1 微课、慕课与翻转课堂

1.1 微课

1.1.1 什么是微课

“微课”是指为使学习者自主学习获得最佳效果，经过精心的信息化教学设计，以流媒体形式展示，围绕某个知识点或教学环节开展的简短、完整的教学活动。简而言之，微课就是“微型的授课”，或“微型的课程”。

1.1.2 微课的资源构成

微课的资源构成如图 1-1 所示。其中，教学视频是核心，其余微教案（或微学案）、微课件（或微学件）、微练习（或微思考）、微反思（或微反馈）是与这个核心相配套的、密切相关的教与学的辅助资源。

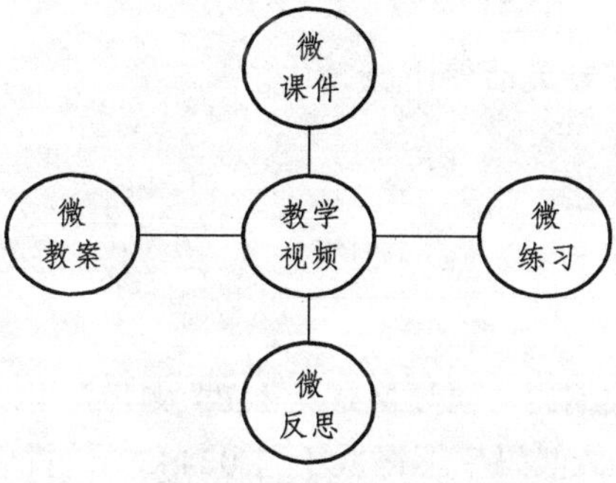

图 1-1 微课的资源构成

1.1.3 微课的特点

微课的特点可以用短、小、精、悍来概括。

短：时间一般不超过 10 分钟。

小：教学主题高度聚集，资源容量小。

精：教学内容精炼，教学设计精细，教学活动精彩。

悍：教学效果显著。

1.1.4　微课的制作方法

根据制作工具的不同，微课的制作方法主要有：录屏软件录制、录像机拍摄、手机拍摄、混合方式制作等。

（1）录屏软件录制（录屏软件+PowerPoint）。

需要设备及软件有：电脑、耳麦（附带话筒）、视频录像软件（Camtasia Studio9.1.1）、PowerPoint2016 及以上版本。

制作方法：对课件演示进行屏幕录制，后期进行视频编辑、添加标注、增加特效和字幕等。

本书主要介绍利用录屏软件 Camtasia Studio9.1.1 和 PowerPoint2016 制作微课视频。首先，授课者针对所选定的教学主题搜集与之相关的教学材料和媒体素材，并制作成 PPT 课件。然后，打开视频录制软件和制作完成的 PPT 课件，调整好话筒位置和音量，在屏幕上调整好录屏软件的录屏区域和 PPT 课件的演示区域。做好上述准备后，即可开始微课视频的录制。授课者一边演示教学内容，一边进行讲解，配合软件的标记工具或其他媒体软件或素材完成授课。最后对录制完成的微课视频进行必要的处理和美化。用 PowerPoint 展示微课的内容，因为它是目前最为常用的课件制作软件，而且操作简单、功能强大、相关素材和资源丰富。用 Camtasia Studio9.1.1 对授课内容进行录制、标注以及进行相应的处理和美化工作。

（2）录像机拍摄（录像机+黑板/白板）。

用便携式录像机、黑板/白板、粉笔/白板笔、其他教学演示工具，对教学过程摄像。

（3）手机拍摄（手机+白纸）。

用手机、白纸、不同颜色的笔，对纸笔书写的教学过程进行录制。

（4）混合方式制作。

上述方法综合起来根据需要灵活使用。

1.1.5　微课的内容标准

1. 摄像部分技术要求

视频压缩采用 H.264 格式编码，视频格式为 MP4 及 FLV 格式。视频码流率：动态码流的最高码率不高于 2 000 kb/s，最低码率不得低于 1 024 kb/s。视频质量要求图像稳定、对焦清晰、构图合理、镜头运用恰当。视频分辨率一般设定为 720×576 或 1 280×720；在同一课程中，各环节的视频分辨率应统一，不得标清和高清混用。视频帧率为 25 帧/秒，扫描方式采用逐行扫描。声音采用双声道，要求清晰、饱满、圆润，无失真、噪声杂音干扰、音量忽大忽小现象，解说声与背景音乐无明显比例失调。

2. 录屏部分技术要求

录屏的分辨率一般采用 1 024×768 或 1 280×720，事先调整分辨率；不要高分辨率录制，低分辨率输出；同时，尽量不要出现特殊的分辨率。如果要用视频混合制作，建议采用与视频分辨率最接近的分辨率，使合成后效果最好。录制 PowerPoint 时，将 PowerPoint 事先调整为合适的长宽比（1 024×768 录制时，用 4∶3；1 280×720 录制时，用 16∶9；录制时不留黑边)。声音采用双声道，要求清晰、无杂音、音量适中、解说声与背景音乐无明显失调。录屏的输出最后转成MP4格式。

3. 多媒体软件制作类要求

如果没有交互性内容，要求输出MP4视频或FLV格式，要求每个微课都使用单个文件输出，要能够在网上在线学习；如果存在交互性学习内容，必须符合SCORM标准，即可共享内容对象参考模型或共享元件参照模式；主体部分采用800×600或1 024×768等通用分辨率，以便在各种显示器上得到最佳效果；动画清晰、流畅，声音清晰且与画面同步。

4. 混合类微课要求

视频、屏幕录制或软件制作均采用相同的分辨率制作，宽高比一致，合成后不变形。画面清晰、流畅，声音清晰，前后音量大小一致，最后制作输出MP4格式。

1.1.6 制作微课视频的关键所在

1. 微课视频的内容选择

确定微课视频内容的原则是：基础性、典型性、针对性、系统性和交互性。在确定微课视频应该讲授哪些内容时，应当以讲解教学中的重点知识和疑难问题为目的。因此，微课视频的选题一般应选择重要的概念、重要的规律性的知识、重要的实验、学生遇到的典型的问题以及常用的思想方法等。

2. 微课视频的教学设计

教学设计必须紧密联系教学目标和教学内容；教学目标必须单一；教学内容必须清晰明了。对于较长的重点内容，可以将其划分为若干个小主题。

3. 微课视频的内容质量要高

微课视频的制作是根据课程标准和教学内容，理清知识点之间的关系，确定和分解教学目标，利用数字技术对知识点进行最优的呈现，而不是按照传统的教学经验由教师根据教材要求逐个讲解知识点。

4. 微课视频必须短小精悍

微课视频的一个优势就在于能够让学生充分利用时间，以碎片化的学习方式来完成知识的学习和积累。微课视频要求短小，在内容上就必须要精悍。一个微课视频只需要讲清一两个知识点或一道典型的例题就行了。对知识的讲解不能照本宣科，而更应展示对知识的理解，起到“解惑”的作用。

1.2 慕课

1.2.1 什么是慕课

慕课（MOOC），英文直译为“大规模开放的在线课程（Massive Open Online Course）”。其中，“M”代表 Massive（大规模），与传统课程只有几十个或几百个学生不同，一门 MOOC 课程动辄上万人，最多达 16 万人；第二个字母“O”代表 Open（开放），以兴趣为导向，凡是想学习的，都可以进来学，不分国籍，只需一个邮箱，就可注册参与；第三个字母“O”代表 Online（在线），学习在网上完成，不受时空限制；第四个字母“C”代表 Course，就是课程的意思。

1.2.2 慕课平台

1. 三巨头

（1）Coursera：2012 年由斯坦福大学创建，具有营利性质。2013 年上海交大、复旦大学加盟。目前发展最大的 MOOC 平台，拥有上千门来自世界各地大学的课程，门类丰富，不过也良莠不齐。

（2）edX：2012 年由哈佛与 MIT 共同出资组建的非营利性组织，与全球顶级高校结盟，系统源代码开放，课程形式设计更自由灵活。2013 年清华大学、北京大学加盟。

（3）Udacity：成立时间最早，以计算机类课程为主，课程数量不多，却极为精致，许多细节专为在线授课而设计。

2. 国内平台

（1）MOOC 中国：致力于向国内用户分享最好的慕课。在线教育资源比较丰富，学习比较自由，网站对于用户群体开放程度很高。目前在线的冷门课程较多，随着不断地发展，未来的课程更加趋于受众广泛化。

主要特点：有搜索功能，页面设计友好，使用起来也比较方便。

（2）慕课网：国内最大的 IT 技能学习平台，属于北京慕课科技中心，是一家从事互联网免费教学的网络教育公司。秉承“开拓、创新、公平、分享”的精神，将互联网特性全面的应用在教育领域，致力于为教育机构及求学者打造一站式互动在线教育品牌。

主要特点：科技类慕课内容，网站使用起来非常方便。

（3）爱课程：精品开放课程共享系统，是教育部、财政部“十二五”期间启动实施的“高等学校本科教学质量与教学改革工程”支持建设的高等教育课程资源共享平台。网站集中展示了“中国大学视频公开课”和“中国大学资源共享课”，并对课程资源进行运行、更新、维护和管理。网站利用现代信息技术和网络技术，面向高校师生和社会大众，提供优质教育资源共享和个性化教学资源服务，具有资源浏览、搜索、重组、评价、课程包的导入导出、发布、互动参与和“教”“学”兼备等功能。

主要特点：网站资源相对丰富，涵盖面广，汇聚的大学数量较大，可以搜索到自己喜欢的课程。

（4）中国大学 Mooc：是爱课程网携手网易云课堂打造的在线学习平台，每一个有提升愿望的人，都可以在这里学习中国最好的大学课程。每门课程都有老师设置的考核标准，当学生的最终成绩达到老师的考核标准，即可免费获取由学校发出的主讲老师签署的合格/优秀证书（电子版），也可付费申请纸质版认证证书。获取证书，意味着学生达到了学习要求，对这门课内容的理解和掌握达到了对应大学的要求。

主要特点：个性化设计比较明显，由网易发起，资源相对丰富。

（5）好大学在线：中国高水平大学慕课联盟的官方网站，联盟是部分中国高水平大学间自愿组建的开放式合作教育平台，为公益性、开放式、非官方、非法人的合作组织，旨在通过交流、研讨、协商与协作等活动，建设具有中国特色的、高水平的大规模在线开放课程平台，向成员单位内部和社会提供高质量的慕课课程。

主要特点：起点较高，资源丰富。

（6）学堂在线：是免费公开的 MOOC（大规模开放在线课程）平台，是教育部在线教育研究中心的研究交流和成果应用平台，致力于通过来自国内外一流名校开设的免费网络学习课程，为公众提供系统的高等教育，让每一个中国人都有机会享受优质教育资源。通过和清华大学在线教育研究中心以及国内外知名大学的紧密合作，学堂在线将不断增加课程的种类和丰富程度。

主要特点：内容丰富，资源涵盖面广，大学数量不错。

（7）百度传课：是中国教育领域新兴的在线教育平台，致力于用互联网的方式来打破中国教育资源地域分布的不平衡，精心打造在线课程发布网站、直播互动教室，提供在线直播互动的一站式全方位的专业教育服务。

主要特点：引入全国知名重点学校的一线教学名师，互动直播和点播的授课模式。

（8）网易云课堂：是网易公司打造的在线实用技能学习平台，与多家教育、培训机构建立合作，主要为学习者提供海量、优质的课程，用户可以根据自身的学习程度，自主安排学习进度。

主要特点：实用性强，海量优质课程，网易云课堂笔记功能为视频学习做了专门设计。

（9）腾讯课堂：腾讯公司推出的专业在线教育平台，聚合了优质教育机构和教师的海量课程资源。作为开放式的平台，帮助线下教育机构入驻，共同探索在线教育新模式，这无形中又为在线教育 O2O 增添了几分热度。它改善了中国教育资源分布和发展不均的现状，依托互联网，打破地域的限制，让每个立志学习，有梦想的人，都能接受优秀老师的指导和教学；同时希望给优秀的机构及教师一个展示的平台。

主要特点：借助 QQ 客户端的优势，实现在线即时互动教学，线下优质教育机构入驻，教师的海量课程资源。

（10）顶你学堂：是过来人（北京）教育科技有限公司于 2012 年 10 月推出的中国首个正式商业运营并且拥有完全自主知识产权的大规模开放在线教育 MOOC 平台，立足促进教育公平、探索教育创新以及帮助青年人就业。先后与清华大学、北京大学、中国科技大学、香港大学、台湾大学等一流大学合作，并且与 100 多所高校合作推行 MOOC 学分课，把一流的中文课程内容带给全世界。同时，也将世界一流大学的在线课程带到中国。课程涵盖了计算科学、历史人文、创业创新、就业辅导、力学、经济、材料、数学等十余大门类，用户覆盖所有“985”与“211”高校，力争成为14亿中国人的在线学习平台。

主要特点：学校跨度大，涵盖面不错，网站体验也很棒。

（11）万门大学：中国第一所网络大学，由童哲校长于 2012 年办学。它致力于降低教育的门槛，力图通过为社会提供高品质视频课程，让稀缺的教育资源唾手可得，让高昂的学习成本不再成为学习的门槛。网站秉承着“知识创造乐趣，你是你的大学”的创立宗旨，持续推出新课，为教育助力，让更多人通过万门这个网络教育平台获得更加优质的学习体验。

主要特点：内容涵盖面较广，多种资源联合发出，创立时间较长。

（12）咪咕学堂：以咪咕数字手机（WAP、客户端）和移动电子书为主要形态，基于用户对各类题材内容的阅读需求，与具备内容出版或发行资质的机构合作，整合各类阅读内容，打造全新的内容发行渠道，推出和阅读、和听书、和新闻、咪咕学堂等品牌产品，让用户享受时尚、健康、环保、便捷的随身阅读新体验。咪咕学堂是由咪咕数字传媒有限公司倾情打造的平台型即时互动学习应用，提供一站式贴心学习服务。咪咕学堂面向中小学、职业、出国留学和幼儿教育类学习群体提供海量优质学习资源，包括直播课程、视频课程；整合学习兴趣圈等互动能力，创新“练学测疑”闭环型微学习模式。

主要特点：内容涵盖面较广，多种上课终端，比较方便。

（13）微学伴：是建立在学伴软件近 10 年的在线教育服务与平台运营支撑经验的基础上研制开发的，无论安全稳定性和产品性能都有强大保障。高效整合教育资源，同时服务于教育企业及个人用户，基于微信公众号的移动教育整合营销解决方案，通过数据来驱动教育机构的内容运营、活动运营和用户运营，为各类教育培训机构微信公众号的运营提供强有力的支持和服务，帮助机构做好品牌，扩大招生、续费等。

主要特点：SaaS 云平台提供全方位解决方案，从零开始搭建自己的知识门户，教育培训机构快速打造自己的知识店铺。

（14）天天象上：属于优堂教育科技，是一个专注于 K12 领域的 C+2C 在线教育平台。与全国百强名校万位名师独家签约，助力名师在线创建完整教学体系，通过“微课、资料、习题、检测、互动”等教学方法，提供一流的教学内容和服务。既为学生搭建了一个可靠高效的优质平台，又满足了广大一线教师提升学术水平、体现自我价值的迫切需求。

主要特点：青少年课程，富含趣味性，适合青少年学习。

1.3　翻转课堂

1.3.1　什么是翻转课堂

“翻转课堂”（Flipped Classroom），也有学者称其为“颠倒课堂”，它是一种与“教师白天在教室上课、学生晚上回家做作业”的传统教学方式正好相反的课堂教学方式，学生通常在课外通过看视频，在线学习新知识，而作业和问题则被带到了课堂。课堂上老师提供的是对学生的个性化指导和师生互动，而不是传统的授课。即，知识传授在课下，知识内化在课上。

1.3.2 翻转课堂的优点

首先，在目前信息化环境中，翻转课堂这种教学模式充分适应了学生学习的特点，它变“以教师为中心”为“以学生为中心”，注重了学生的差异性，对缺课及学习困难的学生帮助很大，很快在全球蔓延开来。其次，翻转课堂可以帮助学生充分利用时间（尤其是零散的时间），学生可以根据自己的需要灵活地进行选择性学习。再者，翻转课堂还能改变传统教学模式下好学生得到最大的关注，其余学生被动听好学生和教师对话的局面，让所有学生都能得到关注，同时教师也能从重复性的教学活动中解放出来，打破了教师对课堂的主宰，使学生能够自主掌握学习进程。

1.3.3 翻转课堂与传统课堂的区别

翻转课堂与传统课堂的区别如表 1-1 所示。

表 1-1 翻转课堂与传统课堂的区别

	翻转课堂	传统课堂
课堂内	做作业、研讨、练习； 学生与老师“互动”； 讨论案例； 考点与解题思路的传授； 面对面的个性培养； 知识理解+应用； 特点：展示交流、协作探究、教师指导、个性指导 （内化知识）	老师讲，学生听； 老师的“独角戏”； 满堂灌与填鸭； 例题不一定经典； 老师一对多的培养； 应试教育 （学习知识）
课堂外	在线上课，看视频； 特点：自主学习、自定进度、整理收获、提出问题 （学习知识）	复习与预习，做作业 （内化知识）
中心	以学生为中心：学生自学，教师引导，遇到问题后，寻找答案	以老师为中心：老师逼迫学生学习，学生没有机会去思考

1.3.4 一张图秒懂翻转课堂的操作流程

对学生而言，课前根据任务单选择视频，自主学习并整理收获、提出问题。课中与老师、与同学之间进行互动交流、检测和评价。课后复习巩固，弥补不足之后继续学习。

对老师而言，课前制作微课资源和任务单，并发布到平台。课中搜集整理问题，并检查作业、释疑和引导研讨。课后归纳总结，把握学情，以利于完善和提高。翻转课堂的操作流程如图 1-2 所示。

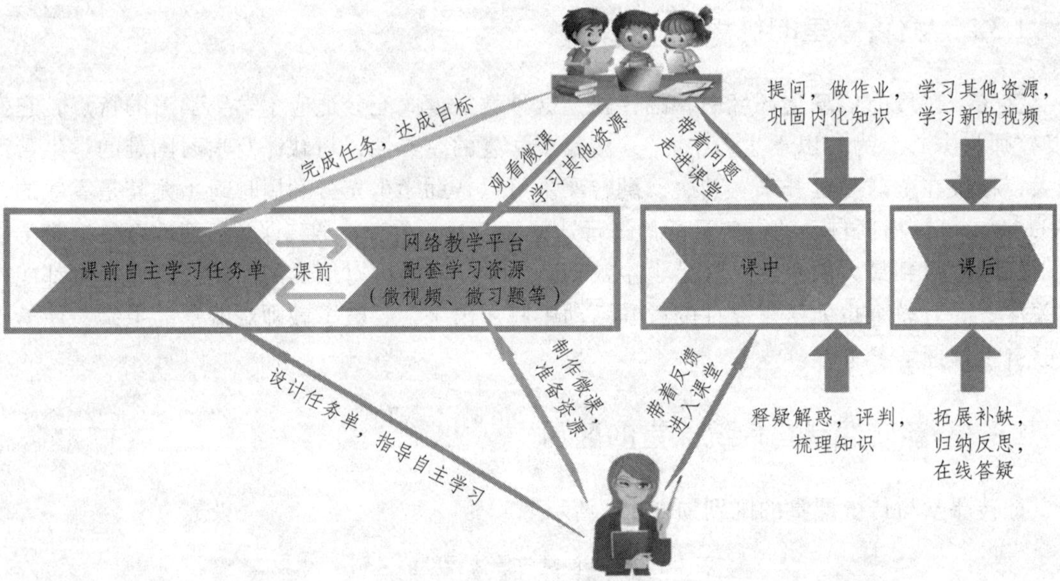

图 1-2　翻转课堂的操作流程

不难看出，微课是慕课和翻转课堂的重要技术实现方案和技术支撑。而微课的核心是微视频，因此，本书重点讲述与微视频制作相关的知识。

2 用 PPT 制作微课件

课件是微课、慕课与翻转课堂必不可少的，本章讲述如何使用 PowerPoint 快速制作出图文并茂，并包含视频、背景音乐和动画的 PPT 课件。

2.1 新建幻灯片，设置成 16：9

步骤或说明	截图
新建幻灯片： （1）点击 PPT 的图标； （2）桌面右键→“新建”； 如右图所示。	
点击“设计”→“幻灯片大小”→“宽屏（16：9）”。 专家提示：微课主要在手机上传播，智能手机屏幕为 16：9。	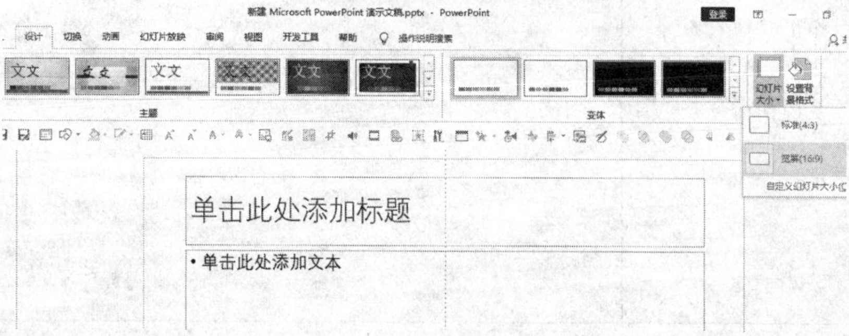

2.2 文字输入

步骤或说明	截图
点击“单击此处添加标题”或者“单击此处添加文本”即可添加文字。	

步骤或说明	截图
输入文字后的PPT，如右图所示。	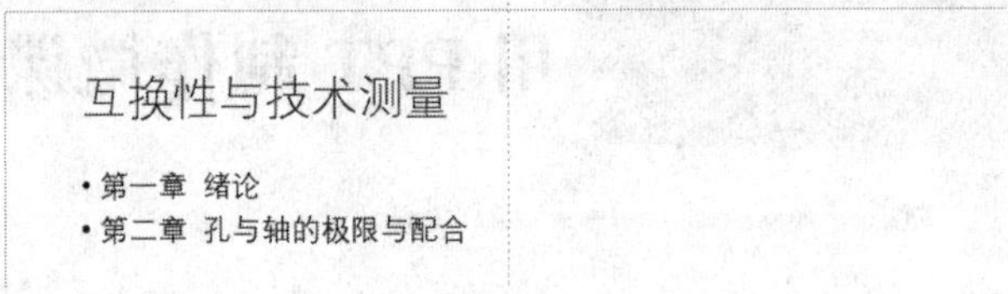

2.3 插入图片

步骤或说明	截图
点击“插入”→“图片”。	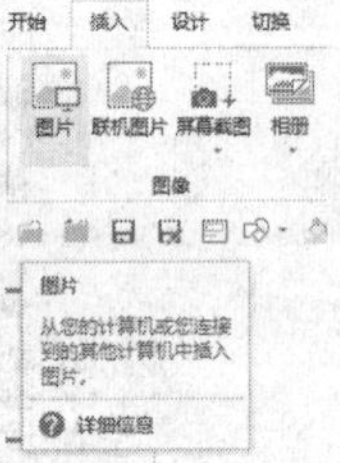
弹出“插入图片”对话框，按路径找到所需图片，选中，点击“打开”即可插入图片。	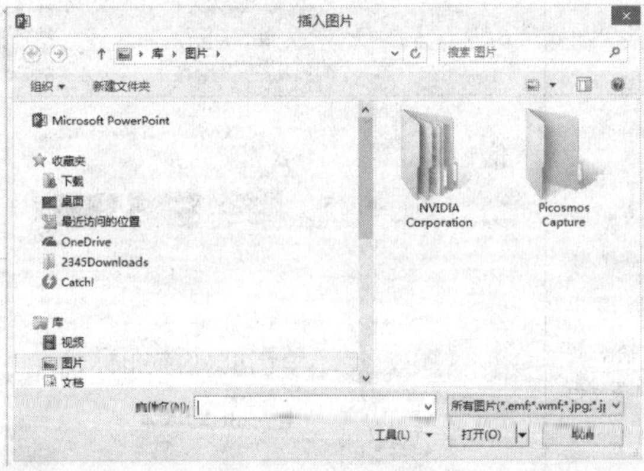
选择名为“互换性微课教材”的图片。	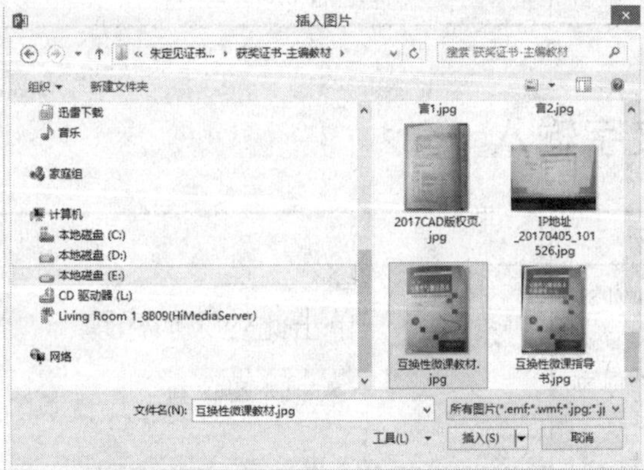

<table>
<tr><th>步骤或说明</th><th>截图</th></tr>
<tr><td>点击“插入”后，如右图所示。图示为调整位置后的图片。</td><td>
</td></tr>
</table>

2.4 插入 SmartArt 图

<table>
<tr><th>步骤或说明</th><th>截图</th></tr>
<tr><td>点击“插入”→“SmartArt”。</td><td>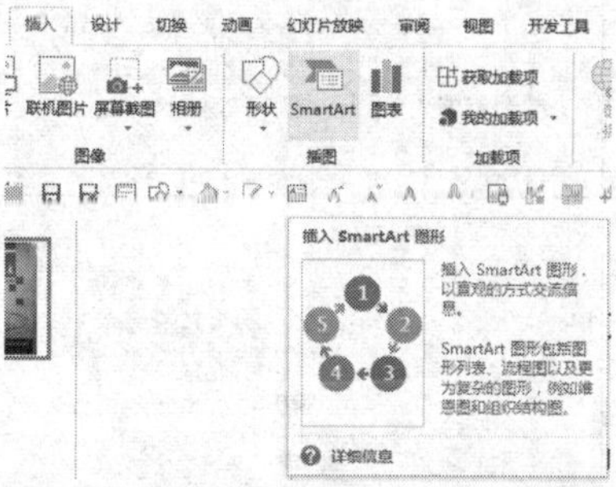
</td></tr>
<tr><td>弹出“选择 SmartArt 图形”对话框，选中，点击“确定”即可插入 SmartArt 图形。</td><td>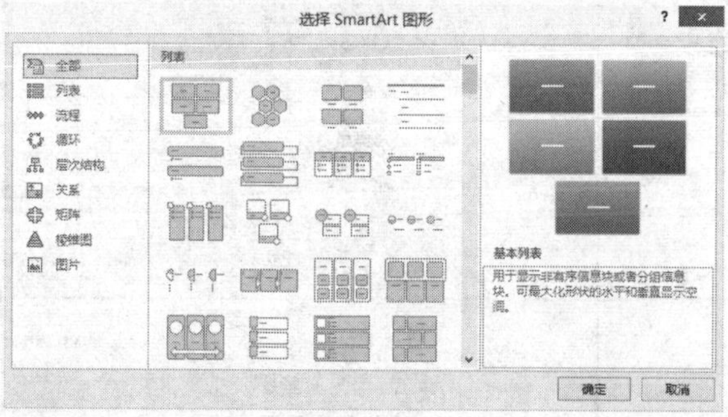
</td></tr>
<tr><td>选择了右图所示的 SmartArt 图形。</td><td>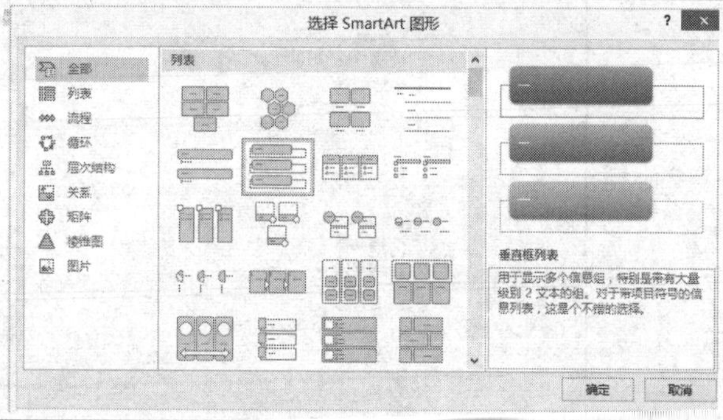
</td></tr>
</table>

<table>
<tr><th>步骤或说明</th><th>截图</th></tr>
<tr><td>点击“确定”后，如右图所示。</td><td>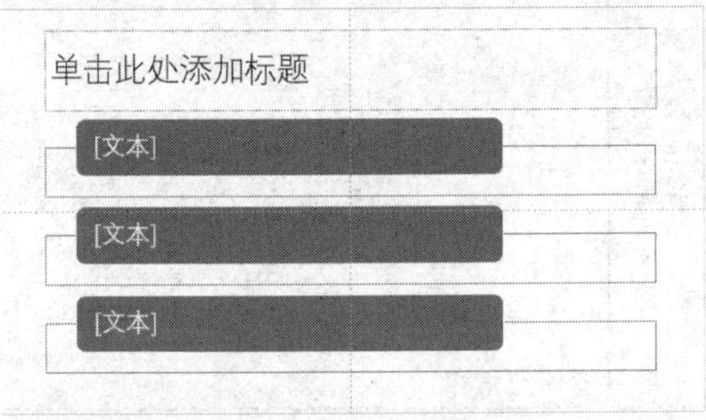
</td></tr>
</table>

2.5 插入视频

<table>
<tr><th>步骤或说明</th><th>截图</th></tr>
<tr><td>点击“插入”→“视频”→“PC 上的视频”。</td><td>
</td></tr>
<tr><td>弹出“插入视频文件”对话框，按路径找到视频，选中，点击“插入”即可。</td><td>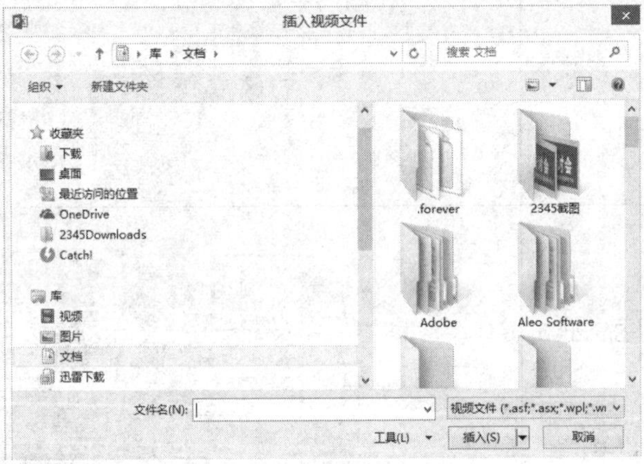
</td></tr>
<tr><td>选择位于“桌面”的名为“1、互换性的概念与分类”的视频文件。</td><td>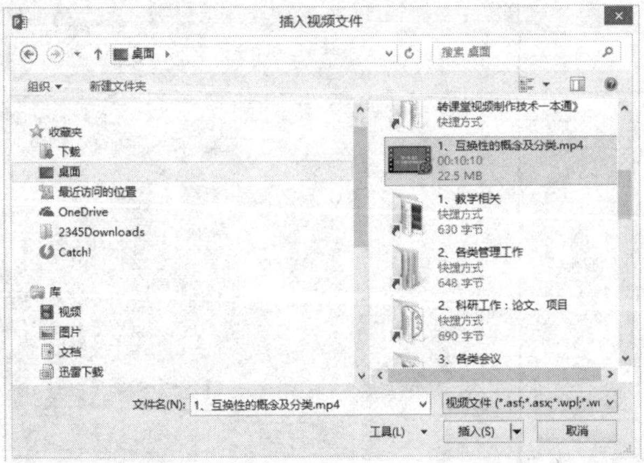
</td></tr>
</table>

步骤或说明	截图
点击"插入"后，如右图所示。 专家提示：2016 版本及以后，支持直接拖拽视频文件到 PPT 中。	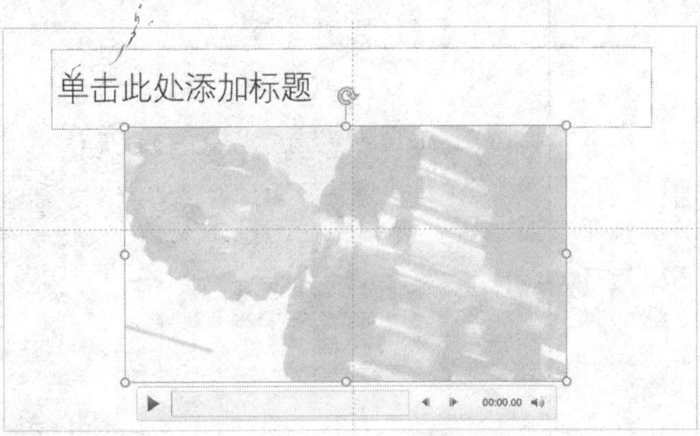

2.6 插入音频

与插入视频类似，不再赘述。

2.7 设置动画

步骤或说明	截图
选中"互换性与技术测量"，点击"动画"→"添加动画"。	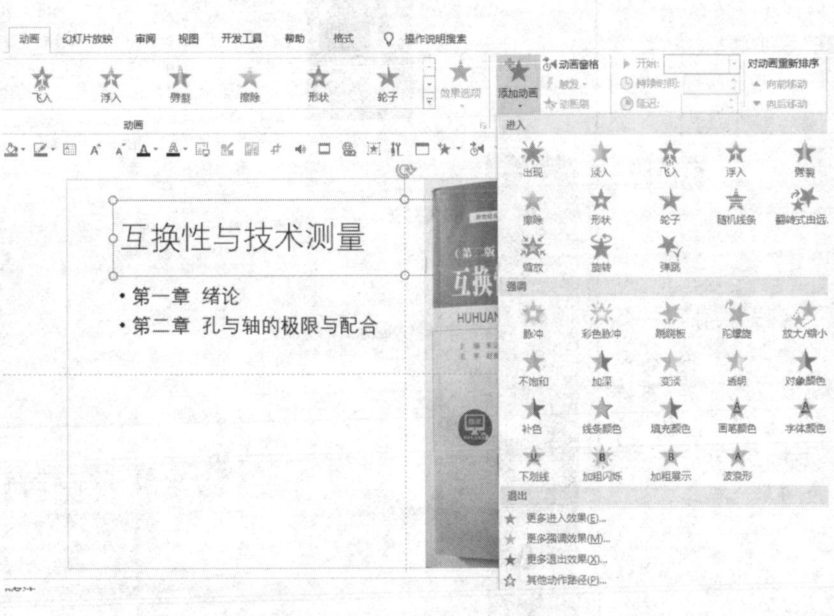

<table>
<tr><th>步骤或说明</th><th>截图</th></tr>
<tr><td>点击“进入”栏目下的“轮子”动画。
其他“进入”动画、“强调”动画和“退出”动画的添加，与上述步骤相同。</td><td>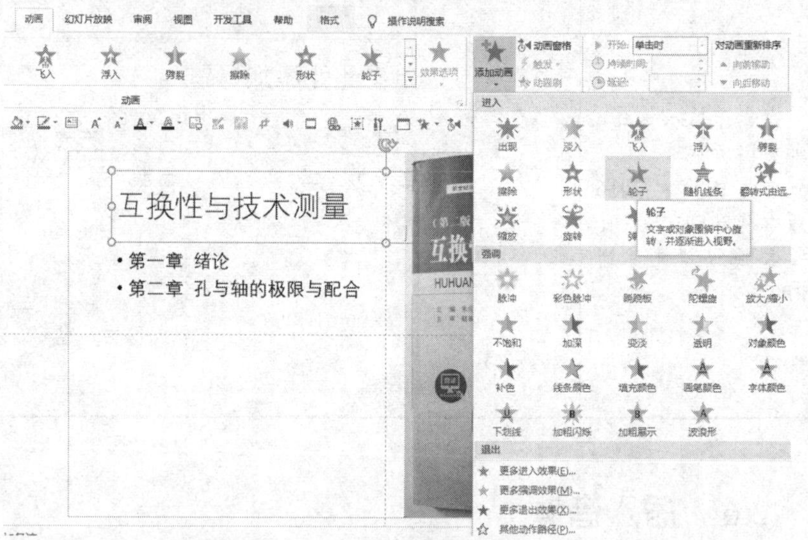
</td></tr>
</table>

2.8 保存幻灯片

<table>
<tr><th>步骤或说明</th><th>截图</th></tr>
<tr><td>点击“文件”→“保存”即可。</td><td>
</td></tr>
<tr><td>点击“文件”→“另存为”→“桌面”，弹出“另存为”对话框，此对话框中，可以选择保存的地址、文件名和保存类型。</td><td>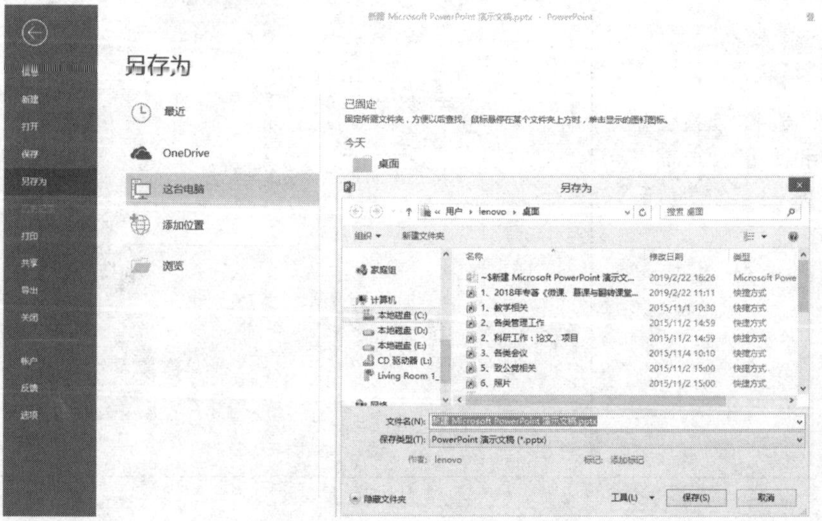
</td></tr>
</table>

3　制作 PPT 课件须注意的事情

第二章只是粗略讲述了如何制作 PPT，而如何制作优秀的 PPT 是制作微课件必须高度重视的中心问题。每页 PPT 的内容精炼，页面设计清晰、美观、有条理是 PPT 设计的基本原则。在设计 PPT 的过程中，尽量避免以下问题：照搬 Word 文件；滥用图片，或图片质量低劣；滥用或错用模板；排版不规范，页面杂乱无章；滥用图表，或图表使用不专业；颜色太多，或色彩搭配不当造成 PPT 不清晰。本章将就上述内容给出详细的阐述。

3.1　定制自己的 PPT，让你的工作效率高起来

3.1.1　减少加载项，提高幻灯片打开的速度

步骤或说明	截图
如果打开幻灯片需要很长时间，可以这样进行设置。	
点击“文件”→“选项”→“加载项”→“转到”，去掉一些可用加载项，点击“确定”,即可提高幻灯片打开的速度。	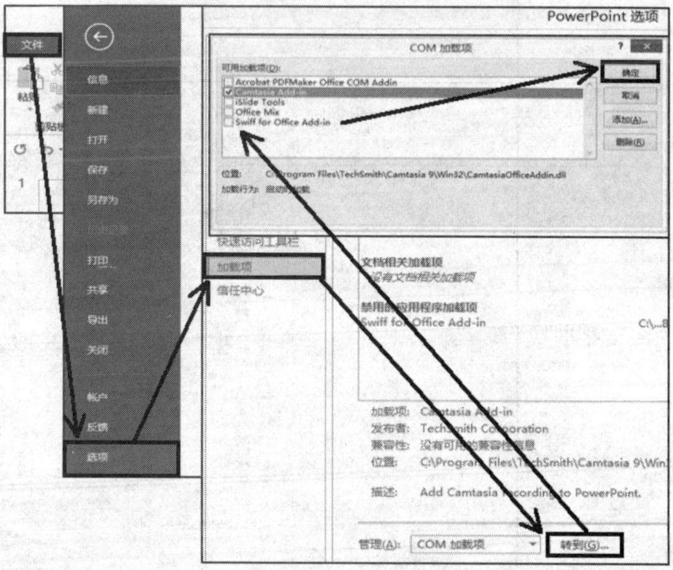

3.1.2 去掉启动屏幕，提高启动的速度

<table>
<tr><th>步骤或说明</th><th>截图</th></tr>
<tr><td>点击“文件”→“选项”→“常规”，去掉箭头处的✔，即“取消”此应用程序启动时显示开始屏幕。</td><td>
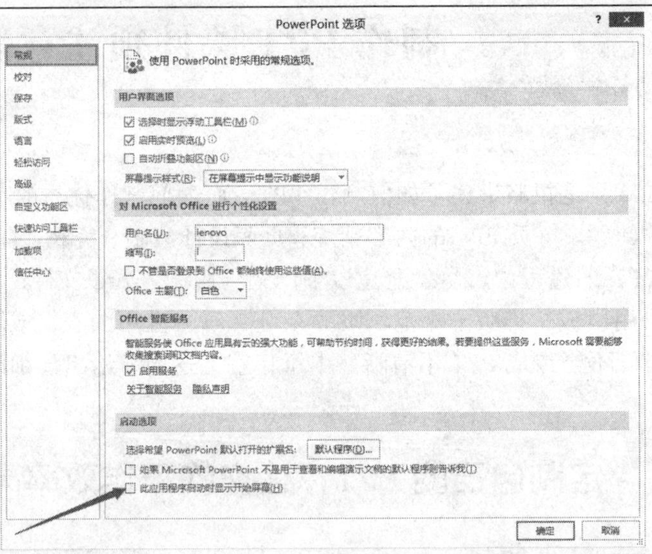

</td></tr>
</table>

3.1.3 PPT 功能定制，提高操作的速度

<table>
<tr><th>步骤或说明</th><th>截图</th></tr>
<tr><td>在任意工具上，点击“鼠标右键”，点击“自定义快速访问工具栏”。</td><td>
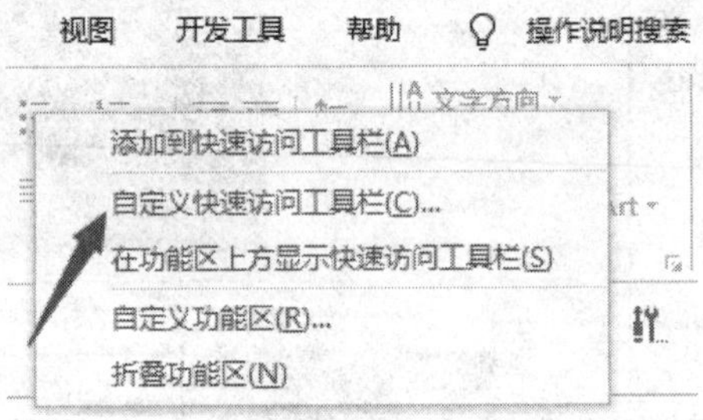

</td></tr>
<tr><td>点击“导入/导出”。</td><td>
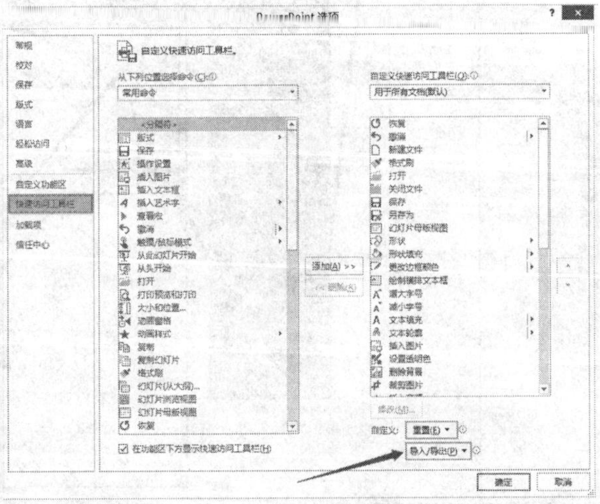

</td></tr>
</table>

续表

步骤或说明	截图
点击"导入自定义文件"。	
找到"PPT 功能定制"文件。 专家提示：该文件在本书提供的"免费资料与素材"中。	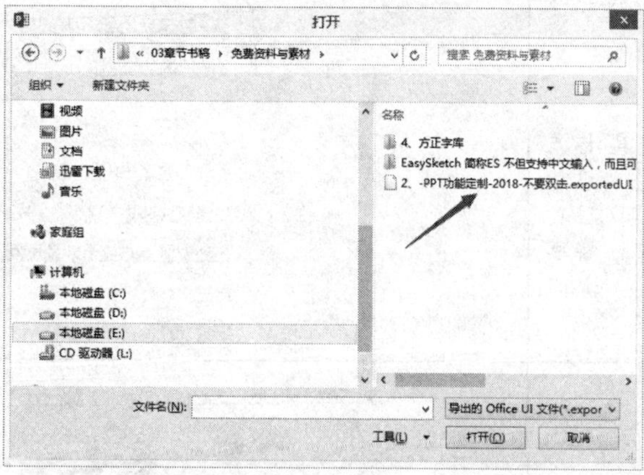
选择"PPT 功能定制"文件，再点击"打开"。	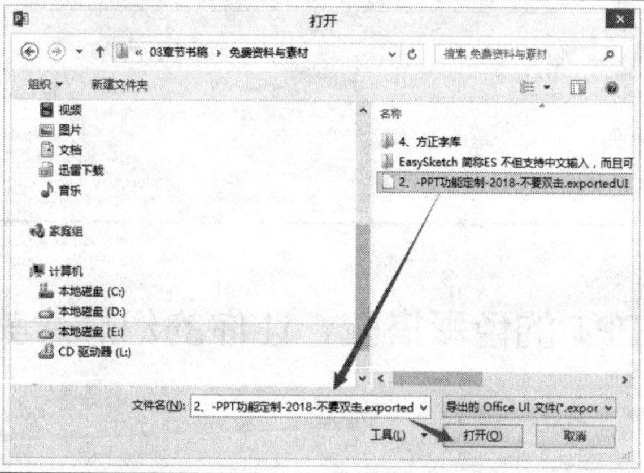
在功能区下方多出了一行工具，如右图方框所示。	
如果想让该"快速访问工具栏"显示在功能区上方，则在任意工具上方单击鼠标右键，点击"在功能区上方显示快速访问工具栏"。	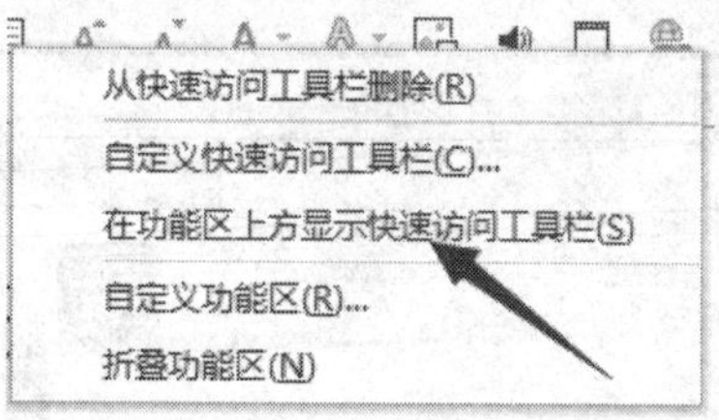
执行点击"在功能区上方显示快速访问工具栏"后的结果，如右图所示。	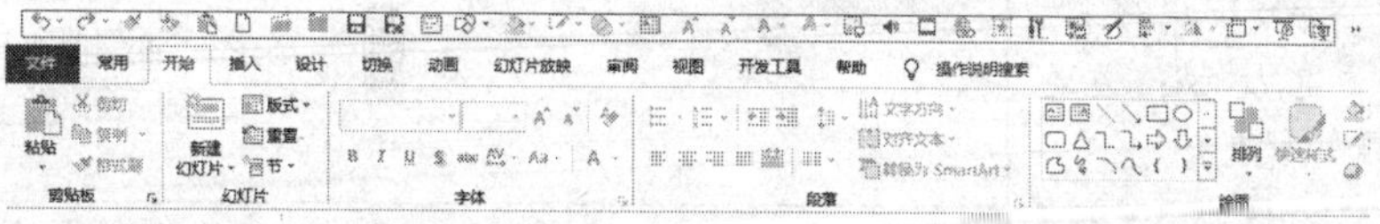

步骤或说明	截图
在某一工具上方右键，再点击“从快速访问工具栏删除”，则可删除不需要的工具。	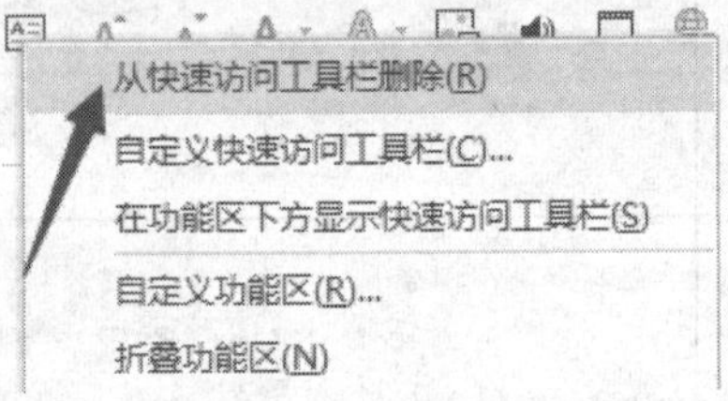
在某一工具上方右键，再点击“添加到快速访问工具栏”，则可添加需要的工具到快速访问工具栏。	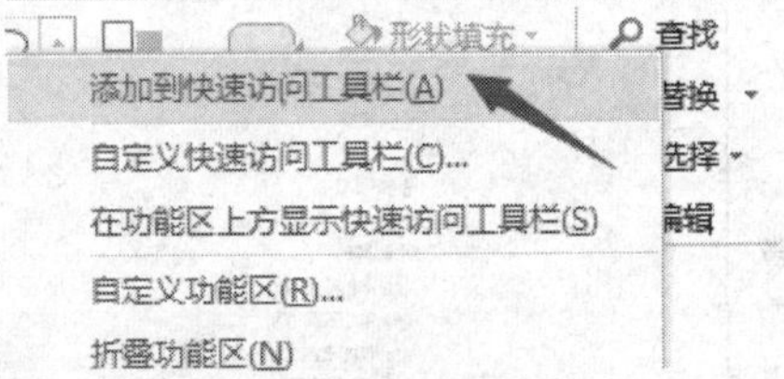
添加“公式”到“快速访问工具栏”。	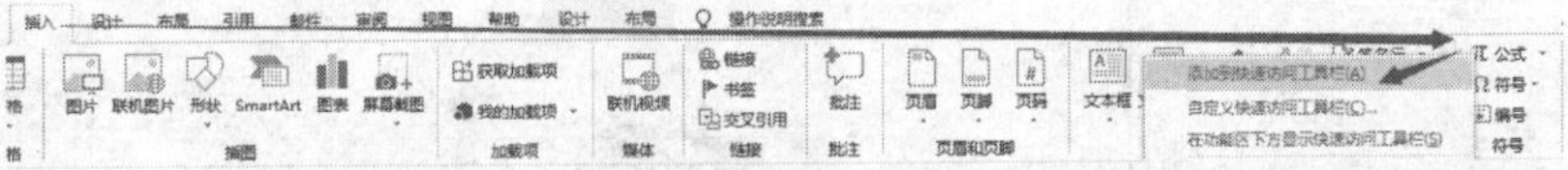
“公式”添加到“快速访问工具栏”成功后，“快速访问工具栏”会多了一个图标。	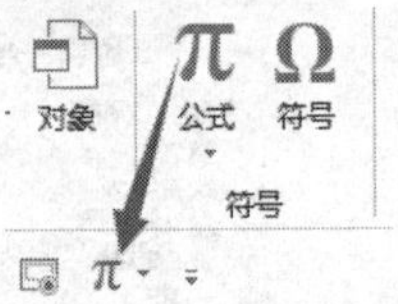

3.2 PPT 的色彩搭配，让你的幻灯片美起来

扫描右侧二维码，获取本节内容。

扫码学习本节内容

3.3 PPT 的字体、字号和字数，让你的幻灯片清晰起来

3.3.1 PPT 的字体要求

步骤或说明	截图
推荐如下。 中文标题：微软雅黑、黑体（均加粗）。 中文正文：微软雅黑、华文细黑。 专家提示：首选“微软雅黑”。	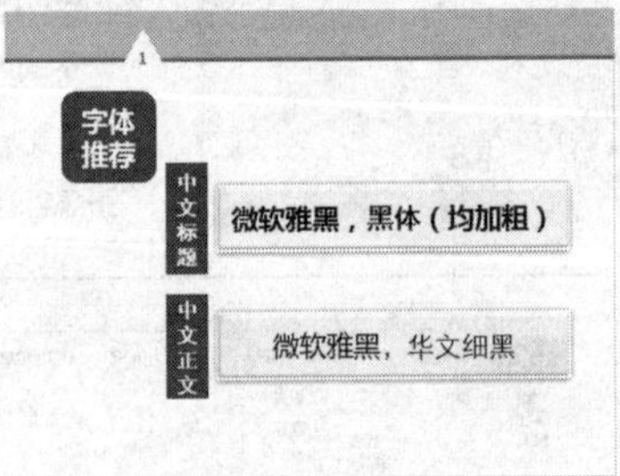

<table>
<tr><th>步骤或说明</th><th>截图</th></tr>
<tr><td>英文标题：Impact、Arail Black（强调重点）。
英文正文：Arail、Tahoma。</td><td>
</td></tr>
<tr><td>数字：Impact。
专家提示：混杂中英文的同一段落中的中文设置成中文字体，英文需设置成英文字体，尽量不要用同一种中文字体。</td><td>
</td></tr>
<tr><td>专家提示：如果你想做出优美的PPT，那么仅仅是微软自带的字体是不够的，需要下载其他字体。
右图所示为基本款字体。</td><td>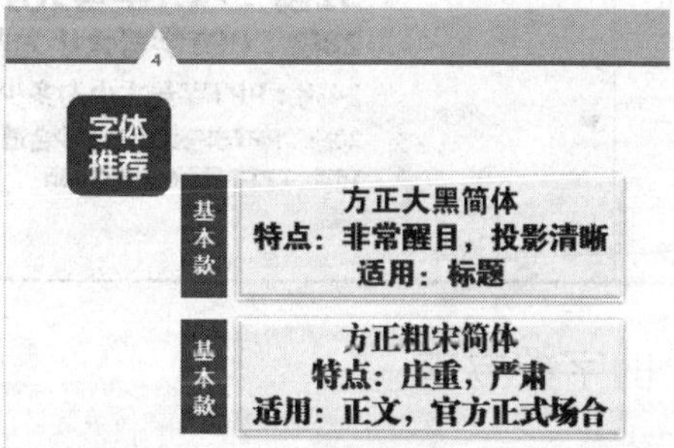
</td></tr>
<tr><td>右图所示为优美款字体。</td><td>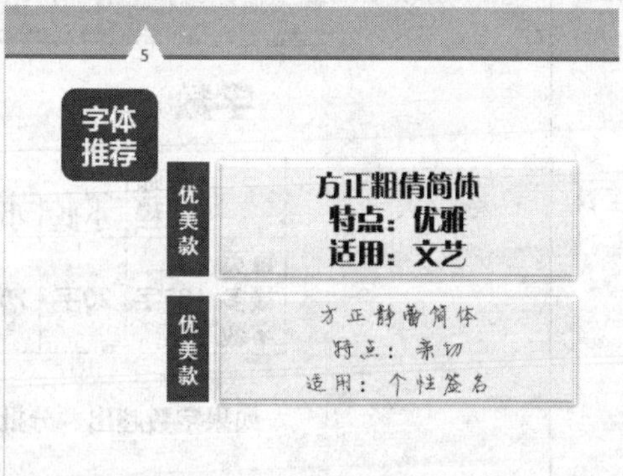
</td></tr>
</table>

续表

步骤或说明	截图
右图所示为个性款字体。	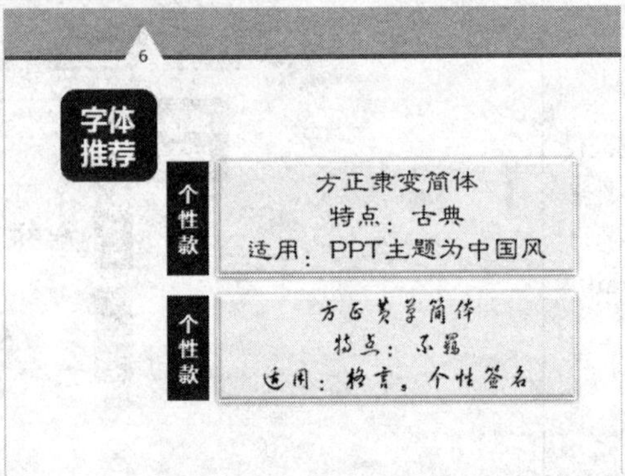

3.3.2 PPT 的字号要求

步骤或说明	截图
右图中字体的字号从 18 磅到 44 磅。一般情况下，标题字号 36 磅以上，正文字号 28 磅左右，标题和正文字号相差不要超过 8 磅。	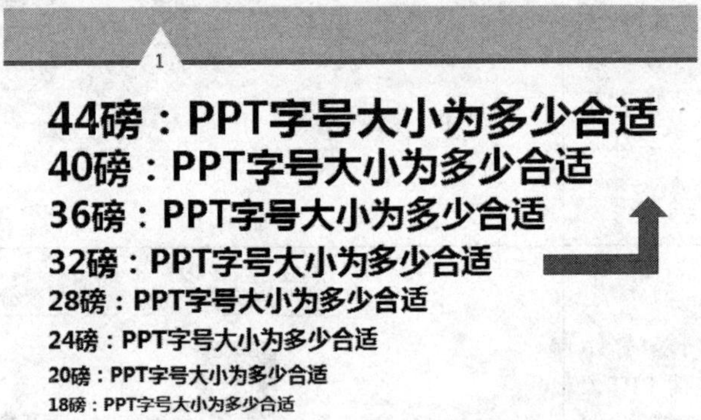

3.3.3 PPT 的字数要求

步骤或说明	截图
每页 PPT 的字数应控制在 35 字以内。	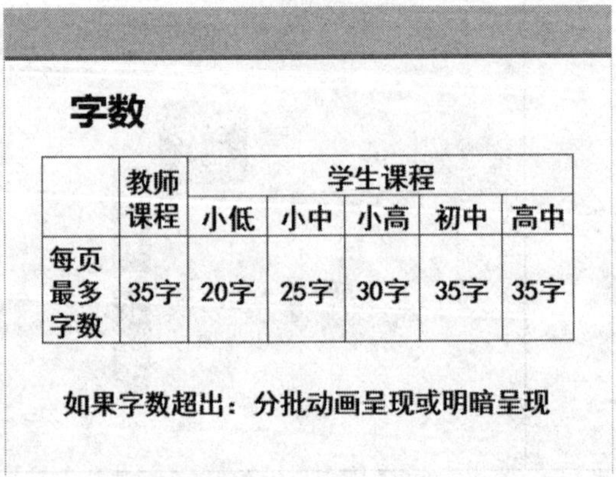

3.3.4 PPT 的播放速度

<table>
<tr><th>步骤或说明</th><th>截图</th></tr>
<tr><td>推荐播放速度如右图所示。</td><td>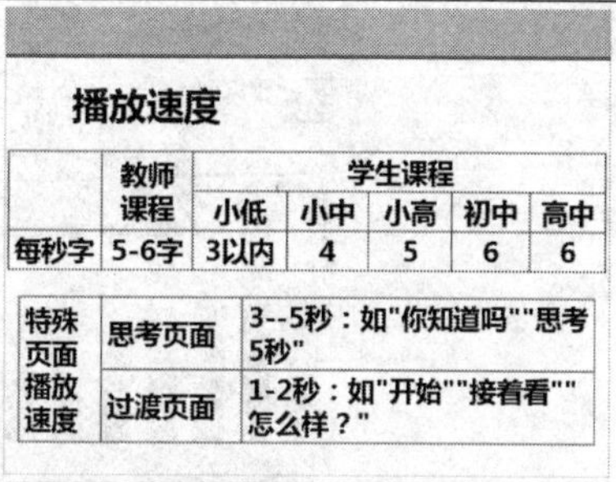
</td></tr>
</table>

3.3.5 PPT 的字体、字号及颜色的设置

<table>
<tr><th>步骤或说明</th><th>截图</th></tr>
<tr><td>选中要改变字体的文字，点击“开始”菜单中“字体”的下拉箭头，找到想要设置成的字体“微软雅黑”并点击。</td><td>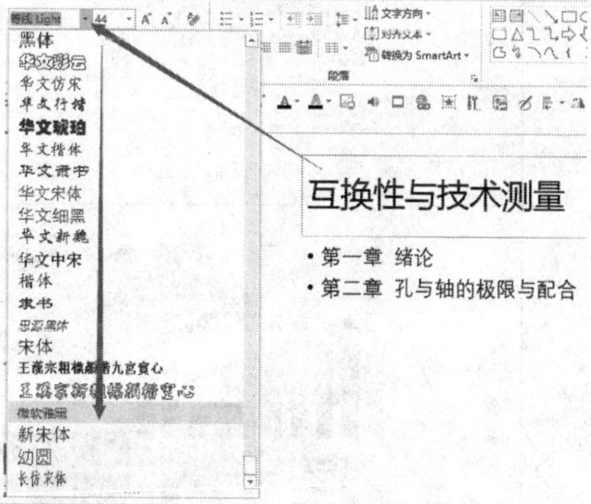
</td></tr>
<tr><td>点击“B”以加粗文字，点击“44”旁边的下拉箭头，选择自己想要的字号。
专家提示：“I”是斜体，“U”是带下划线。</td><td>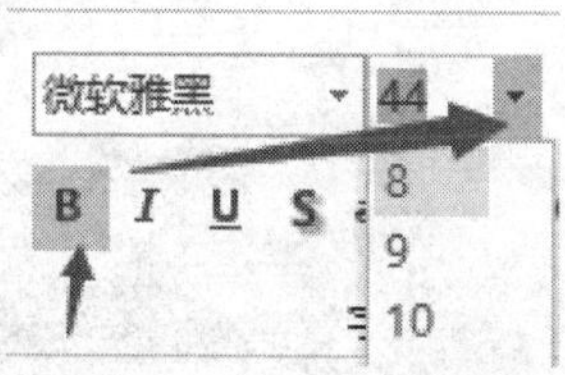
</td></tr>
<tr><td>点击“开始”菜单的“形状填充”“下拉箭头”，找到想要设置成的颜色“红色”。</td><td>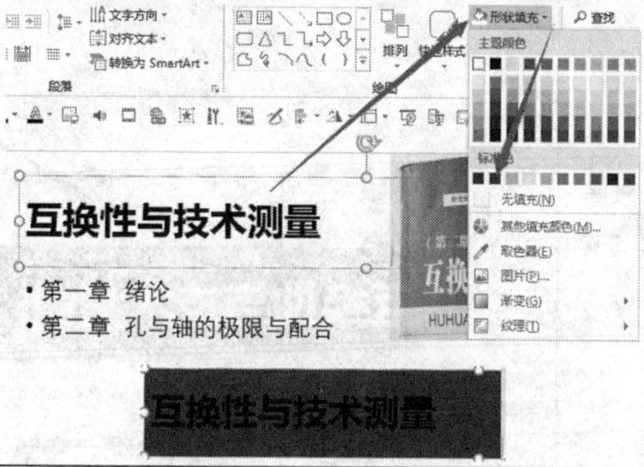
</td></tr>
</table>

<table>
<tr><th>步骤或说明</th><th>截图</th></tr>
<tr><td>同样，可以设置“形状轮廓”的颜色和“形状效果”。</td><td>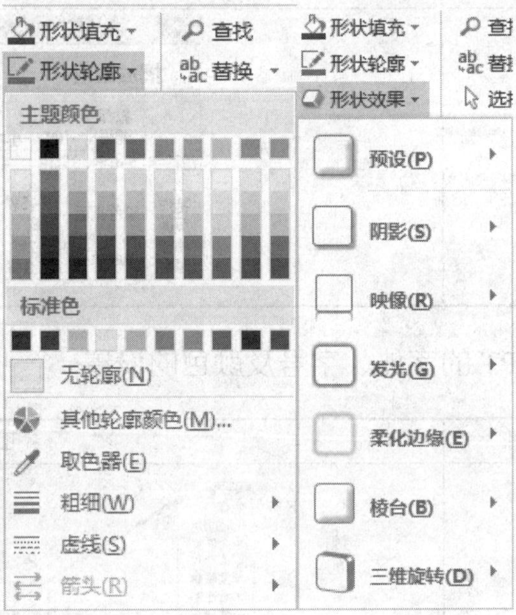
</td></tr>
<tr><td>将“互换性与技术测量”的字体颜色设置为白色。</td><td>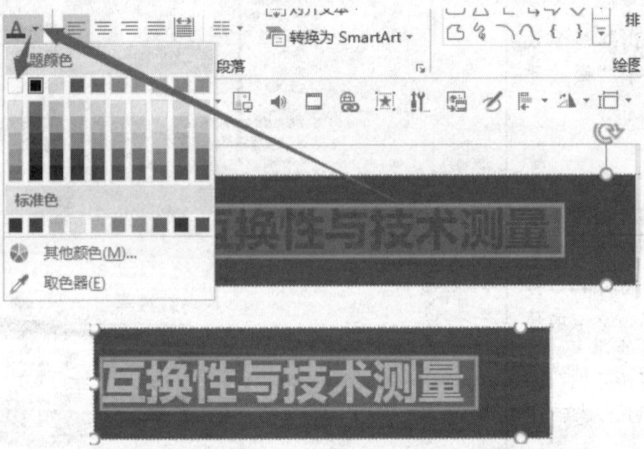
</td></tr>
<tr><td>将“互换性与技术测量”的背景颜色设置为黑色。</td><td>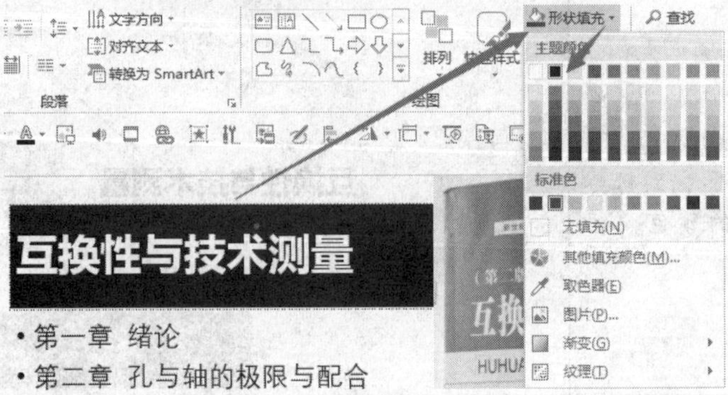
</td></tr>
</table>

3.4 教你几招让你成为 PPT 高手

3.4.1 改变思维方式：与高手一样思考

<table>
<tr><th>步骤或说明</th><th>截图</th></tr>
<tr><td>想成为高手之前，应该知道高手是如何思考的。</td><td>
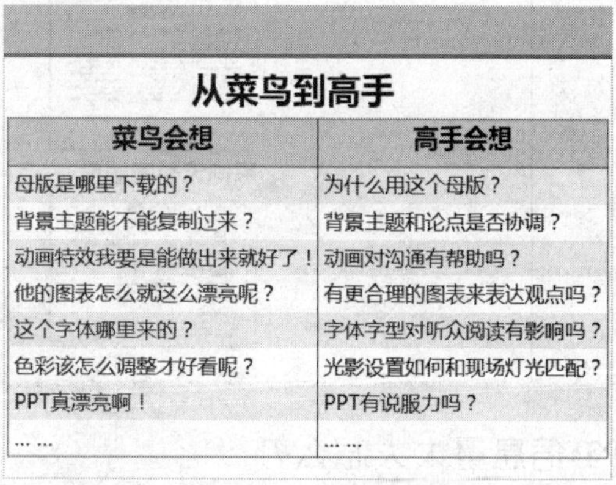

</td></tr>
</table>

3.4.2 如何简化大段文字

<table>
<tr><th>步骤或说明</th><th>截图</th></tr>
<tr><td>简化文字之方法一。</td><td>
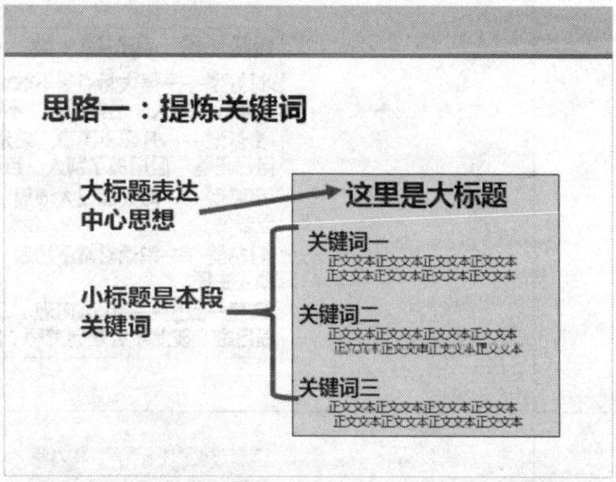

</td></tr>
<tr><td>简化文字之方法二。</td><td>
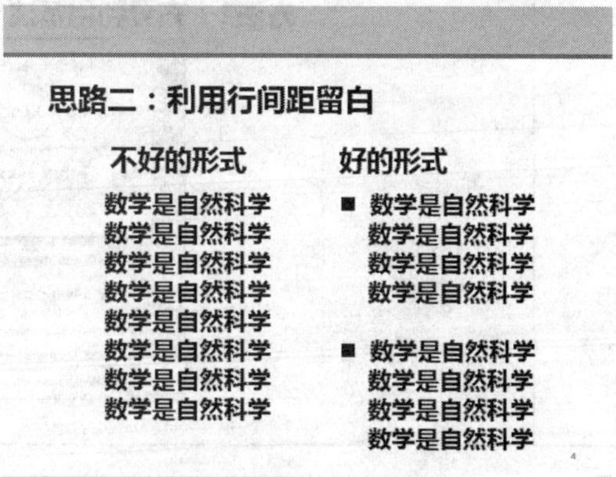

</td></tr>
</table>

步骤或说明	截图
简化文字之方法三。	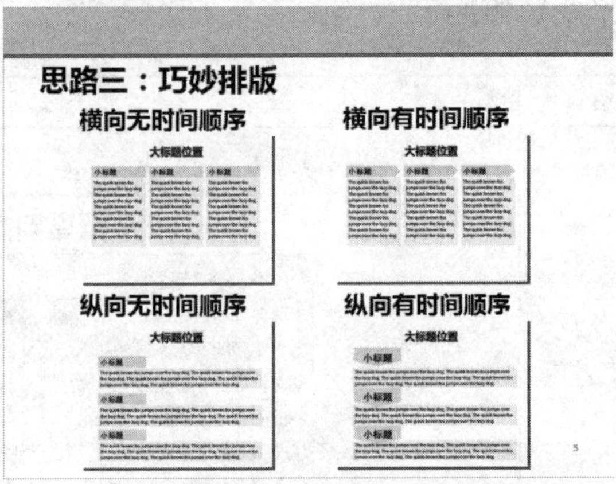

3.4.3 PPT 信息量太大怎么办

步骤或说明	截图
原稿。	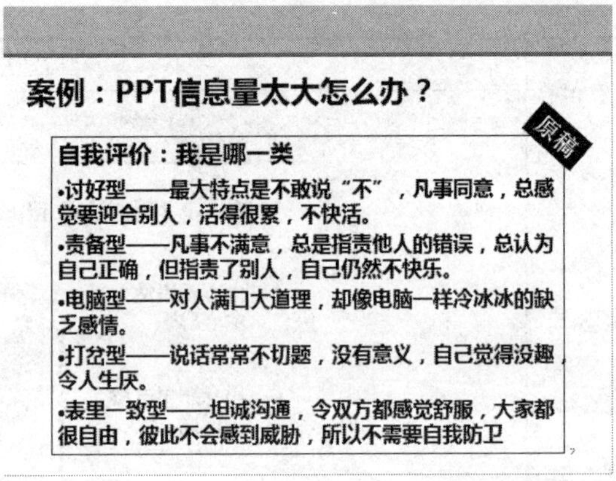
方法一。	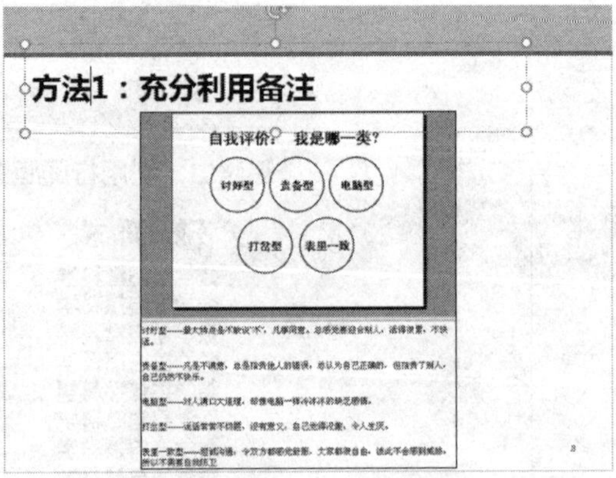

续表

步骤或说明	截图
方法二。	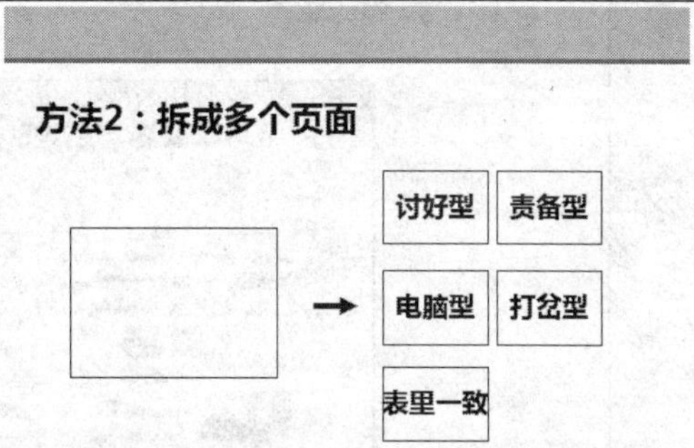
方法三。	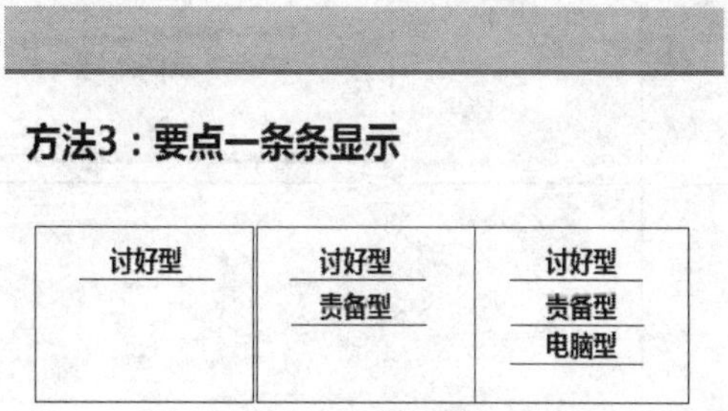

3.4.4 PPT 像流水账怎么办

步骤或说明	截图
流水账 PPT。一笔流水账，怎么吸引人？	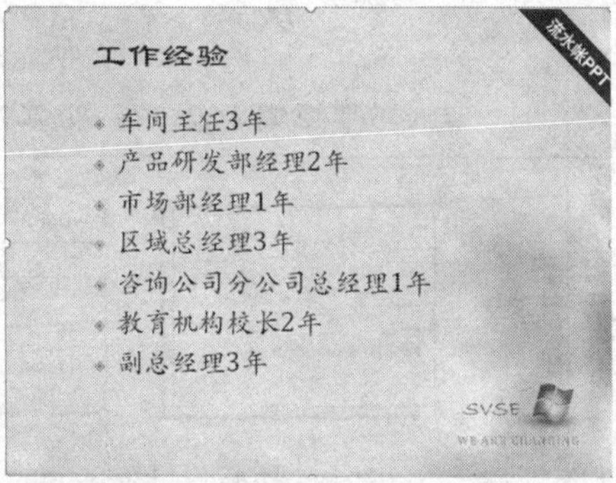
PPT 优化思路： 卖点：从工作经历到职业生涯。 手法：图形化——上升曲线。 素材：补充更多细节信息。 知识点：金字塔原理——时间轴。	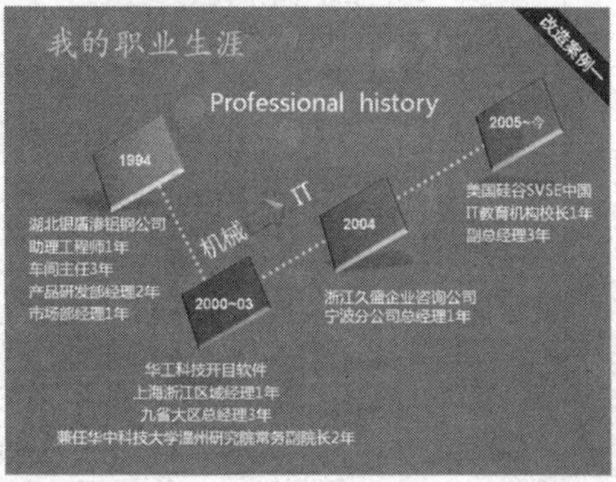

3.4.5 请重视排版

步骤或说明	截图
图片很精美，但看起来总觉得别扭。	
对比看看这张，问题是不是出在不整齐？	
小技巧：利用网格快速对齐大量图片。	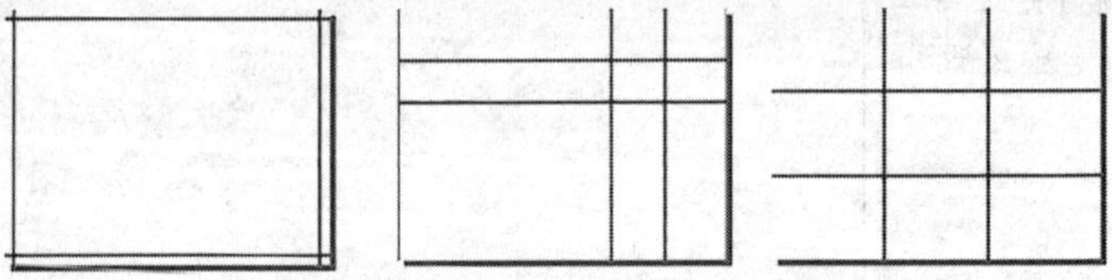 中心对称版　十字架版　三分九宫版
案例欣赏。	

<table>
<tr><th>步骤或说明</th><th>截图</th></tr>
<tr><td>案例欣赏。</td><td>
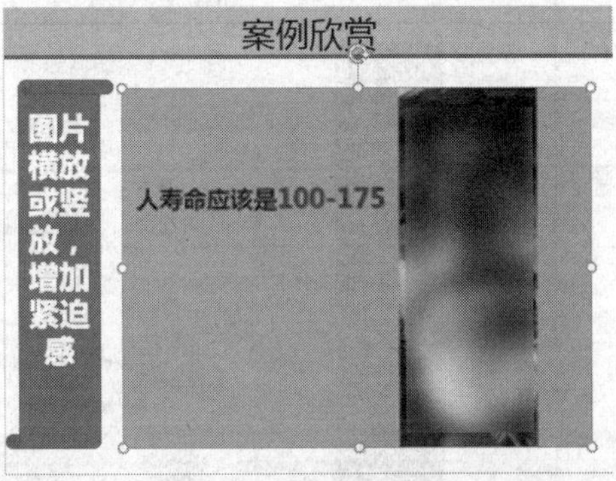

</td></tr>
</table>

3.4.6 你的产品是否被激活

步骤或说明	截图
点击“文件”→“帐户”，即可查看。图示为已经激活。	

3.4.7 修改主题颜色

步骤或说明	截图
点击“文件”→“选项”，点击图示的下拉箭头即可修改主题颜色为“白色”“彩色”或者“深灰色”。	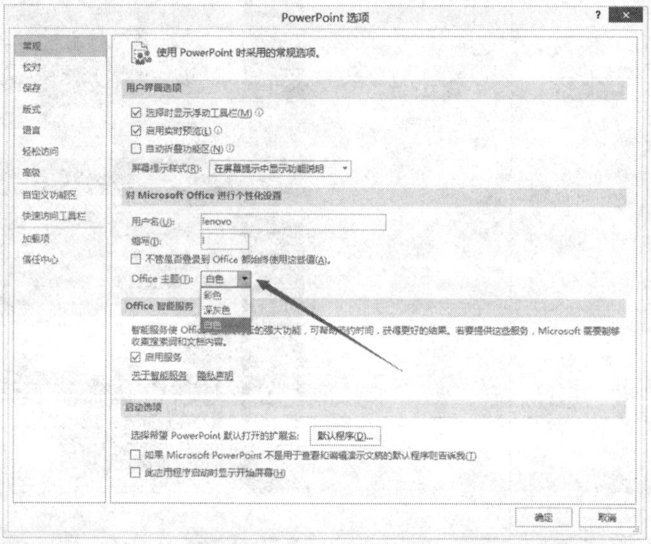

3.4.8 提取素材：寻找素材不再困难

步骤或说明	截图
显示扩展名：任意打开一个文件夹，点击“查看”，勾选“文件扩展名”。	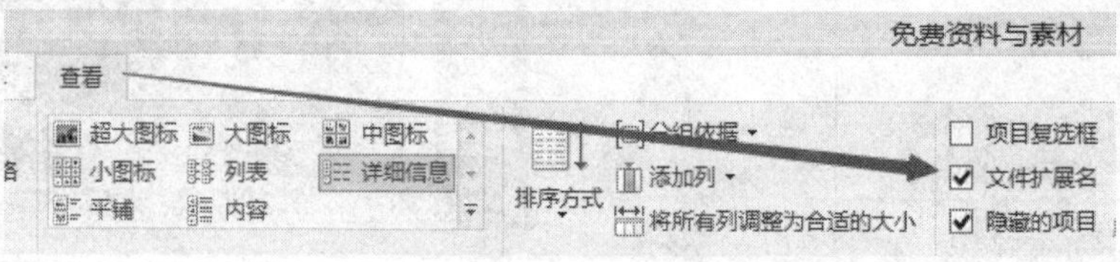

步骤或说明	截图
将扩展名 pptx 修改为 rar：将“11、提取素材示例-桂林山水.pptx”修改为“11、提取素材示例-桂林山水.rar”。 专家提示：建议显示扩展名，以便知道文件的类型。	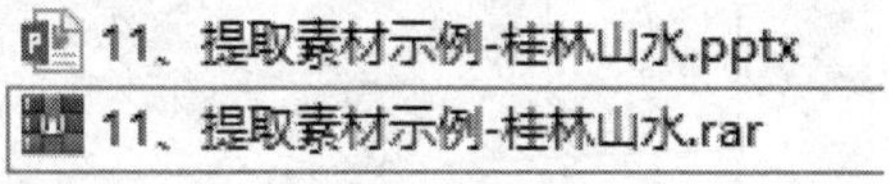
双击“11、提取素材示例-桂林山水.rar”并解压。	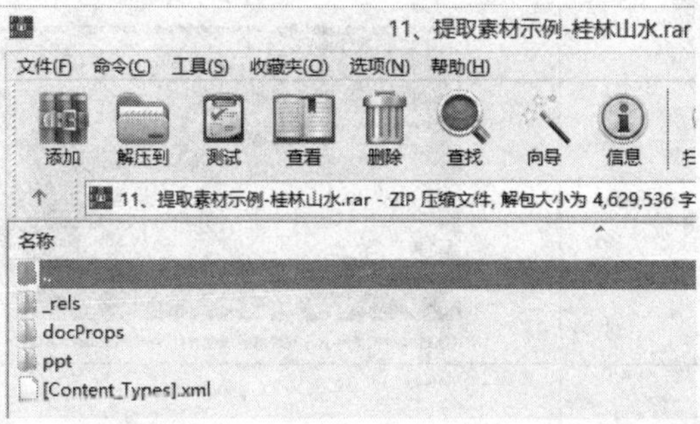
打开 ppt 文件夹；打开 media 文件夹。media 文件夹内即是该 pptx 文件所使用的素材。 专家提示：ppt 格式的文件，不能采用本方法提取素材。	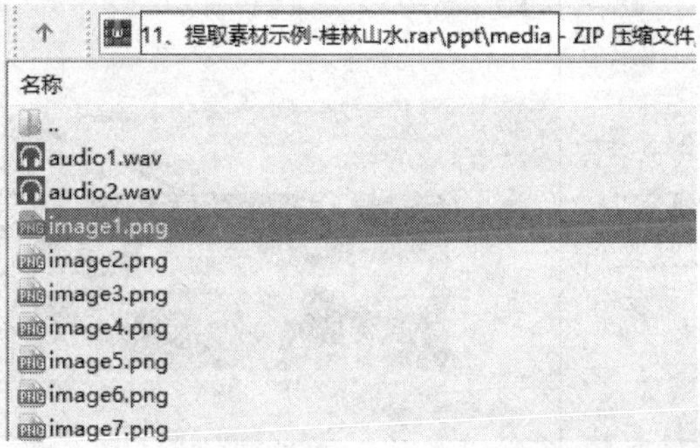

3.4.9 PPT 的重用行为：好的幻灯片为我所用

步骤或说明	截图
（1）借用动画：右边的小蝴蝶有飞舞的动画，左边的大蝴蝶是静止的。选中“小蝴蝶”，点击“动画”→“动画刷”，点击“大蝴蝶”。结果是：大蝴蝶像小蝴蝶一样飞舞起来，即动画被复制了。 专家建议：用一个文件名为“重用行为”的文件来管理所有素材，以便“借用”。这里的“素材”是指搜集到的优秀、精美的 PPT。	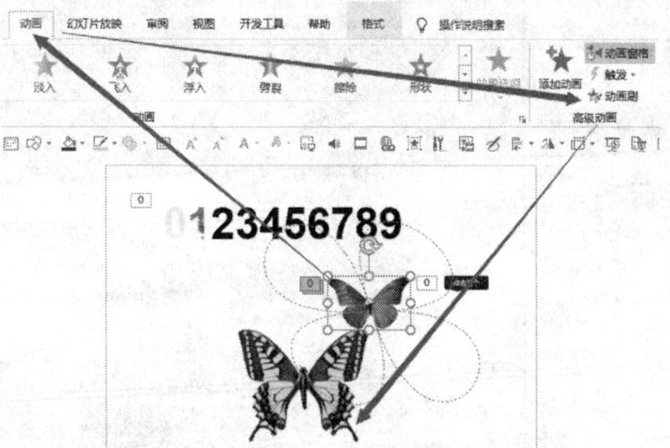

<table>
<tr><th>步骤或说明</th><th>截图</th></tr>
<tr><td>（2）修改图片：点击图片→右键→“设置图片格式”。</td><td>
</td></tr>
<tr><td>点击“形状选项”→“填充与线条”；选择“图片或纹理填充”；点击“文件”。</td><td>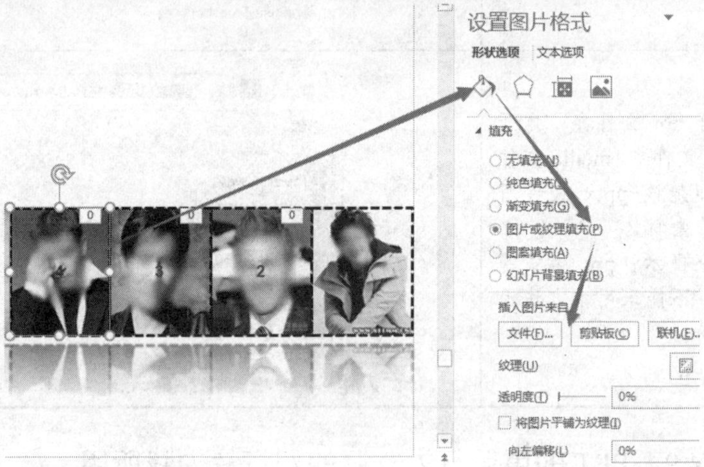
</td></tr>
<tr><td>找到想替换的照片，选中，点击“打开”即可。</td><td>
</td></tr>
</table>

3.4.10　制作动态文字：让文字带有感情

步骤或说明	截图
将“火焰.GIF”文件插入到 PPT 中。	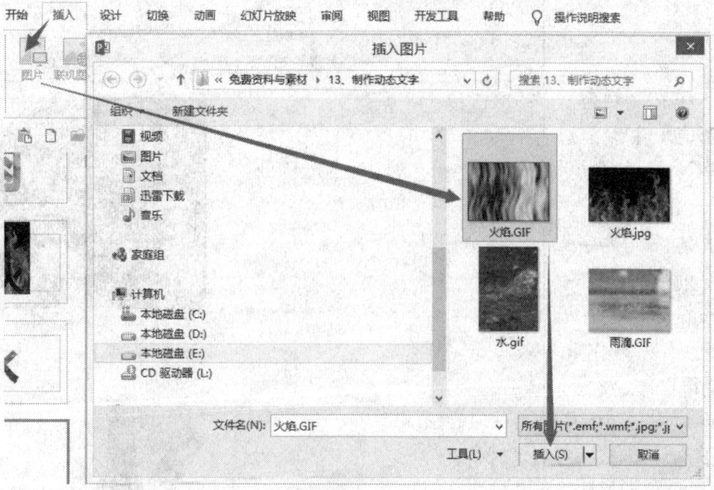
选择“插入”→“文本框”，输入“火”字。	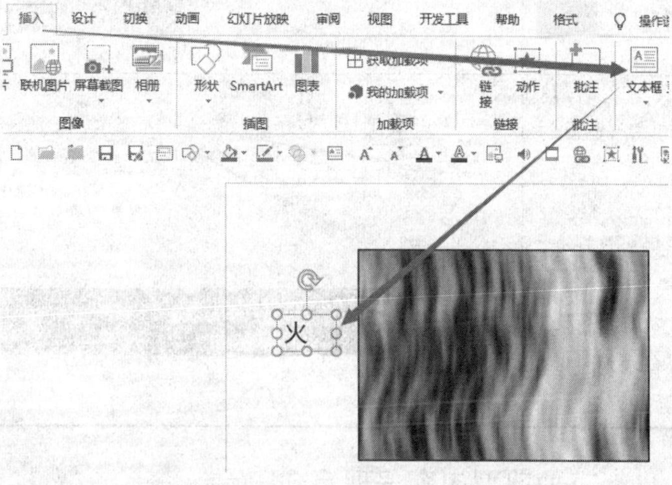
按“Ctrl+B”，加粗“火”字，并放大到合适大小后放置在图片上方。	

步骤或说明	截图
做“相交”运算：选中两者（注意：先选“图”，后选“火”字），点击“相交”。 生成的“火”字，有燃烧的效果。 专家提示：按此方法，还可以制作出“水”“雨”等。注意，此处添加的是 gif 格式的图片。	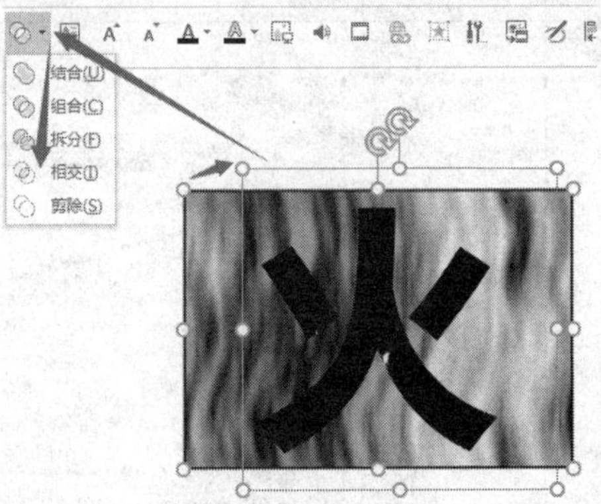 
为了便于选择，建议将“格式”里面的“选择窗格”添加到快速访问工具栏。 专家提示：“相交”在“格式”→“合并形状”下面。“格式”菜单只有在选中文本对象后才显示。	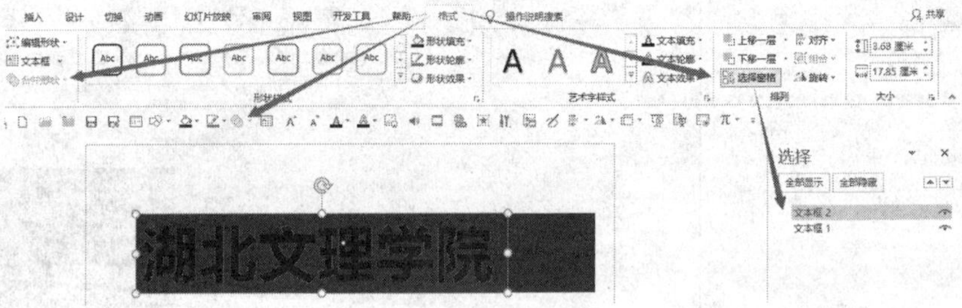

3.4.11　六种典型内容呈现方式

步骤或说明	截图
“免费资料与素材”→“14、六种典型内容呈现方式”中提供了六种内容呈现方式，可供大家重用。	1-颜色变化.pptx 2-旋转.pptx 3-立方体.pptx 4-探照灯.pptx 5-翻书.pptx 6-跑马灯.pptx

3.4.12 变形小教程，想怎么变就怎么变

步骤或说明	截图
两步实现，形状随便变。 期望效果：圆变方。	
准备工作：插入“任意多边形”，即在圆形之外插入一个任意的形状。 点击“形状”→“椭圆”，按住“Shift”键画出一个圆。 点击“形状”→“多边形”，画出一个多边形。	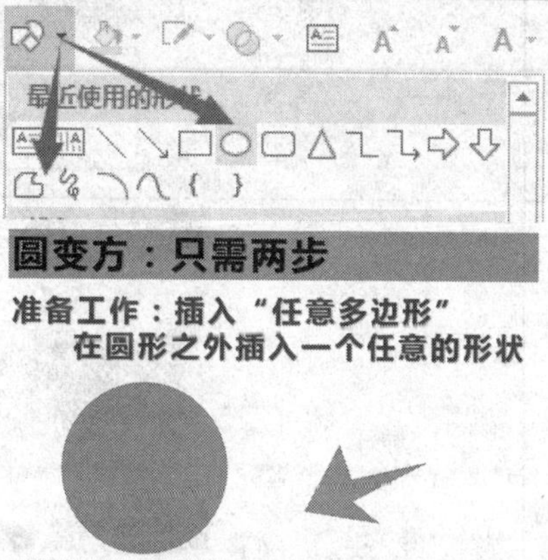
用圆剪除任意形状：点圆，点任意形状，点剪除形状。 结果：PPT1 中只剩下圆。	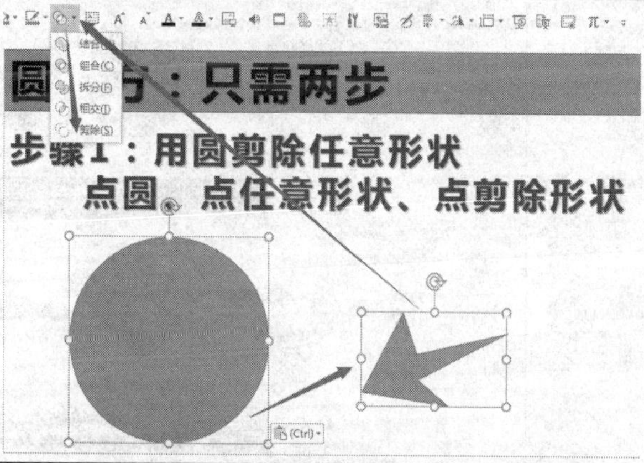
绘制一个方形，用它剪除圆：点方形，点圆，点剪除形状。 结果：PPT2 中只剩下方形。	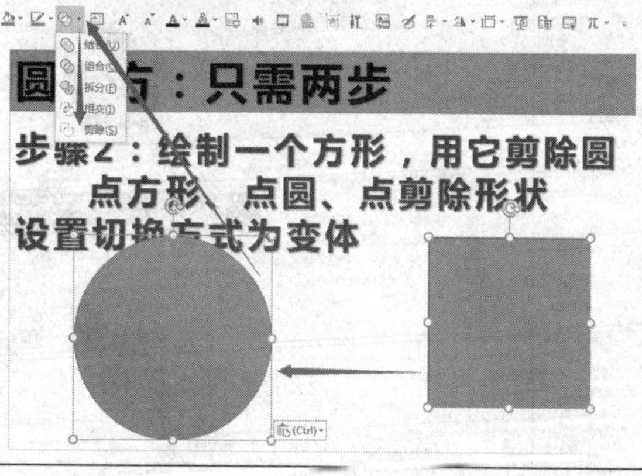

续表

步骤或说明	截图
设置PPT1到PPT2之间的切换方式为"变形"。 专家提示：点击幻灯片6，点击"切换"选择"变形"即可。从PPT5播放到PPT6时就可以看见"圆形从左飞到右，由圆形变成了方形"。	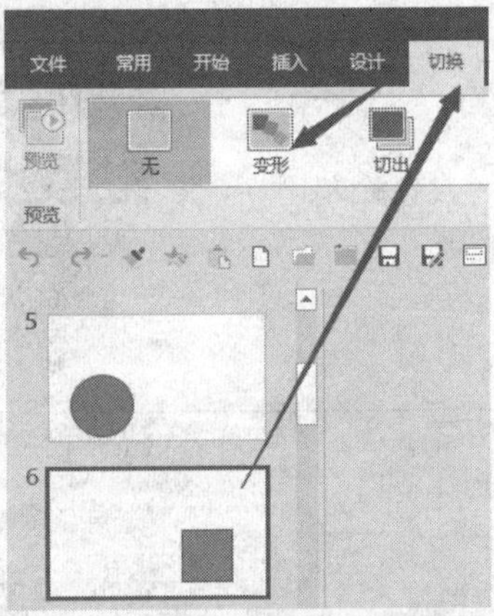
同理可以实现各种变化。 不仅能够实现各种图形之间的变化。	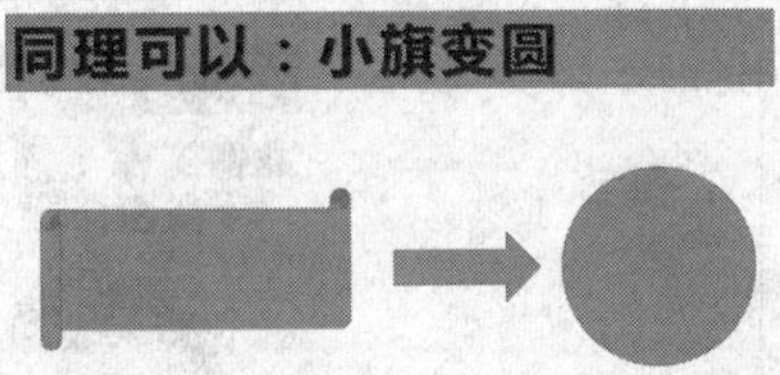 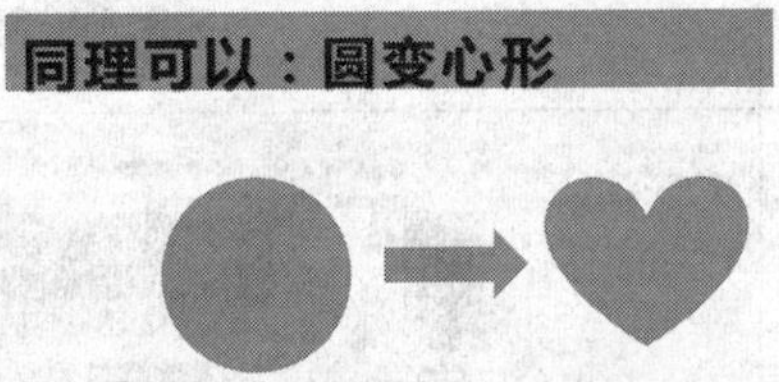   

步骤或说明	截图
而且能够实现图形与文字之间的变化。	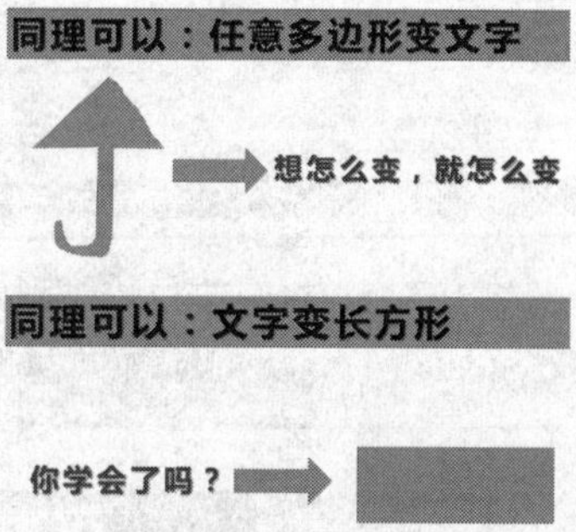
文字与文字之间变化。	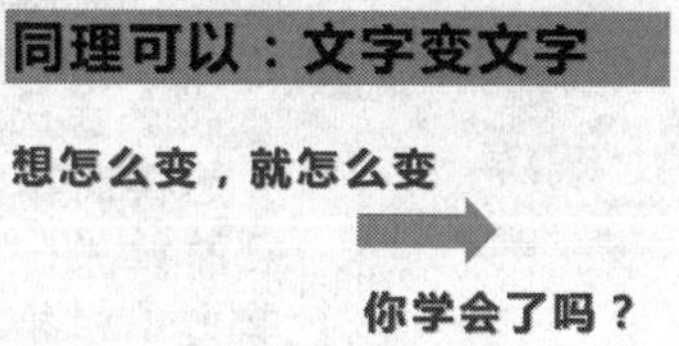
专家提示： （1）变形之后，文字变成了图片。 （2）不是同一对象，变形不会连贯。 （3）采用插入任意多边形，然后，剪除任意多边形后，可以实现“想怎么变就怎么变”。因此，插入“任意多边形”是关键。 （4）文字填充后，不行。 （5）两个物体间操作，要留谁就先点谁。 （6）该功能一度被翻译成“变体”“变形”和“平滑”。 （7）灵活使用该功能可以使课件提高很大的档次。	

3.5 文字排版的五个技巧

3.5.1 增加标题文字间距

步骤或说明	截图
在排版时，标题文字之间通常需要较大的间距，从而让标题文字看起来疏密有致，更加美观。外行的做法是在文字之间敲空格。正确做法如右图所示。	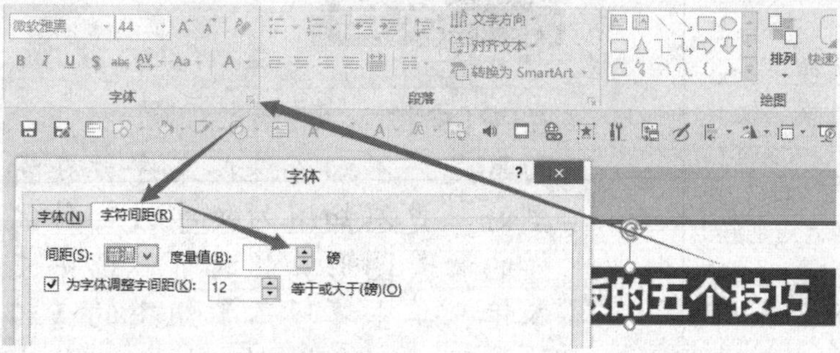
专家提示：选中文字，单击“字体”组中的对话框启动器按钮。在“字体”对话框中，切换到“字符间距”选项卡下，设置间距的度量值，本例设置为“12 磅”，然后点击“确定”。通过此方法来设置字符间距，不会因为文字增加或减少，以及文字位置的变动，改变间距，可一劳永逸。	

3.5.2　双栏排版文字

步骤或说明	截图
选中文本框，单击“段落”组中的“添加或删除栏”按钮，选择“两栏”排版方式。 修改前：为单栏排版，看起来很拥挤，没有艺术感。修改后：文本框中的文字变成了左右两栏排版，整个版面看起来美观多了。 专家提示：要想排版出类似于杂志的效果，双栏或更多栏排版技巧必不可少。	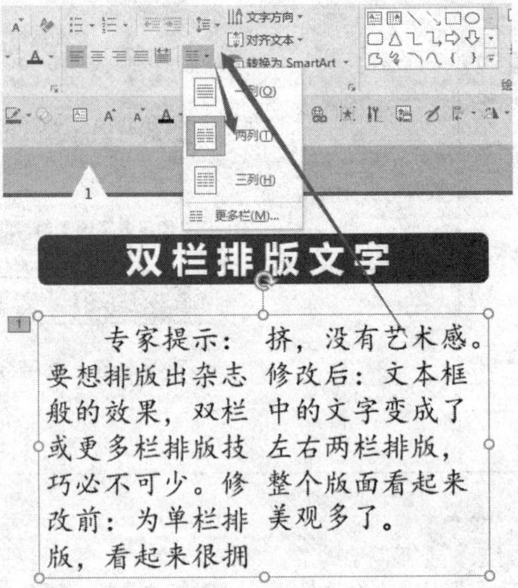

3.5.3　快速排版文字

步骤或说明	截图
选中文本框，单击“段落”组中的“转换为 SmartArt 图形”按钮，从中选择一种排版方式。 专家提示：在 PPT 中输入文字后，最让人头疼的事是，不知道这些文字放在哪里好，更不知道为文字设计什么样的背景图形。	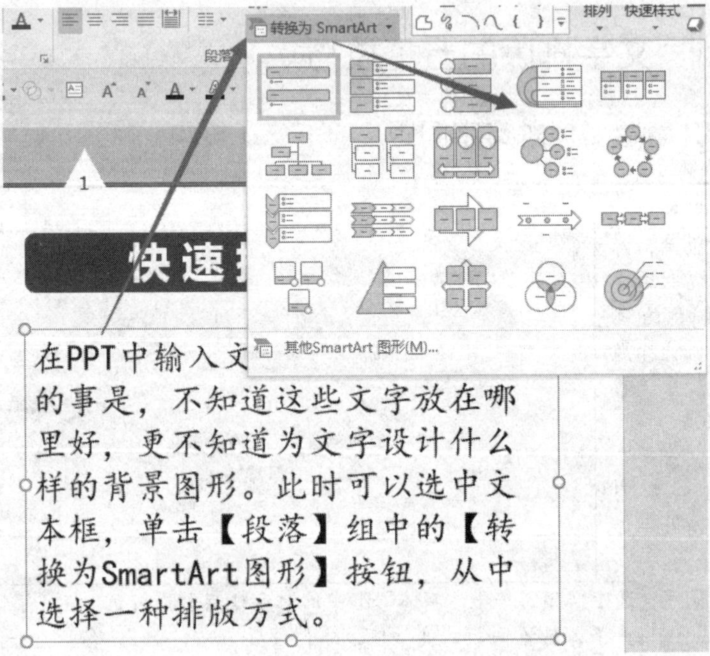

<table>
<tr><th>步骤或说明</th><th>截图</th></tr>
<tr><td>选择一种排版方式后，系统自动跳转到“设计”，既可以横向选择不同的填充方式，也可以纵向点击“更改颜色”来选择不同的色彩。
专家提示：选择了 SmartArt 图形排版方式后，再稍微改变一下图形的颜色就可以快速完成文字排版了。</td><td>
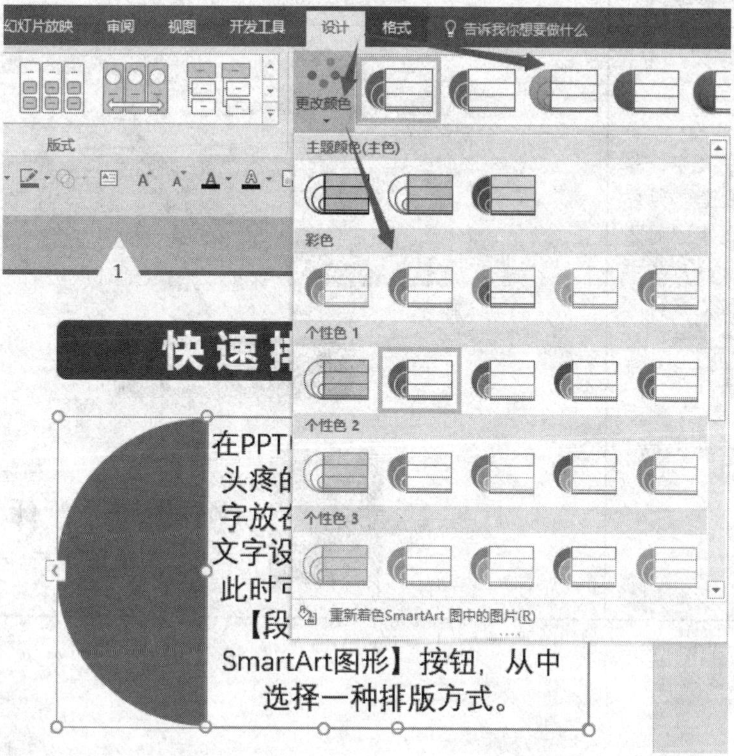

</td></tr>
</table>

3.5.4 用格式刷快速为文字设置相同的格式

<table>
<tr><th>步骤或说明</th><th>截图</th></tr>
<tr><td>为了让文字更加美观，常常需要为文字设置颜色、阴影、边框等效果。好不容易设置好一个文本框中的文字后，又需要设置其他文本框中的文字。如果文字的格式相同，完全可以使用格式刷来复制格式。</td><td>

</td></tr>
<tr><td colspan="2">选中完成设计的文字，单击“格式刷”按钮，这时再去单击其他的文字，其他文字就会应用上这种文字效果了。</td></tr>
</table>

3.5.5 改变文字的方向

步骤或说明	截图
选中文字，单击“段落”组中的“文字方向”按钮，然后从中选择其他方向。 专家提示：根据版面需求，灵活调整文字方向，可以让 PPT 更美观。	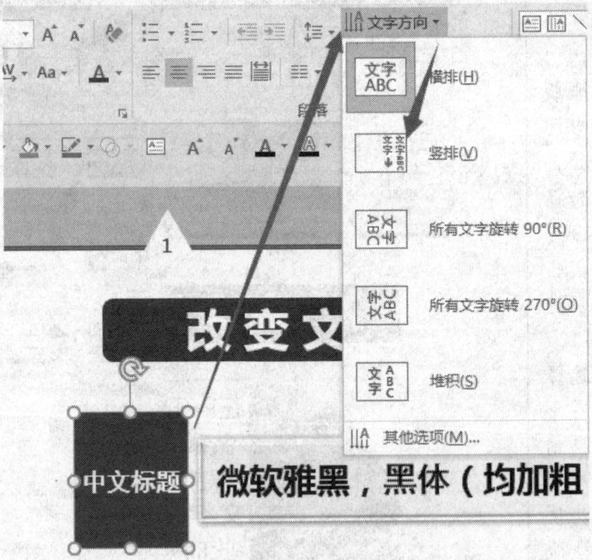

4 片头、片尾的制作方法

4.1 怎样制作片头

4.1.1 片头制作神器

<table>
<tr><th>步骤或说明</th><th>截图</th></tr>
<tr><td>点击“Flash Banner Maker.exe”即可打开软件。
在“程序窗口”下面，点击红色方框内的按钮，可以对尺寸、声音、背景、效果和文字图像等进行修改和设置。全部制作好后点击“发布构建”就能生成 swf 文件，文件很小，点击“预览”可以预览结果。</td><td>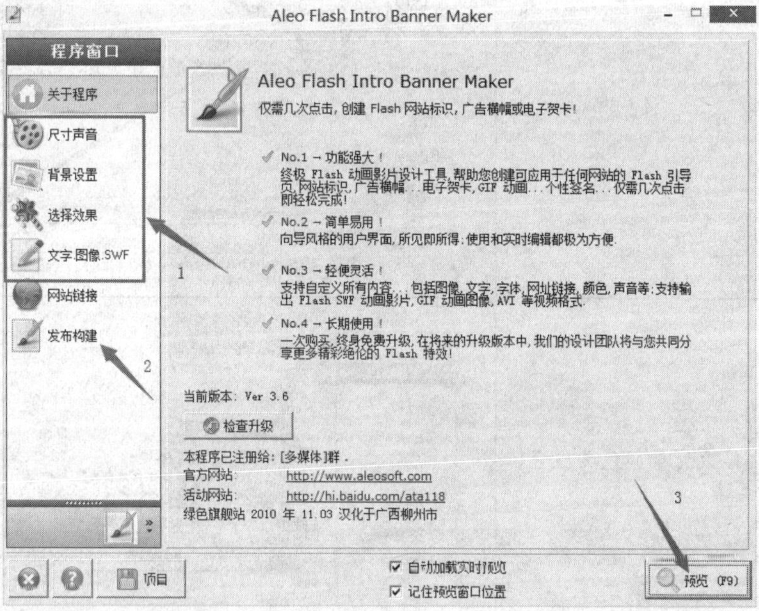
</td></tr>
<tr><td>软件初始如右图，文字、图片、效果和音乐都有。</td><td>
</td></tr>
</table>

<table>
<tr><th>步骤或说明</th><th>截图</th></tr>
<tr><td>设置声音。</td><td>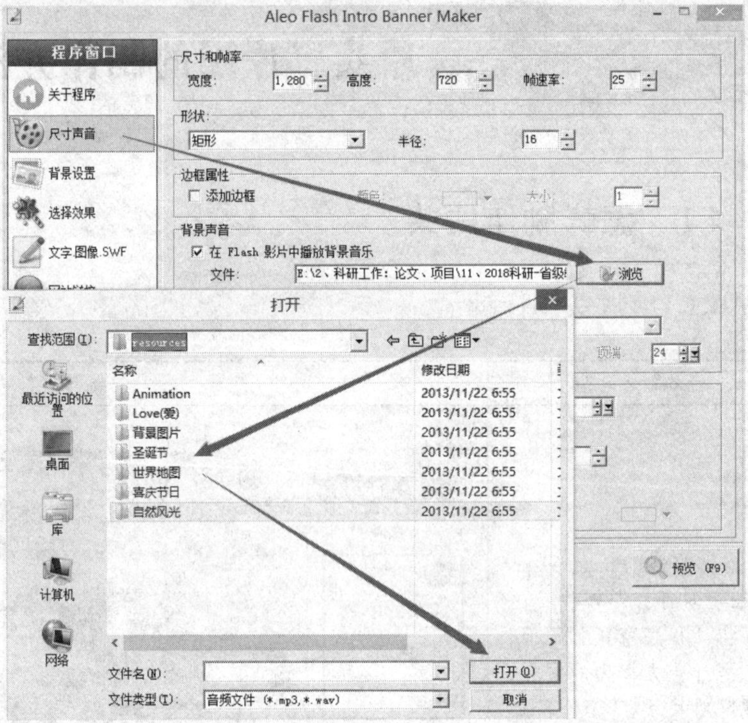
</td></tr>
<tr><td>修改背景颜色为红色。</td><td>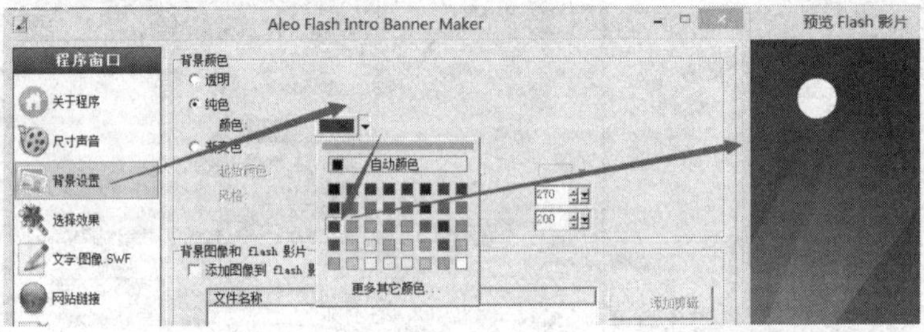
</td></tr>
<tr><td>选择“雪花 1”效果。</td><td>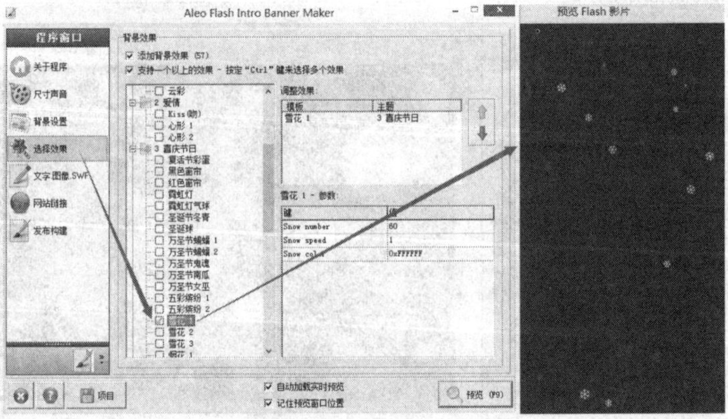
</td></tr>
</table>

续表

步骤或说明	截图
修改“中国现代教育协会”为“互换性与技术测量”。 斜体、加粗等一样可以修改。	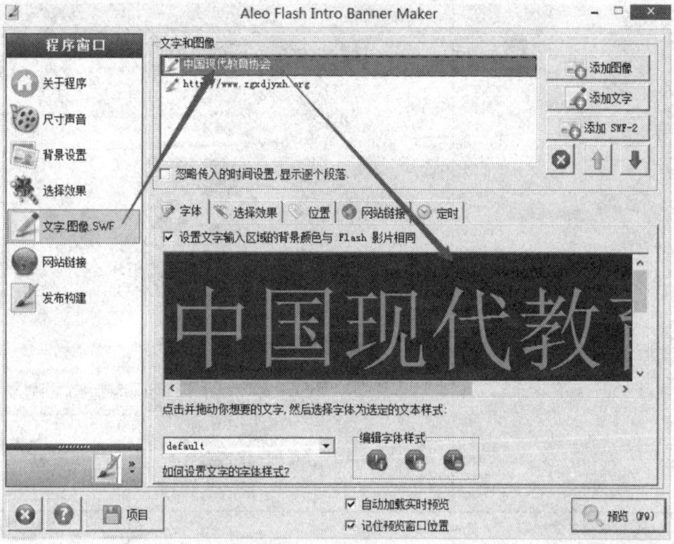 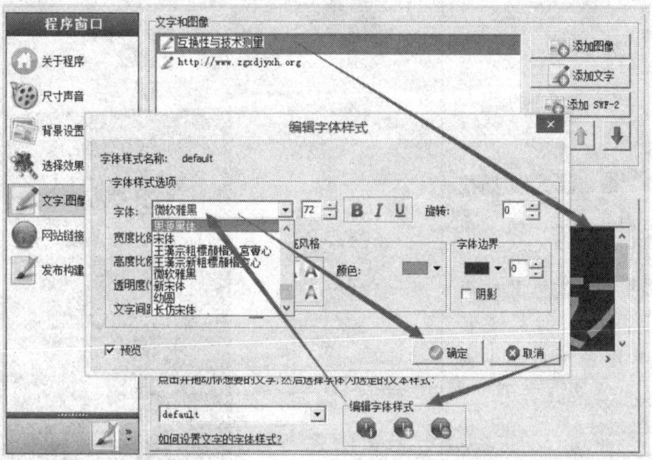
发布。	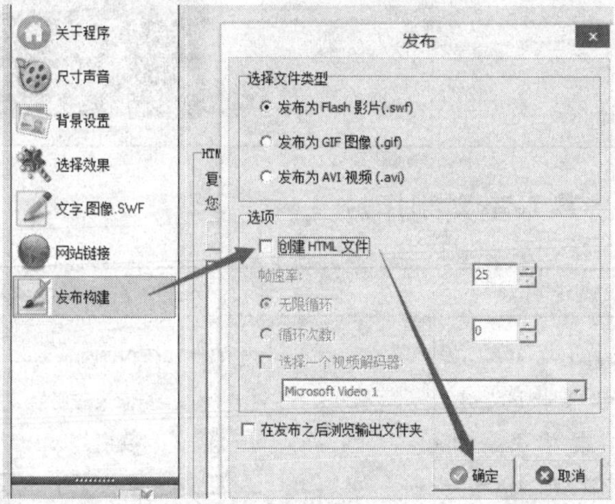

步骤或说明	截图
发布。	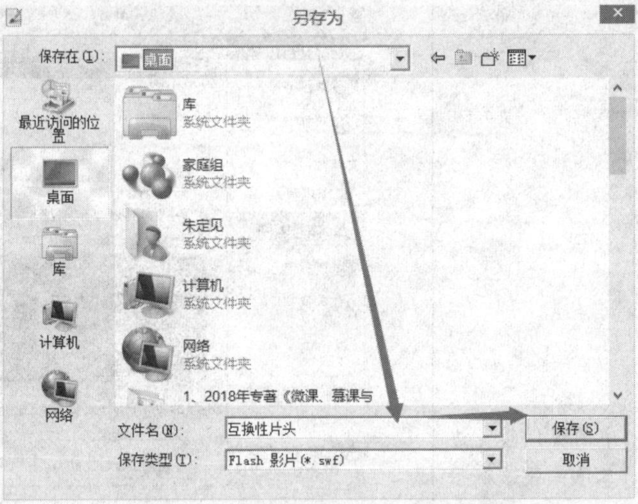
播放：将 swf 文件拖拽到任意浏览器上，均可播放。 专家提示：这里只是粗略演示，真正的片头制作，还需要添加更加丰富的内容和效果。	

4.1.2　拿来主义制作片头

步骤或说明	截图
“免费资料与素材”→“16、设计片头片尾”中提供了四个案例，可供大家重用。	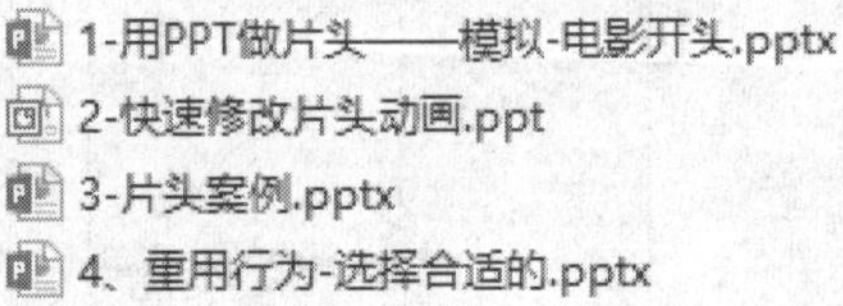

步骤或说明	截图
简单的拿来主义：只选择某一个文件，甚至是某一页PPT做一些文字的替换。 打开“1-用PPT做片头——模拟-电影开头”，点开第一页，点击“显示所选内容框格”，分别点击各个“素材”，均可以根据需要进行修改。	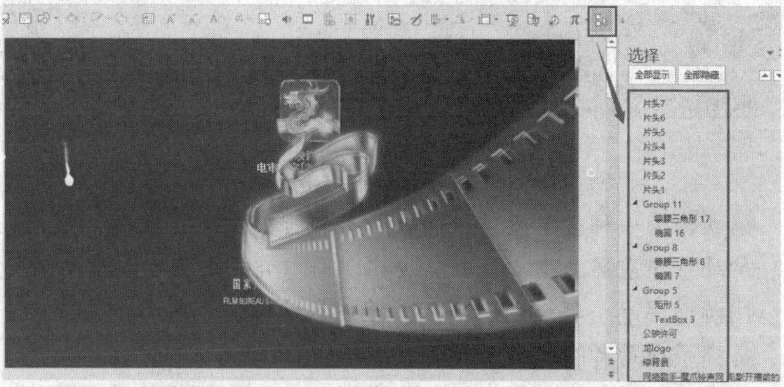
复杂一点的拿来主义：将不同的文件或者是不同的PPT页面放在一起，取其精华为我所用。 将“1-用PPT做片头——模拟-电影开头”的第一页PPT和右图“2-快速修改片头动画”的PPT，根据需要分别修改后有机地结合在一起。	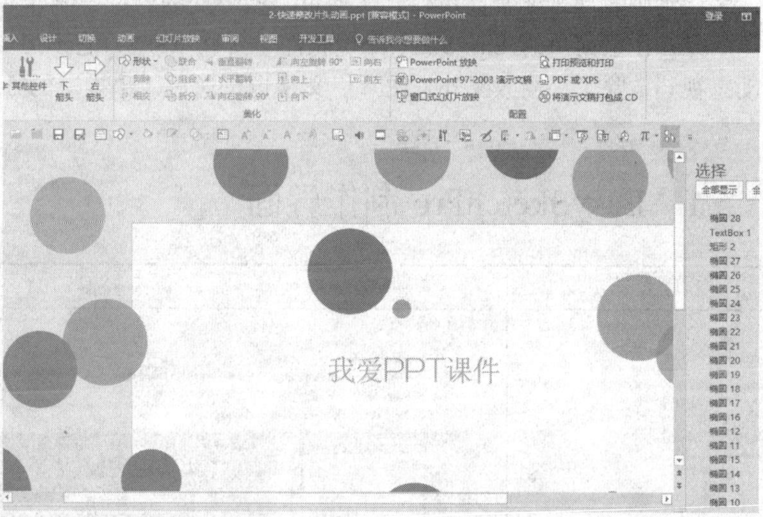
专家提示：要想再复杂一点，可以搜集一些好的图片、音乐和视频等作为素材，在Camtasia Studio中制作片头。	

4.2 怎样制作片尾

步骤或说明	截图
会做片头，自然就会做片尾了。因为方法都是一样的，关键是要抓住两者的不同。 比如“1-用PPT做片头——模拟-电影开头”的第四页PPT，一看就非常适合制作我们的片尾。	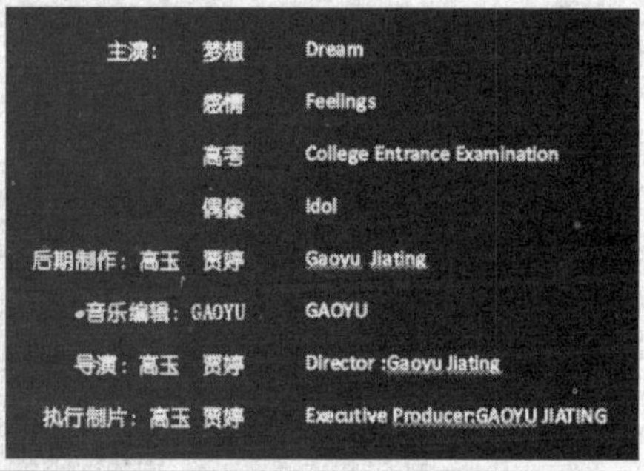

5 用 EasySketch 制作手绘动画

微课作为一种教学媒体，需要具有较强的动感、美感。最近几年兴起的“手绘动画”就是一种动感非常强、非常吸引视线的动画门类。所谓“手绘动画”，就是无论图还是文字，都可以用画笔一笔一笔描画出来，能够强烈地抓住观看者的注意力，也能使观看者产生心理期待，提高了观看者的思维参与度。

手绘动画看起来非常高级，其实通过一些专业的软件，制作起来相当容易，这里向大家介绍的是操作最简单的 EasySketchPro 软件（简称 ESP），它不但支持中文输入，而且可以导入动态视频，除了手绘效果外，图片、文字也可通过“手推”的方式出现。

5.1 EasySketchPro 制作界面

步骤或说明	截图
从左到右，前四个按钮依次是“新建”“打开”“保存”“另存为”。 “New slide”是新建一页。 “Image”是插入图片（图片库）。 “Text”是插入文字。 “Video”是视频库，插入视频。 “Music”是音乐库，插入音频。	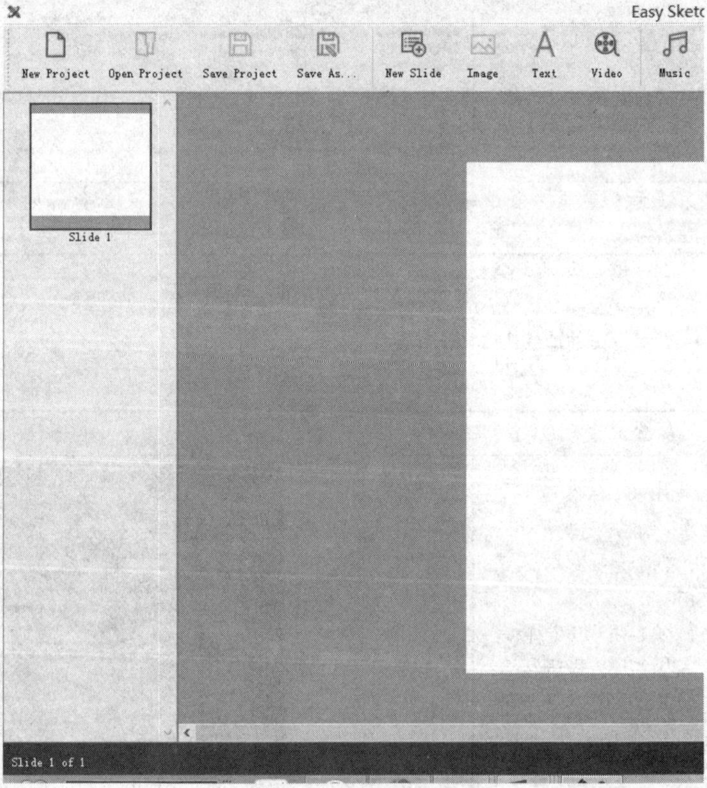

步骤或说明	截图
“Voice Over”是录制音频，录麦克风的声音。 “Backgrounds”是背景库。 “Hands”是手库里面有很多手。 “Timeline”是时间线。 “Preview”是预览。 “Export”是输出 mp4 格式的视频。	

5.2 新建幻灯片

步骤或说明	截图
ESP 的组织方式和 PPT 比较接近，都是由一张张“幻灯片”组成的，如图左侧的白框。 点击“New Slide（新建幻灯片）”按钮即可创建新的幻灯片。	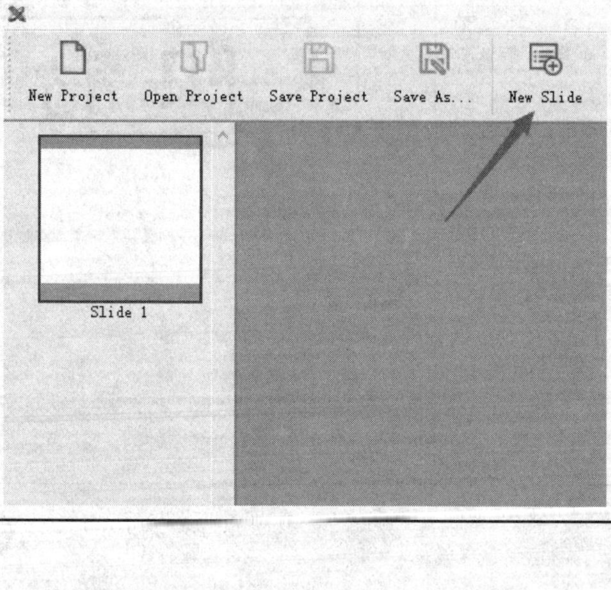

5.3 向幻灯片中添加素材

可以添加本地素材或者软件自带的图片素材，这个根据使用需求去添加。

5.3.1 插入图片

步骤或说明	截图
点击“Image”即可插入图片。	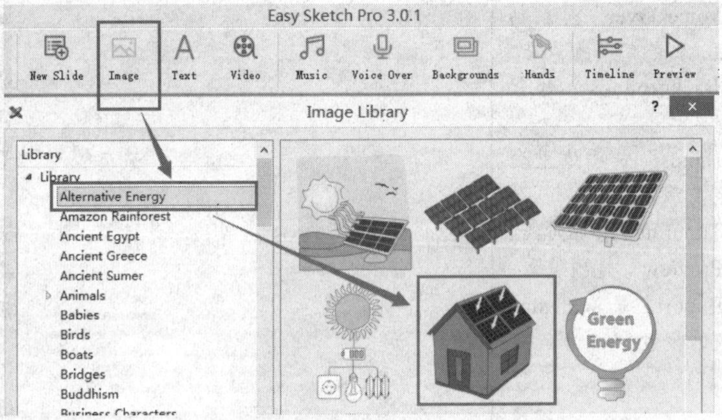

5.3.2 插入文字

步骤或说明	截图
点击“Text”即可插入文字，并适当调整它们的位置。 专家提示：文字可调整大小，文字样式以及颜色、加粗和斜体等。编辑好文字后，按“OK”确认。	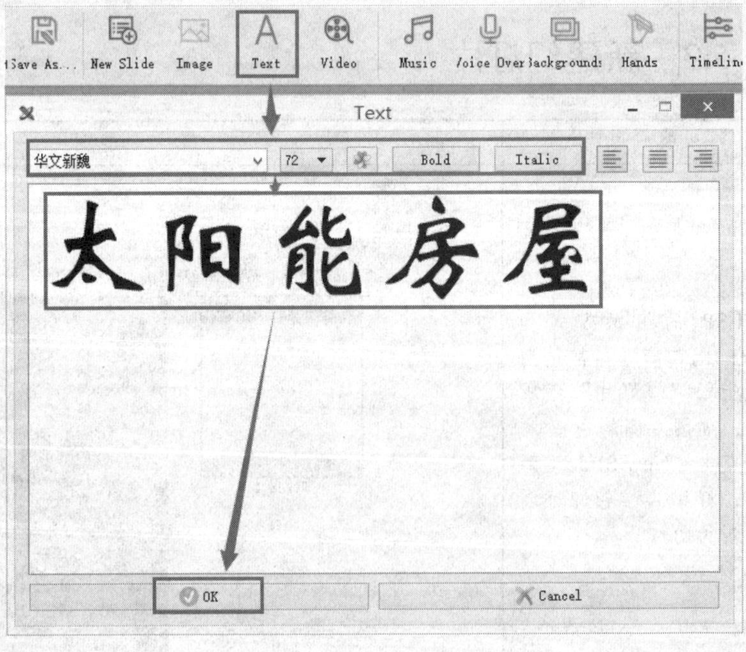

续表

步骤或说明	截图
如果想修改文字的话，需要双击文字，然后点击鼠标右键，选择“Edit”按钮即可。 专家提示：可根据素材的四个角点调整大小和旋转；按住四个角点以外的地方，就可以将其拖动到任意位置。	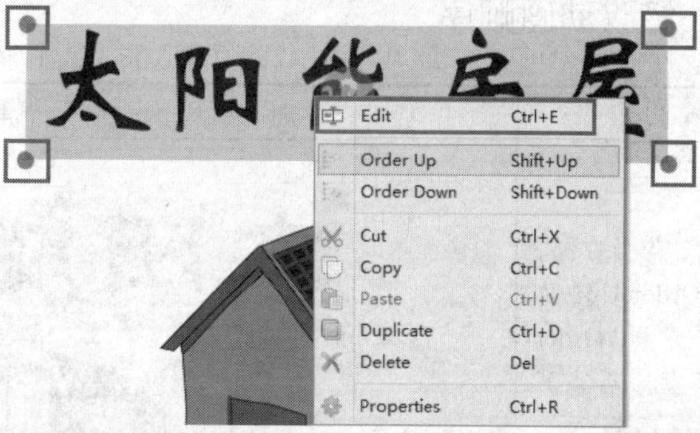
修改后的文字效果。 专家提示：其他素材的添加，点击对应按钮即可。 添加素材后，素材就会出现在画布上，素材上会显示一个数字，例如1、2、3等，这个数字表示的就是播放顺序。	

5.4 预览动画

步骤或说明	截图
设定好幻灯片内的元素后，点击“Preview(预览)”按钮即可观看动画效果。此时，无论是图片、还是文字，其默认效果均为“手绘效果”。	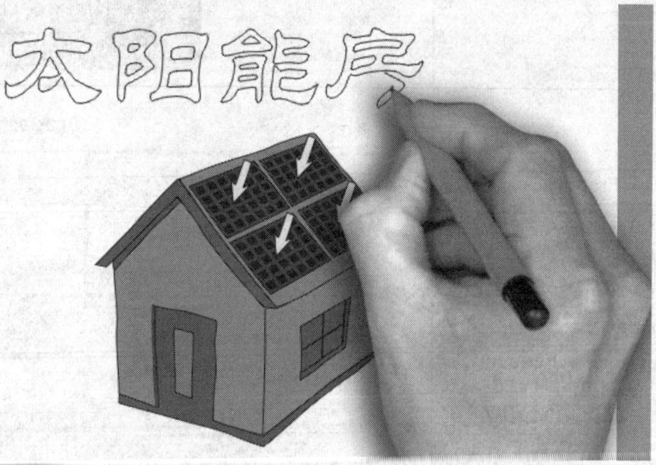

5.5 设置动画

5.5.1 修改动画顺序

步骤或说明	截图
双击素材，点击右键，分别选择“Order Up（动画顺序前移）”和“Order Down（动画顺序后移）”来实现调整动画顺序。 专家提示：未双击时，素材是灰色的，不能操作。	

5.5.2 修改出现效果

步骤或说明	截图
效果默认是“手绘”，不想用“手绘”效果的时候，使用以下操作：首先，双击鼠标以选中对象；然后，在选中的对象上点击鼠标右键；在右键菜单中，选择“Properties（属性）”选项。	
在“Properties”设置窗口中，我们可以设置该对象的出现方式（Draw Style），如：Draw by hand（手绘）、Drag by hand（手推）、Fade in（淡出）等；	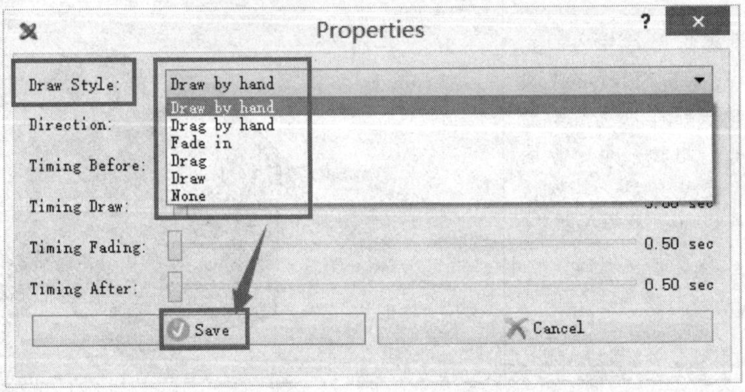

<table>
<tr><th>步骤或说明</th><th>截图</th></tr>
<tr><td>同时，为了给教师讲解和学生观看留出必要的时间，我们还需要设置动画时间，包括：
Timing Before：手绘动画前延迟的时间；
Timing Draw：手绘动画本身所需的时间（即绘制图文速度的快慢）；
Timing After：手绘动画完成后延迟的时间（在这段时间里什么也不做）。</td><td>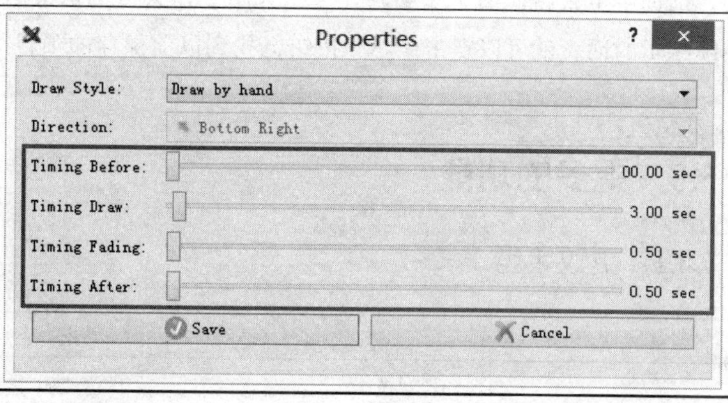
</td></tr>
</table>

5.6 “TimeLine（时间轴）”按钮

<table>
<tr><th>步骤或说明</th><th>截图</th></tr>
<tr><td>如果一个幻灯片内的元素比较多，那么使用“时间轴”按钮，更容易进行选择。
分别点击“文字”或者“图片”来选择元素。
“Properties”是设置元素的属性。
“Play from here”是从当前位置开始播放。</td><td>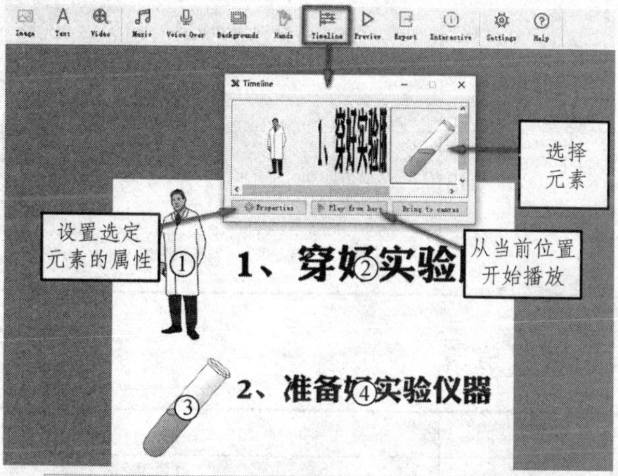

</td></tr>
</table>

5.7 保存项目并输出视频

当所有手绘动画设置完成后，点击顶部菜单中的按钮，即可输出 mp4 视频。

专家提示：在关闭 ESP 之前，千万别忘了“保存项目”，即点击顶部菜单中的

按钮，否则，前面辛辛苦苦做的手绘动画，一旦关闭了，就再也找不回来了。保存项目后，下次需要继续编辑的话，就可以点击

按钮，找到以前保存的项目即可。

5.8 更多的功能

5.8.1 更改手型

步骤或说明	截图
点击“Hands”：可以修改几十种手型。	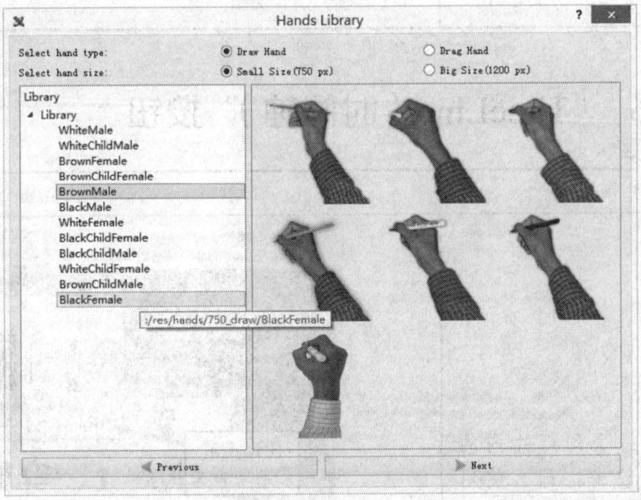

5.8.2 更改背景

步骤或说明	截图
点击“Backgrounds”：可以选择不同的背景。	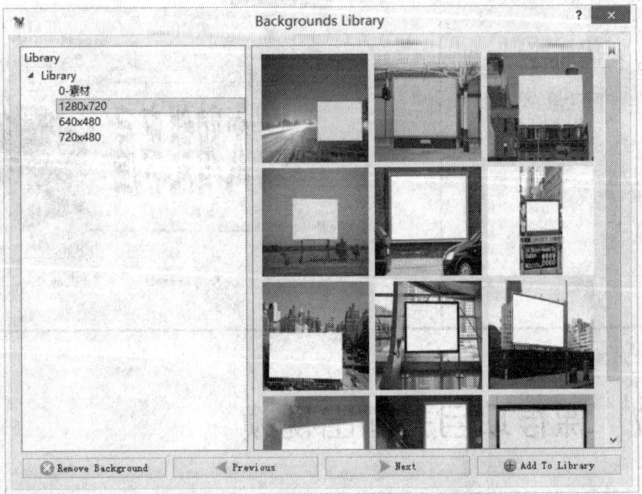

5.8.3 增加背景音乐

步骤或说明	截图
点击“Music”：可以为手绘动画增加背景音乐。 专家提示：在选择音乐的过程中可以先点击“Play”试听，满意后，再点击“Add”。	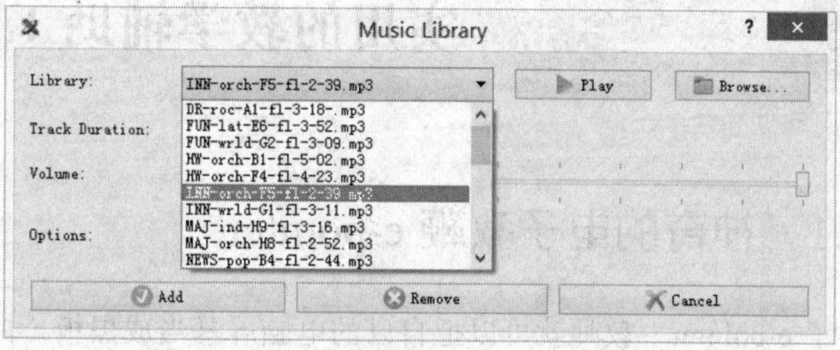

5.8.4 增加旁白配音

步骤或说明	截图
点击“Voice Over”：可以为手绘动画增加旁白配音。 专家提示：由于无法设置声画同步，因此不推荐。	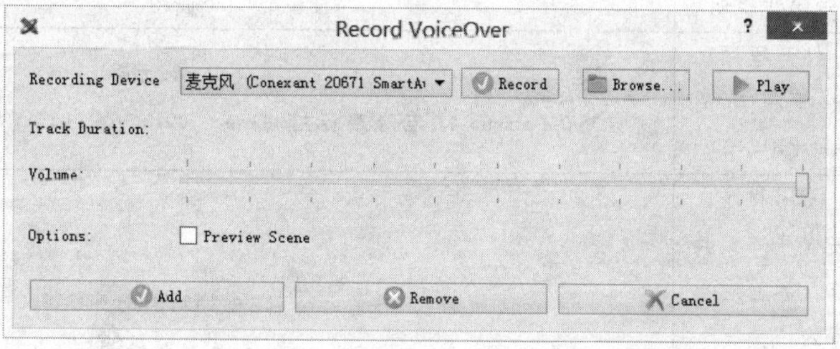

6 实用的教学辅助工具

6.1 神奇的电子教鞭 e-pointer

有了 e-pointer，教师就可以把自己的电脑屏幕当成黑板（白板也行），在上面任意涂抹、画画、写字，把它用作教学的得力助手。本节讲述 e-pointer 的一些基本知识。

6.1.1 电子教鞭的打开和关闭

<table>
<tr><th>步骤或说明</th><th>截图</th></tr>
<tr><td>打开程序：双击程序的 exe 文件。</td><td>
</td></tr>
<tr><td>关闭程序：按程序“工具箱”界面右上角的“关闭”按钮。
专家提示：此处的关闭是程序完全退出。该操作与按“Alt+P”和点击鼠标右键不同，要注意区别。</td><td>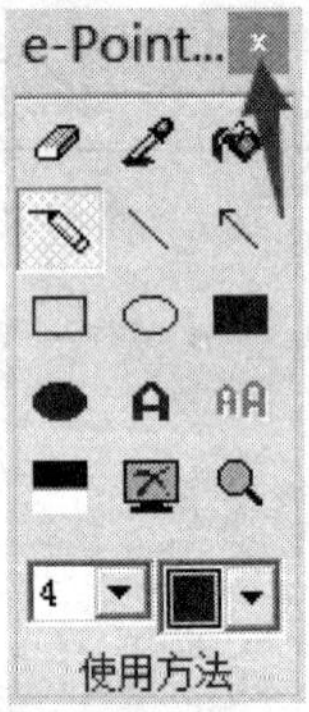
</td></tr>
<tr><td colspan="2">专家提示：程序打开后，按“Alt+P”，只是部分退出，反复按“Alt+P”会显示或者不显示程序工具箱。不显示工具箱时打开 WORD、PPT 等文件，以便在 WORD、PPT 等文件中标注；显示工具箱时，只能标注，不能打开其他文件。
在标注时，如果不想显示工具箱则点击鼠标右键，反复点击鼠标右键只是显示和不显示工具箱，此时，不能打开其他文件。不显示工具箱时，按“Esc”键，可以清屏。工具箱上也有清屏按钮。</td></tr>
</table>

6.1.2 电子教鞭的“工具箱”界面及功能

步骤或说明	截图
程序打开后，电子教鞭的“工具箱”界面一般显示在屏幕左上角，鼠标在各个按钮图标上面停留即可知道名称或者功能。点击“使用方法”会弹出一个“用法”对话框，该对话框提供了一些简单的使用方法。	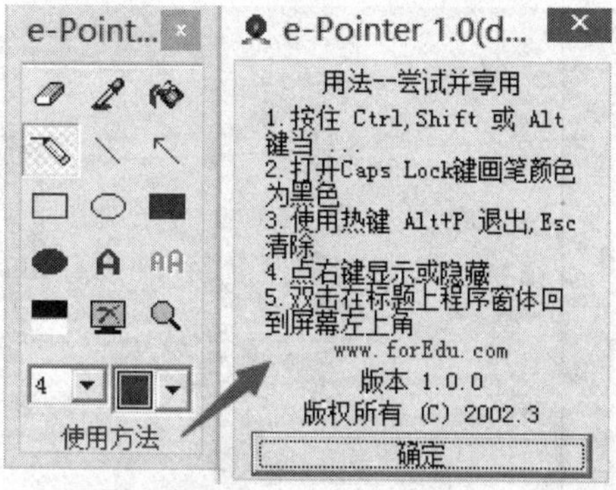

6.1.3 自由画屏

步骤或说明	截图
画直线：“Alt+P”→“直线”，点击鼠标，拖动。 按“Alt+P”全部消失。	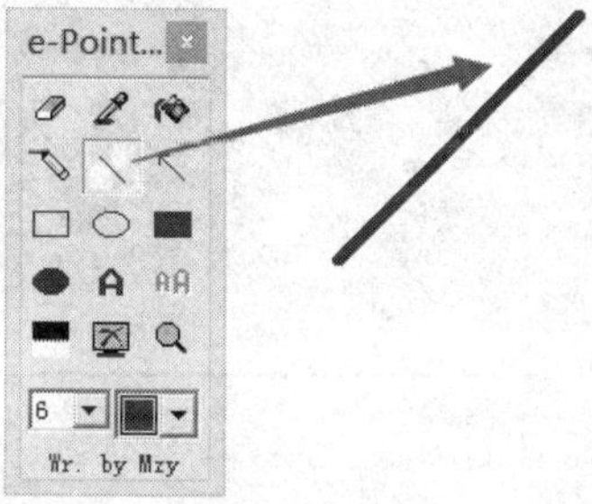
画箭头：“Alt+P”→“箭头”，点击鼠标，拖动。 按“Alt+P”全部消失。	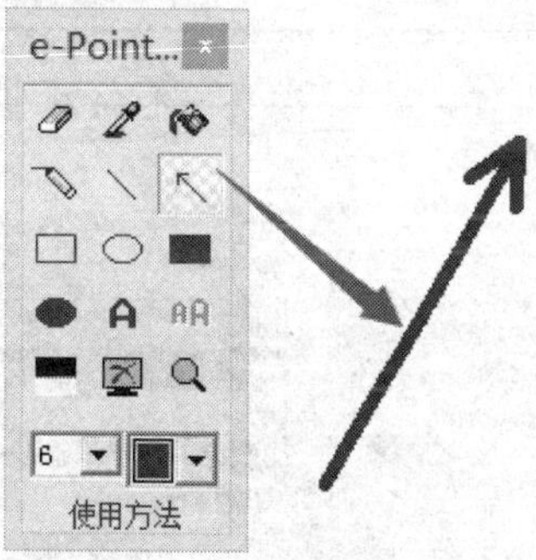
画矩形：“Alt+P”→“矩形”，点击鼠标，拖动。 按“Alt+P”全部消失。	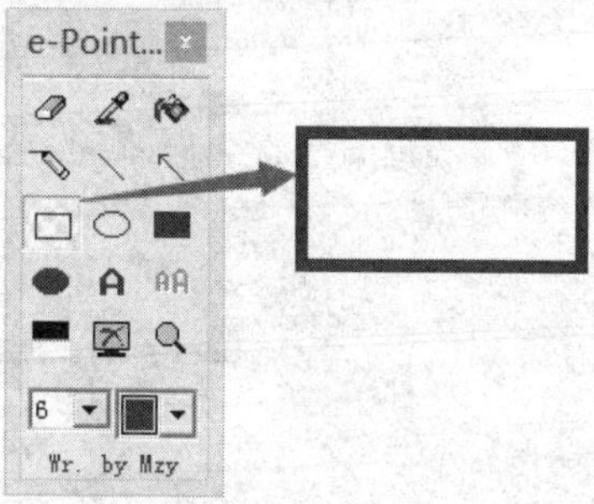

步骤或说明	截图
专家提示：点击矩形图标后，按住“Shift”键，画出的是带圆角的矩形；按住“Ctrl”键画出的是正方形；	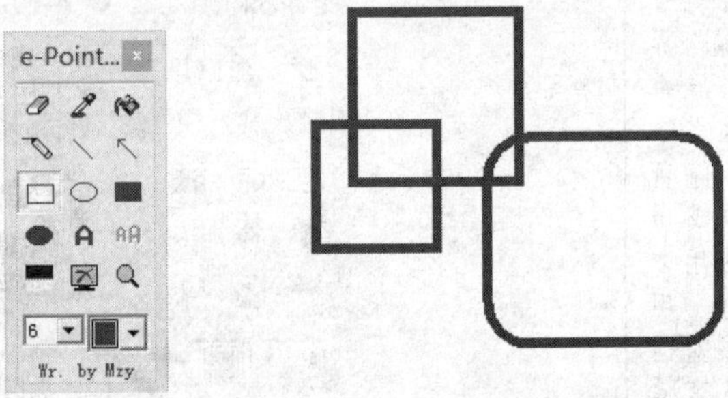
同理，点击椭圆形图标后，再点击鼠标，拖动，画出的是椭圆；此时，按住“Ctrl”键画出的是圆。	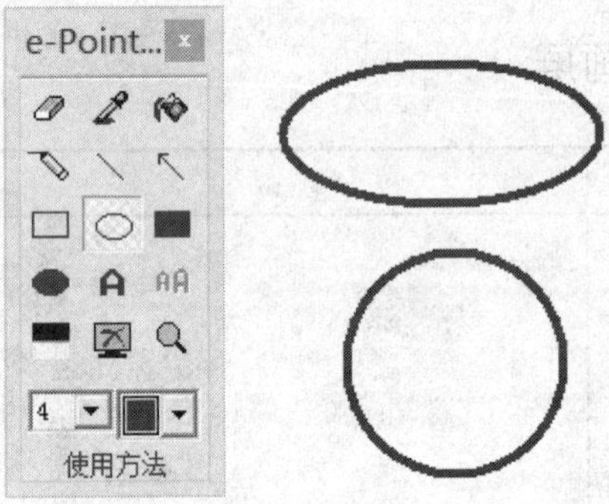

6.1.4 操作技巧

步骤或说明	截图
输入文字：点击“A”或“AA”可以设置文字的字体、下划线。	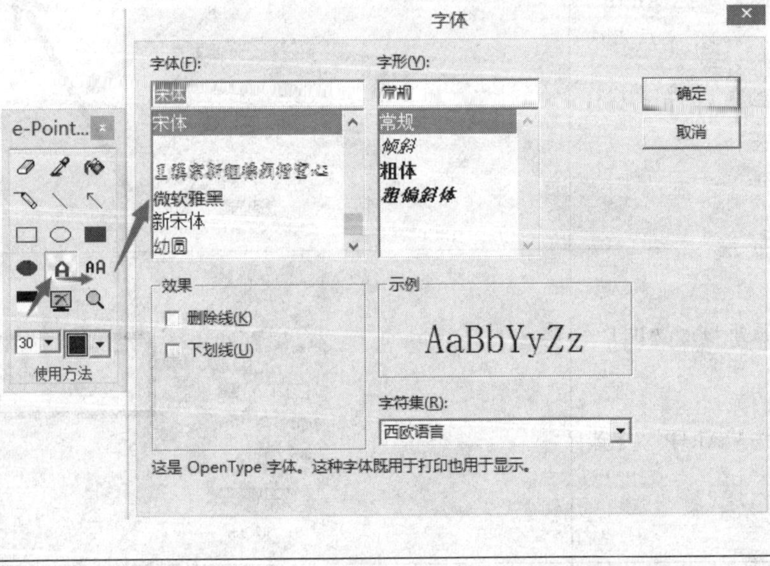

<table>
<tr><th>步骤或说明</th><th>截图</th></tr>
<tr><td>还可以设置字号和颜色。
专家提示：改变颜色后，画屏的颜色也跟着变了。
如果组合键“Alt+P”失效，请重新双击该软件的 exe 文件。</td><td>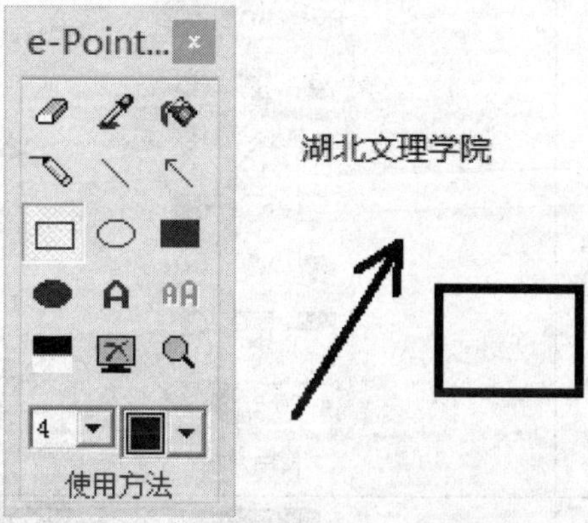
</td></tr>
<tr><td>通过颜色选择对话框和画笔宽度选择框，可以定义颜色、粗细。
专家提示：可以通过鼠标点击，也可以通过滚轮来改变。
双击工具箱的标题栏，可以使移动后的工具箱回到原始位置—左上角。</td><td>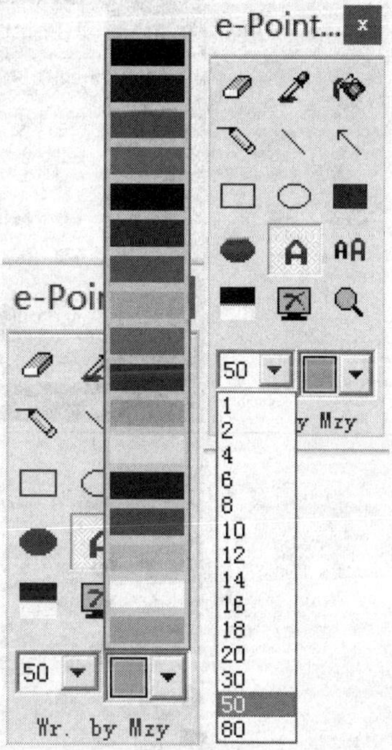
</td></tr>
<tr><td>按住“Ctrl”键时：
（1）橡皮擦：连续擦除，原本只能点一下，擦出一个点；</td><td>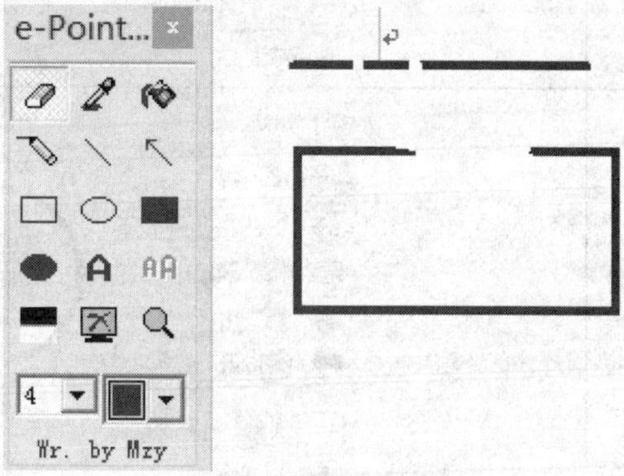
</td></tr>
</table>

步骤或说明	截图
（2）铅笔：画虚线；	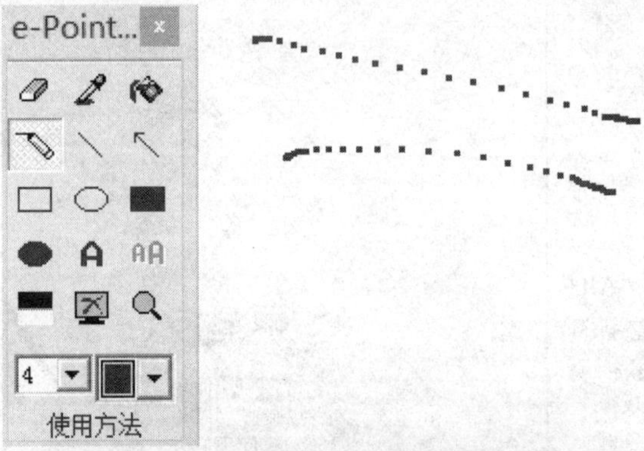
（3）填充：填充到边界；	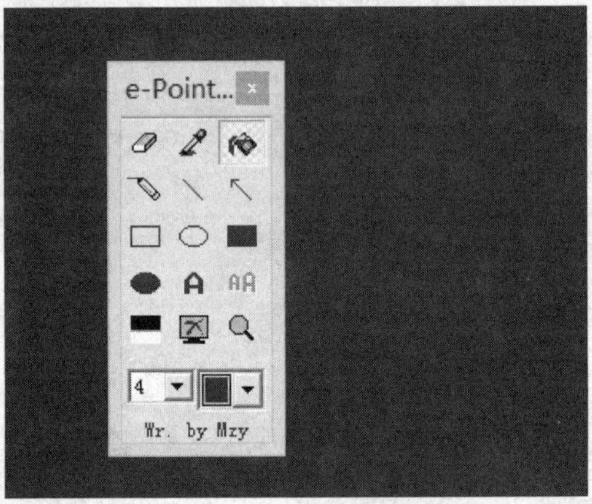
（4）矩形、实心矩形：绘制正方形；	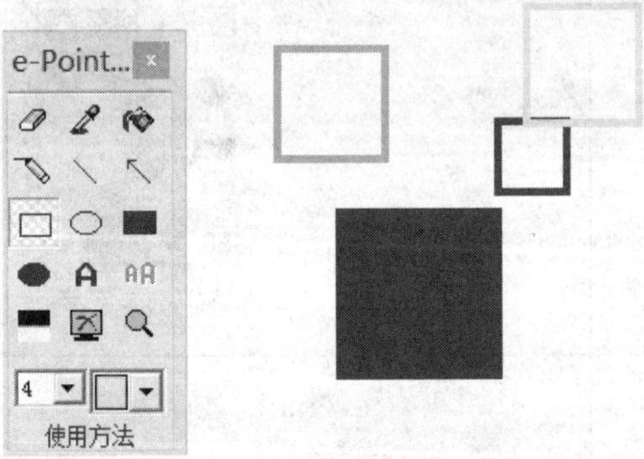
（5）椭圆、实心椭圆：绘制圆形；	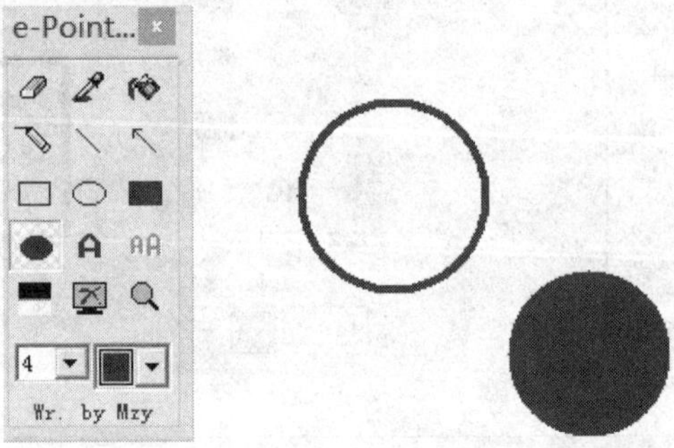

续表

步骤或说明	截图
按住 Alt 键时：点击实心矩形、实心椭圆图标，可以使用颜色下拉表单最后一项的颜色填充实心；	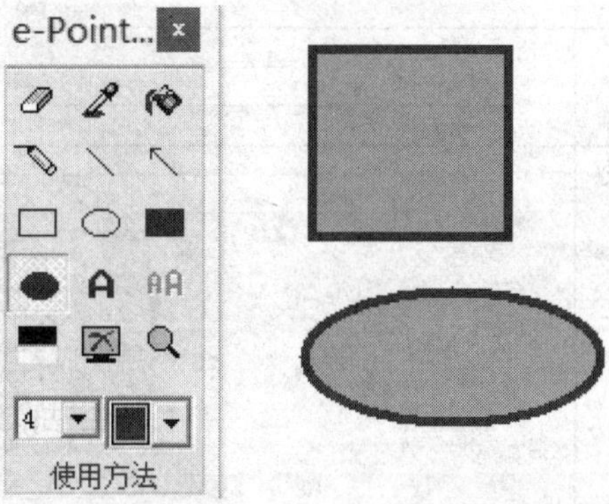
按住"Shift"键时：点击矩形、实心矩形图标，可以画出圆角矩形。	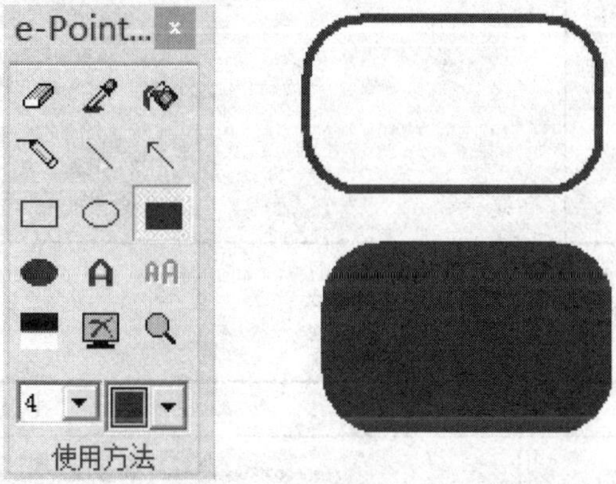
"Ctrl"键、"Alt"键和"Shift"键三键任意组合：产生相应组合效果； 右图是"Alt"键和"Shift"键组合的结果。	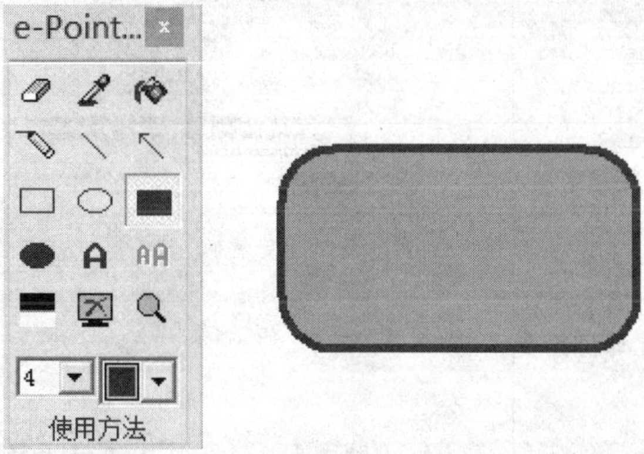

6.2　神奇的微软放大镜 ZoomIt

ZoomIt 是一款非常实用的投影演示辅助软件。它源自 Sysinternals 公司，后来此公司被微软收购，因此，有些网友也称 ZoomIt 为"微软放大镜"。ZoomIt 体积小巧、完全免费、易于使用。通过快捷键可以很方便地调用 ZoomIt 三项功能：屏幕放大、屏幕标注、定时提醒。

6.2.1 ZoomIt 的打开和关闭

步骤或说明	截图
双击“ZoomIt.exe”文件打开软件。	
打开后，有两个变化。 （1）“ZoomIt.exe”下面会自动多出一个“ZoomIt64.exe”的文件。 （2）任务栏多出一个图标。	
软件的关闭：点击或者右击任务栏上的图标，点击“Exit”。	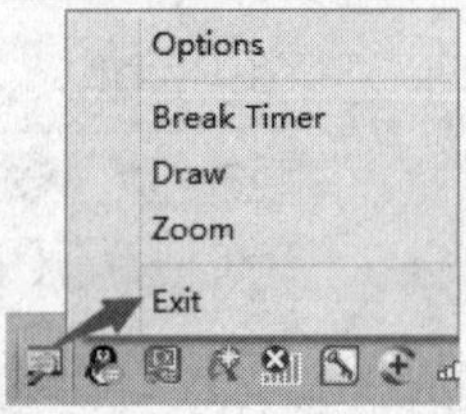

6.2.2 ZoomIt 界面预览

步骤或说明	截图
点击“Options”进入选项设置，可以设定相应快捷键。默认为： “Ctrl+1”—屏幕放大； “Ctrl+2”—屏幕标注； “Ctrl+3”—定时提醒。	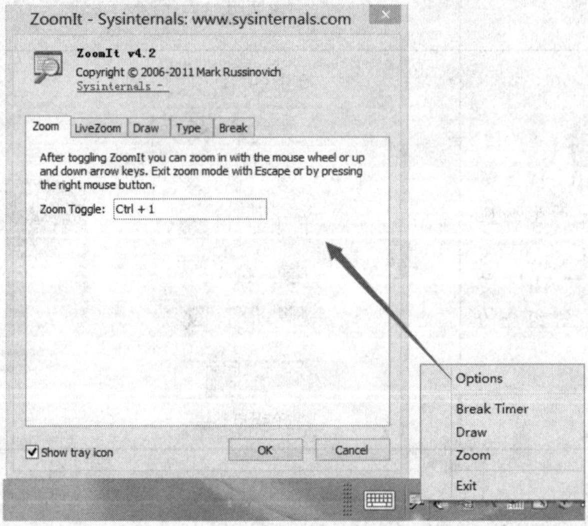
点击“Break Timer”，进入“定时提醒”，开始10分钟倒计时。默认是10分钟，滚动滚轮可以加减时间。 按“Esc”退出该功能。	9:57

步骤或说明	截图
点击“Draw”，进入“屏幕标注”。 鼠标变成了“红点”。滚动滚轮可以放大和缩小任务栏附件的屏幕。 按“Esc”退出该功能。	
点击“Zoom”，进入“屏幕放大”。 滚动滚轮可以放大和缩小整个屏幕。鼠标也是“红点”。可以在放大的地方进行标记。 按“Esc”退出该功能。	

6.2.3 ZoomIt功能及使用

步骤或说明	截图
ZoomIt基本功能与快捷键操作参见右面的思维导图。	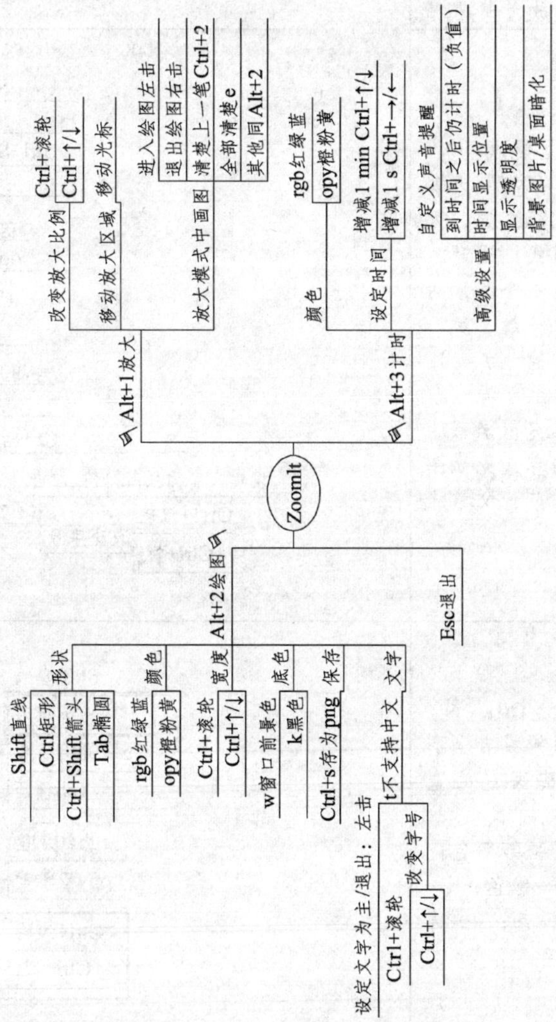

步骤或说明	截图
屏幕放大： 按下快捷键（默认“Ctrl+1”），即可进入ZoomIt的放大模式。这时屏幕内容将放大后（默认2倍）显示； 移动光标，放大区域将随之改变； 用鼠标滚轮或者上下方向键，将改变放大比例； 按鼠标左键，将保持放大状态，启用标注功能； 按下Esc键或鼠标右键，会退出放大模式。	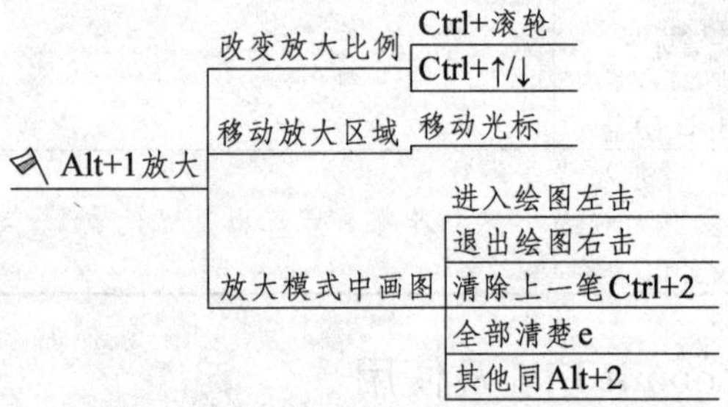
标注功能： 按下快捷键（默认“Ctrl+2”），或在放大模式下按下鼠标左键，可进入标注模式；这时，鼠标会变成一个圆形的笔点（注意：最小时，不是圆点而是十字架），其颜色、大小可调。 主要用来突出屏幕的某一部分内容，比如图片的某一细节、文章的关键段落。	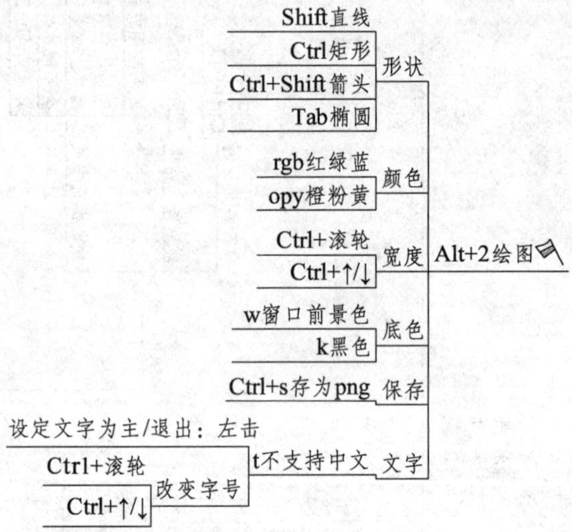
通过按住“Ctrl”键，使用鼠标滚轮或者上下箭头键调整画笔的宽度。 按键调整画笔颜色：r—红色；g—绿色；b—蓝色；o—橙色；y—黄色；p—粉色。	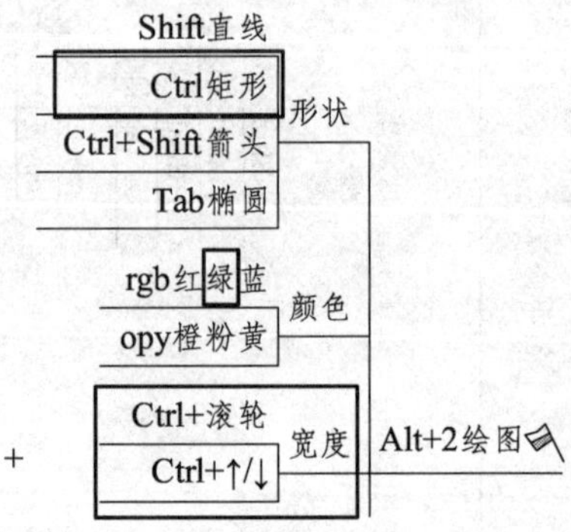

<table>
<tr><th>步骤或说明</th><th>截图</th></tr>
<tr><td>可轻松画出不同的形状：
按住“Shift”键可以画出直线；
按住“Ctrl”键可以画出长方形；
按住“Tab”键可以画出椭圆形；
按住“Shift+Ctrl”键可以画出箭头。</td><td>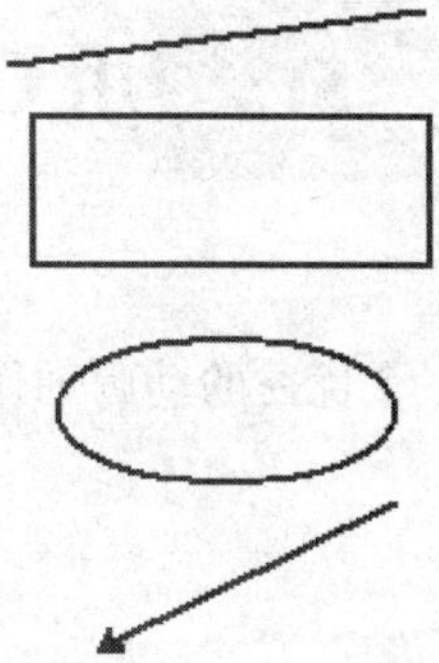</td></tr>
<tr><td colspan="2">其他操作：
Ctrl+Z：撤销最后的标注，反复使用可以一直撤销下去；
E：擦除所有标注；
W（白色）：将屏幕变成白板；
K（黑色）：将屏幕变成黑板；
Ctrl+S：保存标注或者放大后的画面，文件名和文件格式默认为“zoomit.png”。</td></tr>
<tr><td>屏幕打字：进入标注模式后，按“T”可以进入打字模式；
“Esc”或左键退出；
鼠标滚轮或上下箭头可以改变字体大小；
缺点是不支持中文；
鼠标右键退出标注模式。</td><td>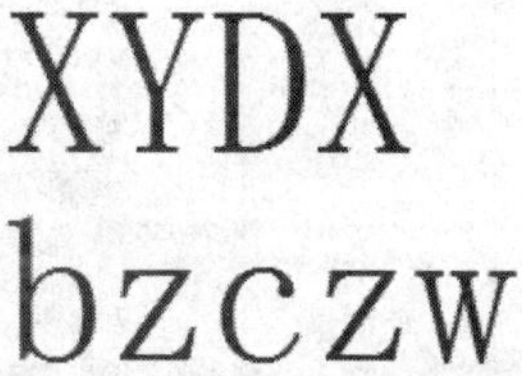</td></tr>
<tr><td colspan="2">定时：
通过快捷键（默认“Ctrl+3”）或点击 ZoomIt 的托盘图标菜单，可以进入定时器模式；
用箭头键可以增加或减少时间；
如果是通过按“Alt+Tab”从定时器窗口退出的，可以点击 ZoomIt 的图标再激活定时器；
用“Esc”退出。
专家提示：使用此功能时会暂时将桌面利用白色屏蔽覆盖，并在白色屏蔽上出现倒数计时的时间，您可以在“Options”中选择倒数计时时间的长短、倒数计时结束后是否要播放警告音效、白色屏蔽透明度、倒数计时时间在屏幕上的显示位置。</td></tr>
<tr><td colspan="2">实时放大（Live zoom）：是一种在放大屏幕后仍可以保持正常工作的模式。进入 LiveZoom 模式后可以继续做任何事情，包括滚轮、各种快捷键等，甚至可以通过快捷键启动其他截屏软件；
进入和退出 LiveZoom 模式的默认快捷键都是“Ctrl+4”（当然这个快捷键是可以定制）；
进入 LiveZoom 模式后，可以通过“Ctrl+Up”和“Ctrl+Down”控制缩放级别，它支持 5 级缩放，最小一级相当于把 1/4 屏幕放大到满屏，或者说分辨率增加一倍。</td></tr>
</table>

7 用 GIF Movie Gear 制作 GIF 动画

GIF Movie Gear 是一个优秀的动画创作工具，它简单易学，功能强大，深受动画爱好者的喜爱。

7.1 GIF Movie Gear 的界面

步骤或说明	截图
打开 GIF Movie Gear 软件，进入右图所示的界面。	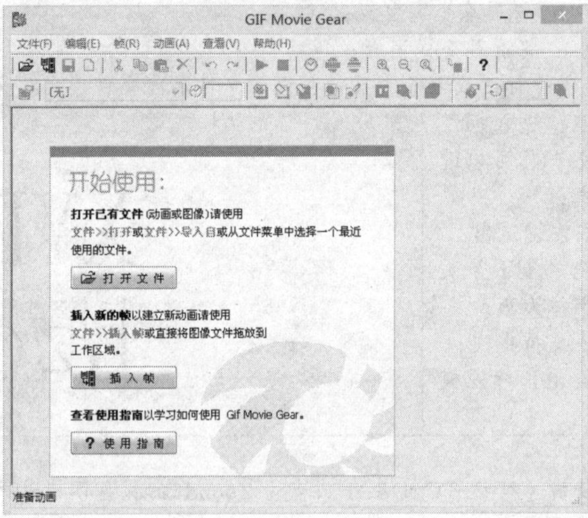

7.2 GIF Movie Gear 制作动画的步骤

步骤或说明	截图
点击“插入帧”。	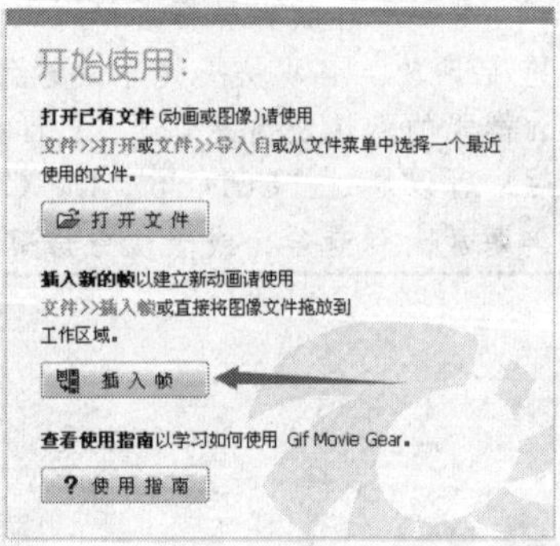

步骤或说明	截图
找到图片所存放的位置。	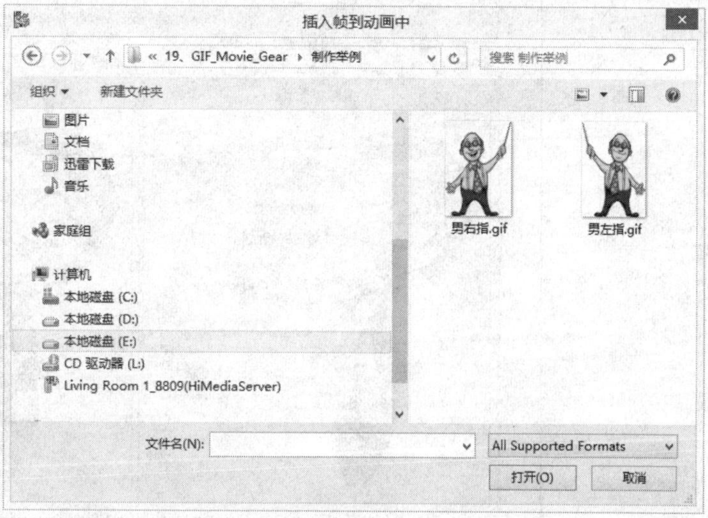
按住“Ctrl”键不放，将所有帧选中，然后点打开。	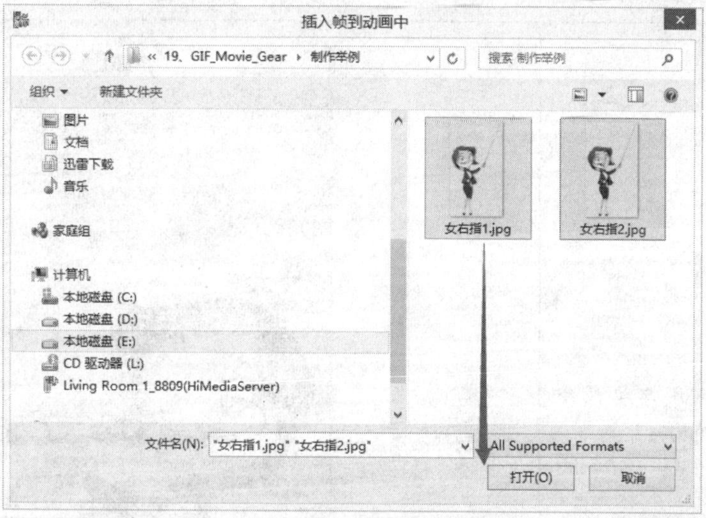
将所选的帧全部导入到 GIF Movie Gear 中。	

<table>
<tr><th>步骤或说明</th><th>截图</th></tr>
<tr><td>选择“动画”→“定时”。</td><td>
</td></tr>
<tr><td>输入数字将改变所有帧的延迟时间。</td><td>
</td></tr>
<tr><td>点击输入框右侧的绿色按钮，延迟时间才被修改。</td><td>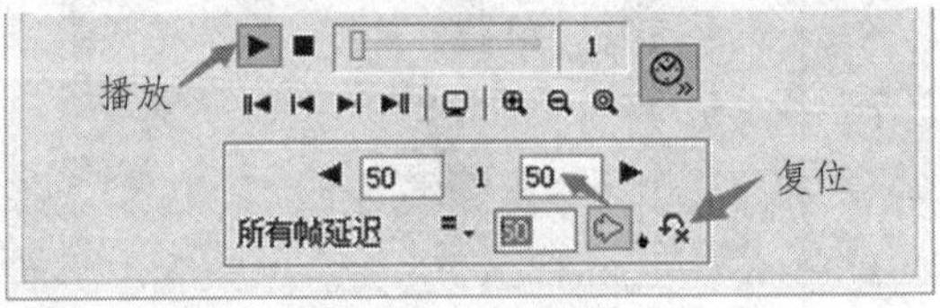
</td></tr>
</table>

步骤或说明	截图
创建好动画后，点“文件”，选择“另存为”，将其保存。	

7.3 GIF Movie Gear 动画属性

步骤或说明	截图
点击“动画”→“属性”。	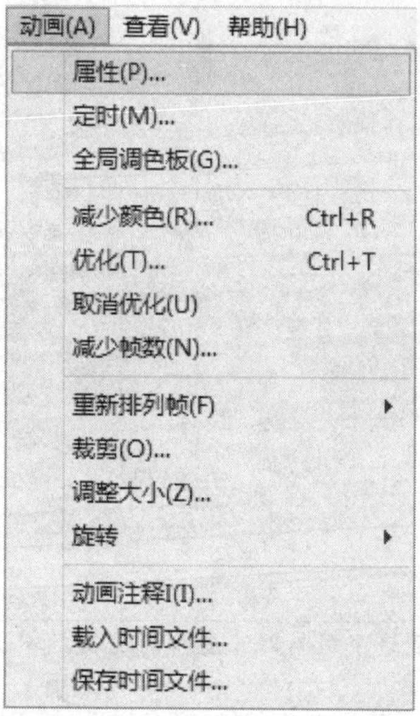

<table>
<tr><th>步骤或说明</th><th>截图</th></tr>
<tr><td>弹出“Properties”对话框。
在“全局属性”选项卡中我们可以控制这个动画中所有帧的显示方式。这里控制的是所有帧的共同属性，它将影响到动画中的每一个画面。如果有空白的数值或灰色的检查框，则表示动画的某些帧在这一项中指定了与其他帧不同的值。</td><td>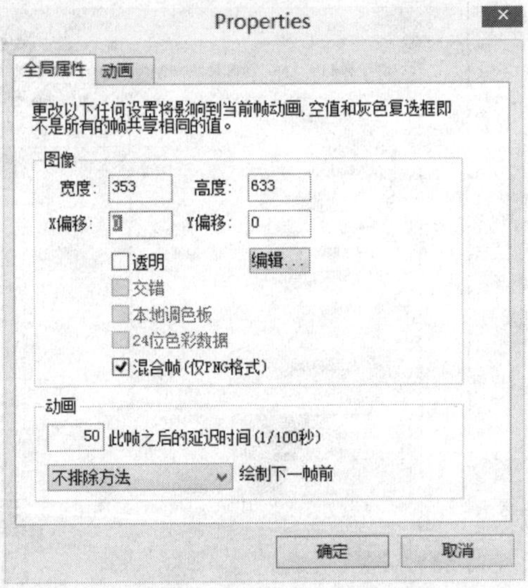
</td></tr>
<tr><td colspan="2">“宽度”和“高度”是指帧的宽度和高度；
“X 偏移”和“Y 偏移”是指帧的偏移量，通过改变这一项的值来使帧在整个画面中进行移动；“透明”项是动画中的透明色，如果做的动画中想使用透明色，可以点一下旁边的“编辑”，从调色板或画面中选择一种颜色。这样，在动画中出现的所有这种颜色都将变为透明色。</td></tr>
<tr><td>在“动画”选项卡中可以看到 GIF 文件的路径和文件名。如果是新建的一个文件，还没有保存过，这一栏中会是空的。
下面还有这个 GIF 的总帧数。
在“重复次数”栏中指定这个动画播放的次数，如果这里填入了“0”，这个动画就会始终循环播放了。
“全局调色板”是这个 GIF 动画所用的调色板，这一项一般不用管它。</td><td>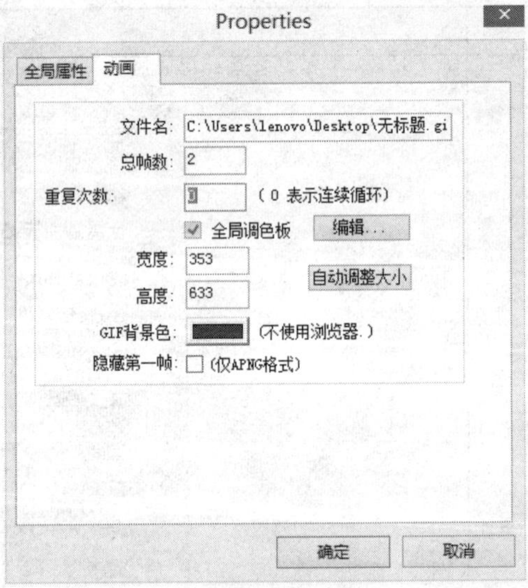
</td></tr>
<tr><td colspan="2">“宽度”和“高度”是这个动画的宽度和高度，这一项也可以随意改变，不过如果改的太小了，可能会造成画面不完整。
“自动调整大小”按钮可以帮助我们自动设置动画的宽度和高度。
“GIF 背景色”可以选择一种颜色作为 GIF 的背景色，不过这个颜色在浏览器中是不会被显示的，如果我们做了一个透明背景的 GIF 动画，并在这儿指定了一个背景色，那么，在看图软件中可以看到这个动画有一个背景颜色，但把这个动画放到浏览器中观看时就变成透明背景了。</td></tr>
</table>

7.4 设置特定帧的属性

<table>
<tr><th>步骤或说明</th><th>截图</th></tr>
<tr><td>点击“帧”→“属性”或者直接点击“帧属性”。
专家提示：先选中这一帧，再点一下工具栏上的“帧属性”按钮(也可以用鼠标双击指定的帧)打开“帧”属性窗口。</td><td>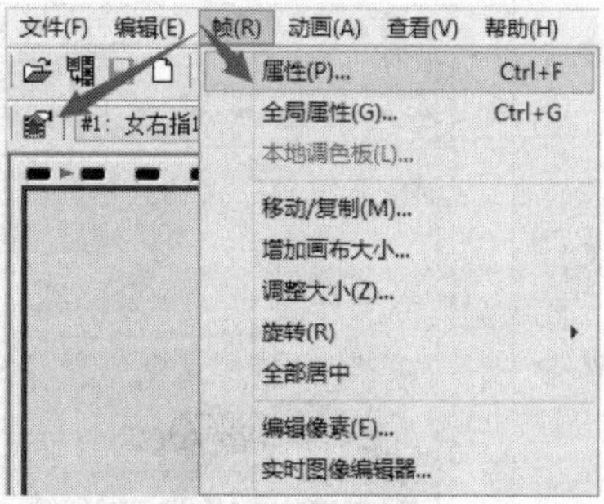
</td></tr>
<tr><td>弹出“Properties”对话框。
该窗口和前面讲到的“动画属性”窗口很像，只是多了一个“帧”选项卡。
在“帧”选项卡中就可以对选定的这一帧进行特殊控制。这里的选项和“全局属性”选项卡是一样的，只是这里的选项都只能控制这一帧。
改好后数据后，点“确定”。</td><td>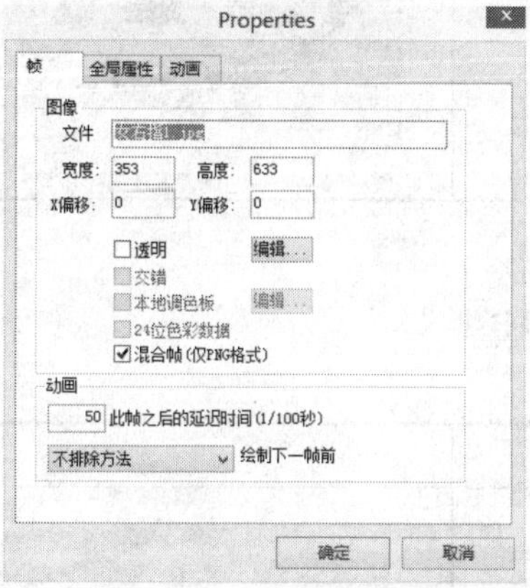
</td></tr>
</table>

7.5 插入、删除帧

<table>
<tr><th>步骤或说明</th><th>截图</th></tr>
<tr><td>先用鼠标点一下要插入帧的位置，再单击工具栏上的“插入帧”按钮，然后从对话框中选择要插入的文件，点击“打开”，这个文件就被插入到指定的位置前面了。</td><td>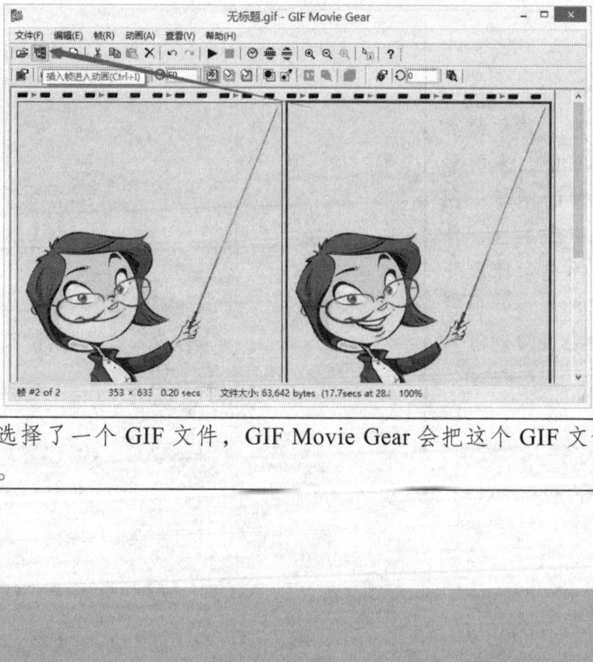
</td></tr>
<tr><td colspan="2">专家提示：如果我们在插入帧时选择了一个 GIF 文件，GIF Movie Gear 会把这个 GIF 文件的每一帧都插入到我们指定的插入点之前。</td></tr>
</table>

步骤或说明	截图
如果要删除某一帧，只要先选中这一帧，再单击工具栏上的“删除帧”按钮，就可以了。	

7.6 编辑帧

步骤或说明	截图
GIF Movie Gear 还能对动画中的某一帧进行移动、旋转等处理。比如，要移动某一帧在画面中的位置，只需先用鼠标选中要处理的帧，然后点一下“帧”菜单中的“移动/复制”项。	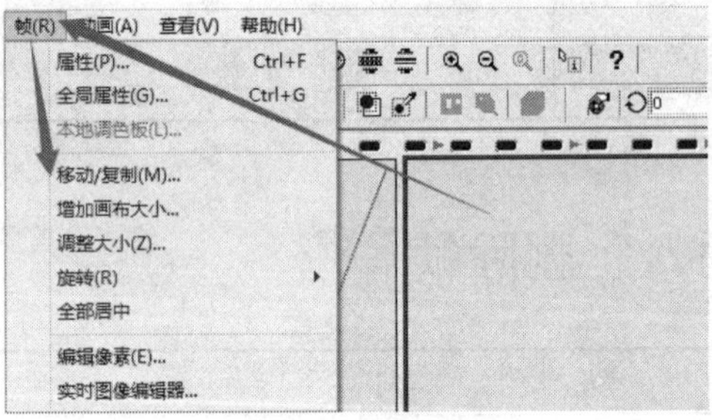
在弹出的“移动裁剪帧”对话框中，左面显示着这一帧的图案，图中有一个矩形的框，你可以用鼠标拖动来改变框的位置和大小，也可以用右边具体的数值来进行设置。	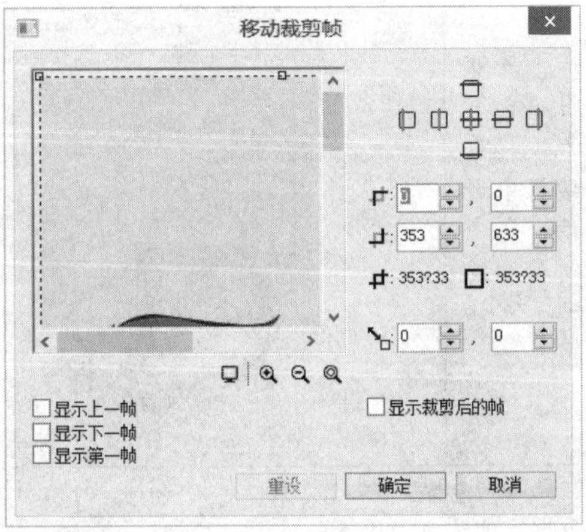

步骤或说明	截图
点“OK”后，这一帧就改变了。 帧的旋转方法也差不多，先选中要旋转的帧，再点“帧”菜单中的“旋转”项，再从它的下级子菜单中选择想旋转的角。	

7.7 文件格式的转换

步骤或说明	截图
点击“文件”菜单下的“导入”项，从子菜单中选择“AVI 文件”，从“打开”对话框中选择要转换的 AVI 文件，点击“打开”按钮导入它。	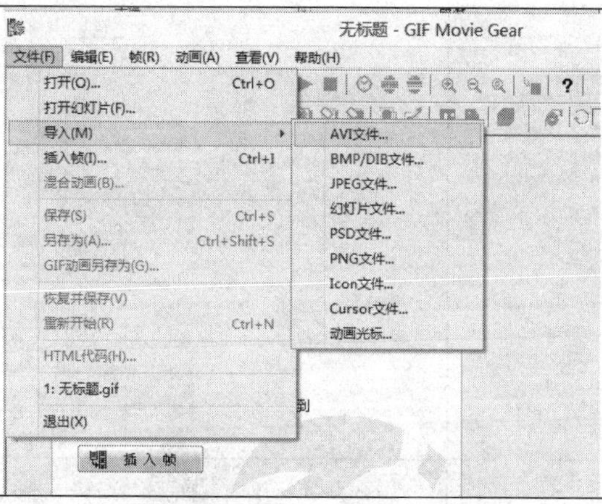
导入后，可以从窗口中看到这个 AVI 文件已经被转换为 GIF 文件的各帧。 然后再点“文件”下的“GIF 动画另存为”菜单。	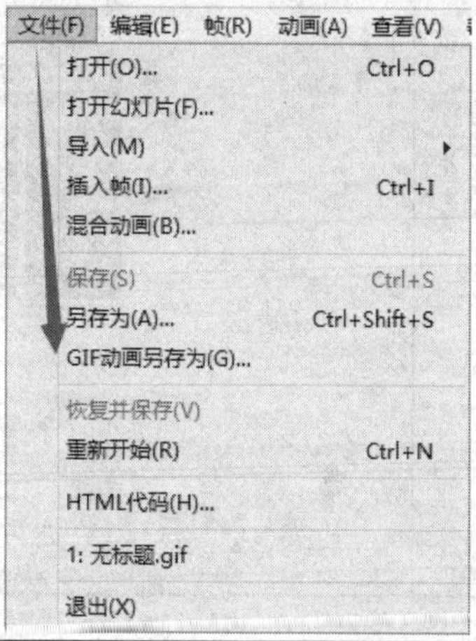

续表

<table>
<tr><th>步骤或说明</th><th>截图</th></tr>
<tr><td>在对话框中，子菜单的保存样式有三项，选择其中一个，在导出对话框中指定保存文件的目录和文件名，然后点“保存”。</td><td>
</td></tr>
</table>

7.8 修改 GIF 动画

<table>
<tr><th>步骤或说明</th><th>截图</th></tr>
<tr><td>打开文件。</td><td>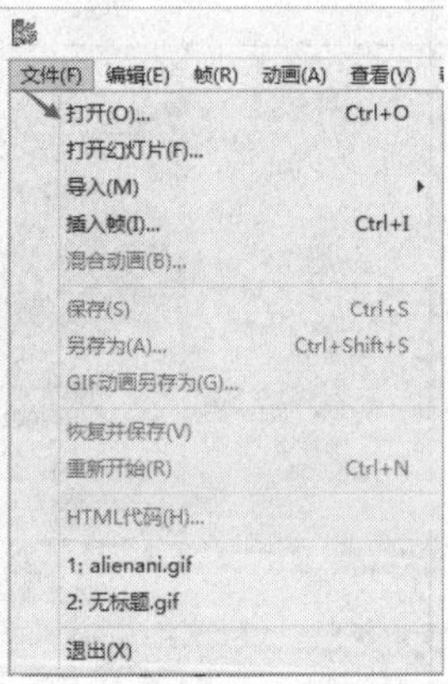
</td></tr>
<tr><td>选择要修改的帧。点击鼠标右键，即可对该帧进行“复制”“剪切”“删除”“旋转”“移动”和“调整大小”等操作。</td><td>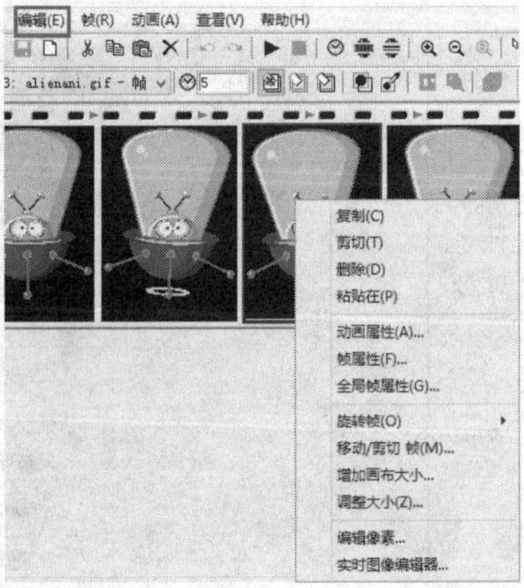
</td></tr>
</table>

8 用 Camtasia Studio 制作微课视频

8.1 CS 界面简介及录制前的设置

8.1.1 CS 界面简介

步骤或说明	截图
双击桌面的 CS 快捷图标后，程序启动，会显示右图，将图中红色方框前的“√”去掉，下次启动就不会显示该画面了。 点击“新建项目”就打开了 CS 界面。	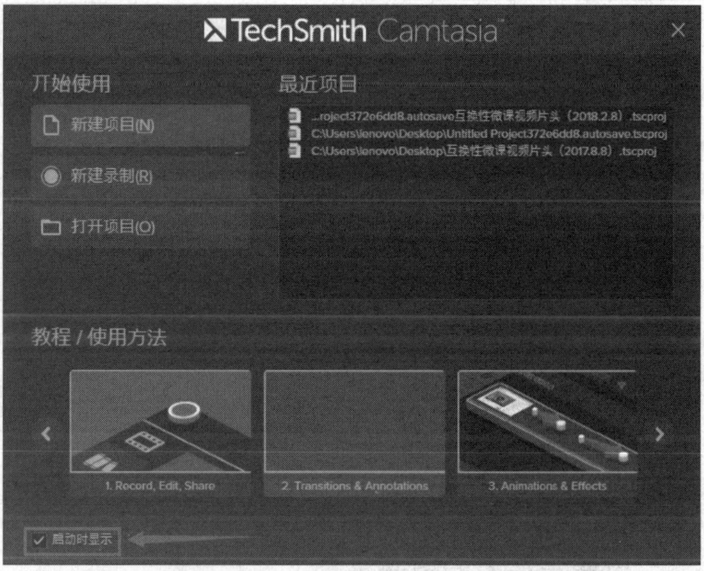
CS 界面如右图所示。	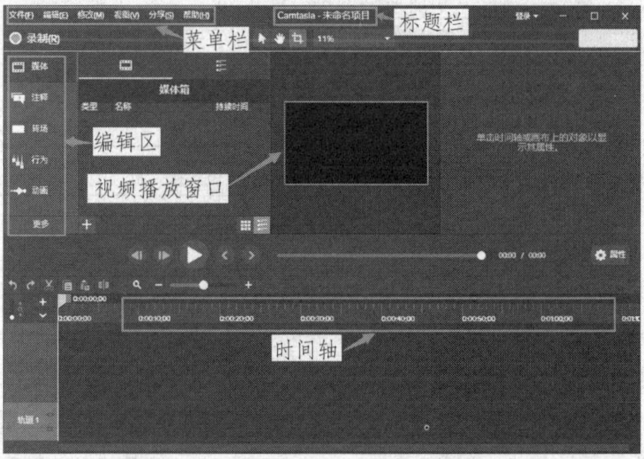

8.1.2 让录制工具栏显示提示

步骤或说明	截图
点击 CS 界面左上角的“录制”打开“录像机”。 点击“工具”→“选项”。	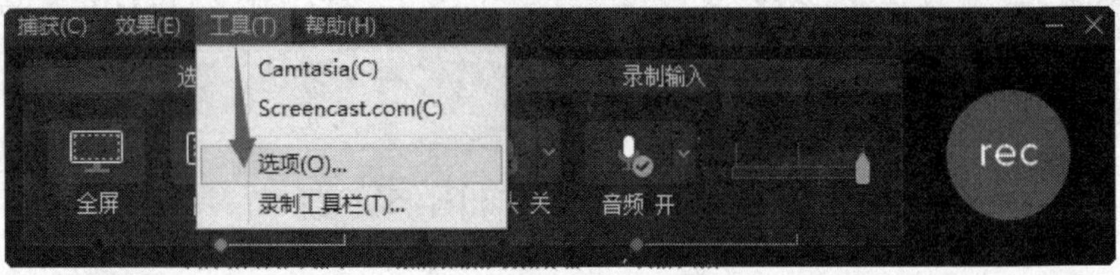
勾选“显示工具提示”后，鼠标放到工具按钮上时，会显示功能提示。	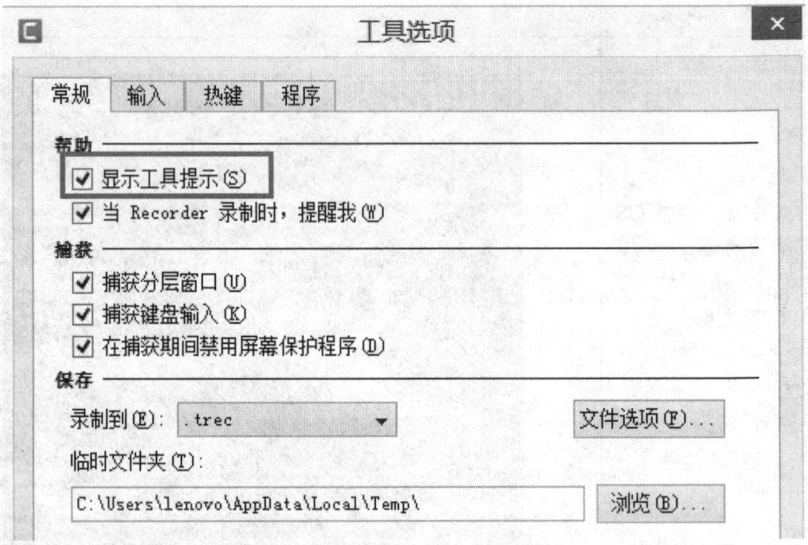

8.1.3 设置文件保存格式

步骤或说明	截图
有两种视频格式供选择，默认的是只能采用 CS 打开的格式“.trec”。	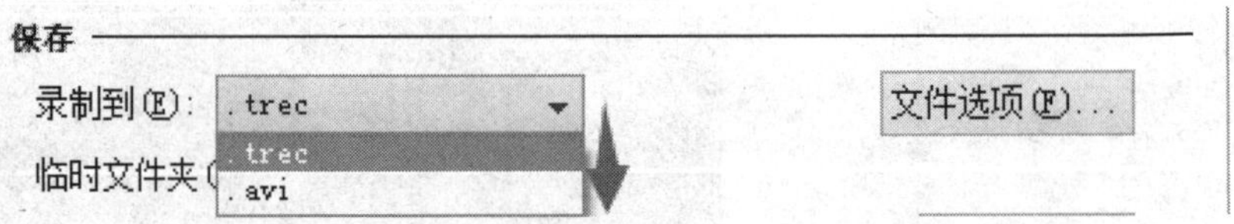

8.1.4 设置自动文件名和保存文件夹

<table>
<tr><th>步骤或说明</th><th>截图</th></tr>
<tr><td>可以设置文件名的前缀和文件输出的位置。
专家提示：进行上述设置后，录制的视频将按照视频录制的先后顺序自动使用“前缀”+“数字”的形式命名文件，并将文件保存在“输出文件夹”中。如果选择“输出时指定文件名”，则每一次保存录制的视频时，都会打开对话框要求输入文件名。</td><td>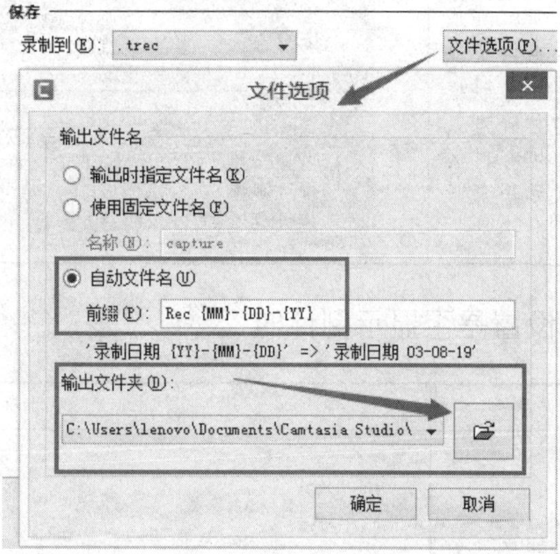
</td></tr>
<tr><td colspan="2">专家提示：如果选择“使用固定文件名”，则其下的“名称”文本框被激活，输入需要使用的文件名后，在保存录制的文件时，会使用该文件名。但第二次保存时，会弹出对话框，要求改文件名或者是改保存文件夹。</td></tr>
</table>

8.1.5 设置录屏区域外观

<table>
<tr><th>步骤或说明</th><th>截图</th></tr>
<tr><td>点击“程序”→“区域外观”，有“角落”“矩形”和“隐藏”三种选择。</td><td>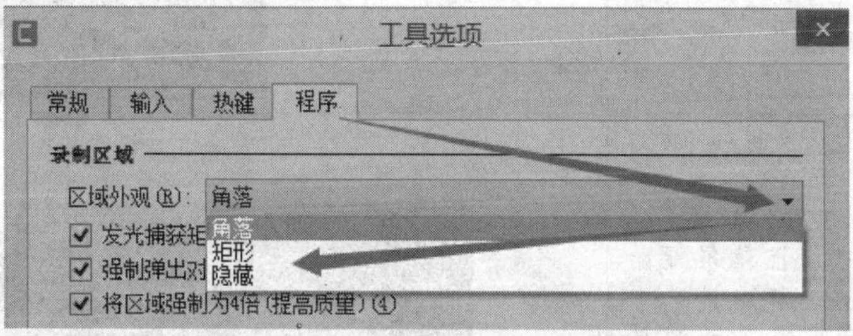
</td></tr>
<tr><td>专家提示：为了方便查看录屏范围，建议采用“角落”或“矩形”，以避免产生越界操作。</td><td>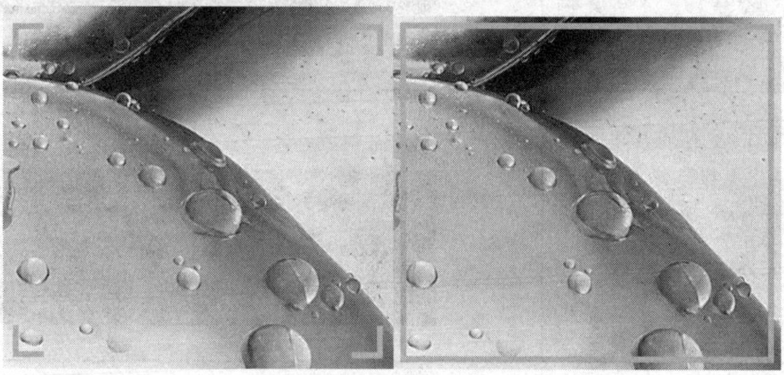</td></tr>
</table>

步骤或说明	截图
专家提示：勾选“发光捕获矩形”复选框后，在屏幕录制时，标示捕获区域的矩形框将会闪烁。这样既可以强调屏幕上的录制区域，也可以提示用户当前正处于录制状态。	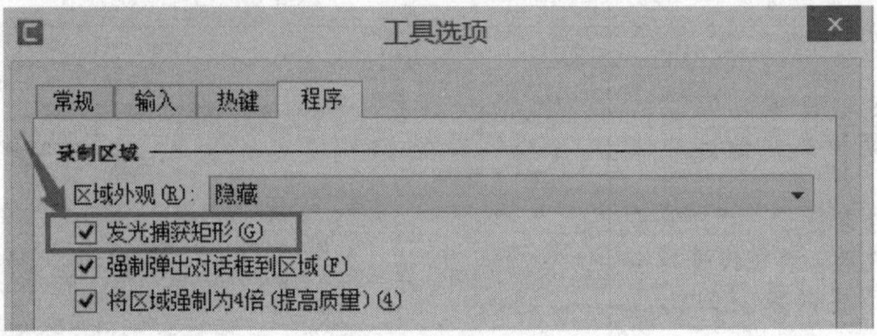

8.1.6 设置是否显示倒计时

步骤或说明	截图
选中“捕获开始后录制屏幕”和“录制前显示倒计时”复选框。 在屏幕录制时，将延迟 3 s 开始正式录制。 如果取消选中该复选框的，录屏将不再延时，CS 直接开始屏幕录制。	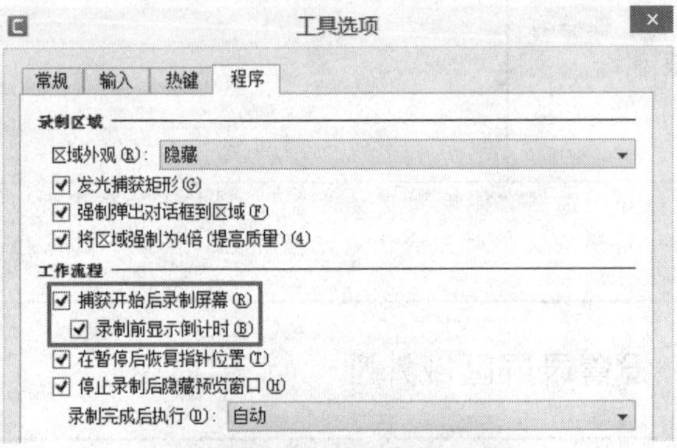
点击“恢复”，开始录制。 专家提示：如果想由用户来掌控录屏开始的时机。就取消选中“捕获开始后录制屏幕”复选框，正式录制的开始将由用户通过录制工具栏来自主控制。	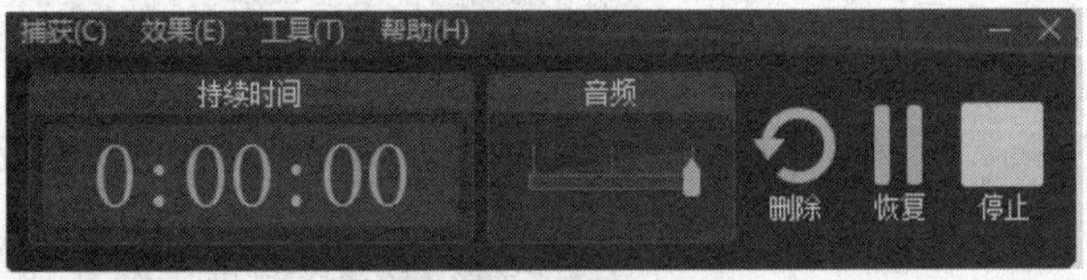
点击“暂停”，暂停录制；点击“删除”和“停止”都会停止录制。 专家提示：自主控制时，用户有充足的时间来做准备，如放置鼠标的位置、调整窗口位置或酝酿朗读的情绪等。	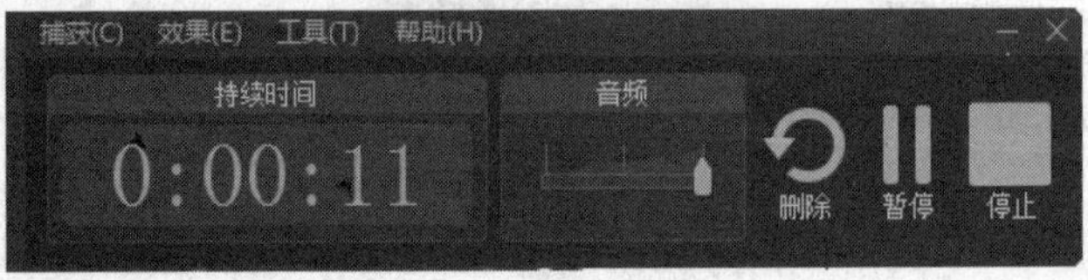

8.1.7 设置停止录制后的工作流程

<table>
<tr><th>步骤或说明</th><th>截图</th></tr>
<tr><td>默认情况下，“停止录制后隐藏预览窗口”复选框处于被选中状态。即在录制完成后，录制的视频将在一个预览窗口中打开，用户可以对视频进行预览，同时决定对录制的视频进行编辑或是直接输出。</td><td>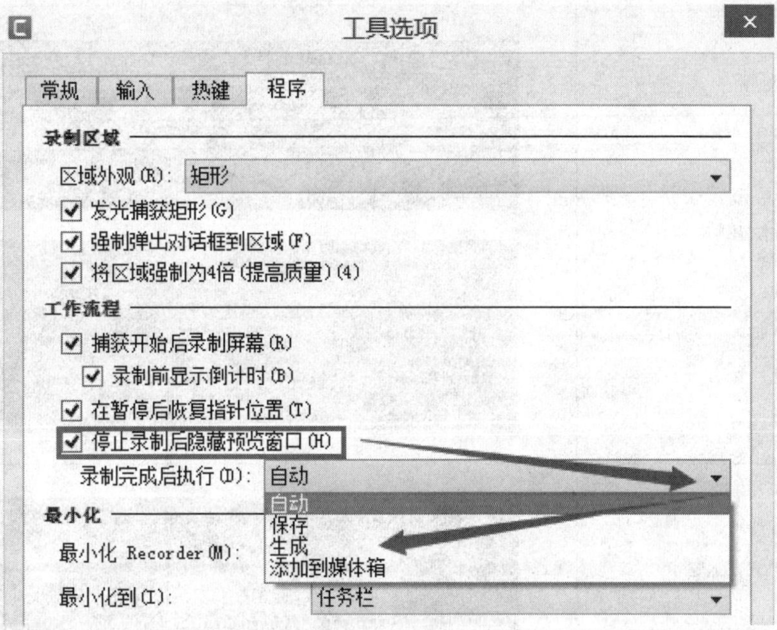
</td></tr>
<tr><td colspan="2">专家提示：如果不希望预览录制完成的视频，可以取消对该复选框的选择。同时，在“录制完成后执行”列表中选择相应的选项以决定录制的视频如何处理。
下拉列表框中选择“保存”选项，录制的视频将直接保存；选择“生成”选项，录制的视频将自动生成为可播放的视频文件；选择“添加到媒体箱”选项，录制的视频将放置到 Camtasia Studio 媒体箱中，但不会放置到当前项目的时间轴上。</td></tr>
</table>

8.1.8 设置热键

<table>
<tr><th>步骤或说明</th><th>截图</th></tr>
<tr><td>为了方便录屏时的操作，可以为录屏过程中的常用操作设置热键。</td><td>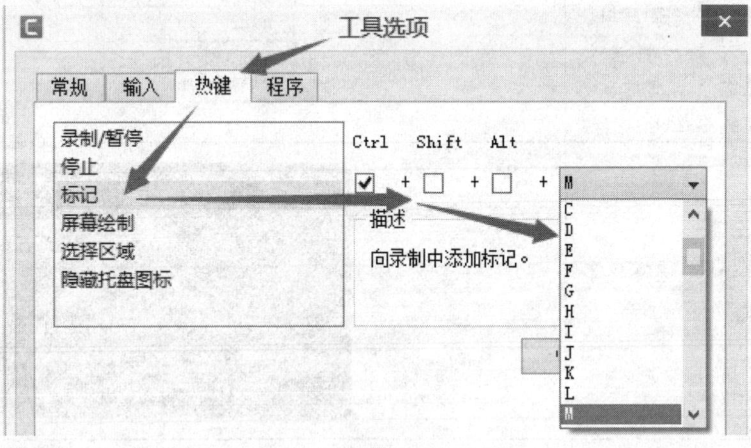
</td></tr>
</table>

8.1.9 设置录制区域

<table>
<tr><th>步骤或说明</th><th>截图</th></tr>
<tr><td>点击“全屏”，将录制显示器的全屏区域。</td><td>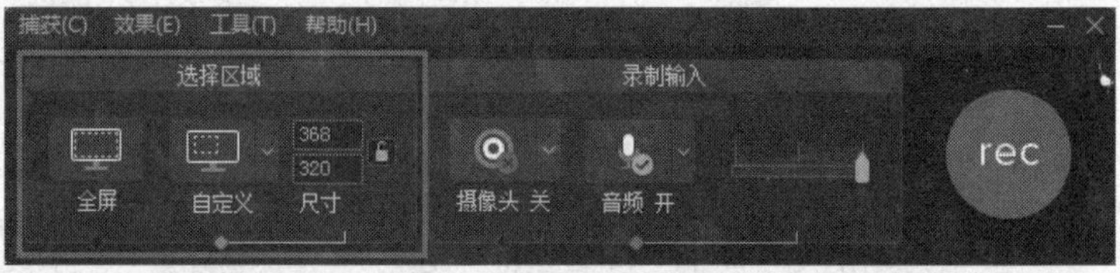

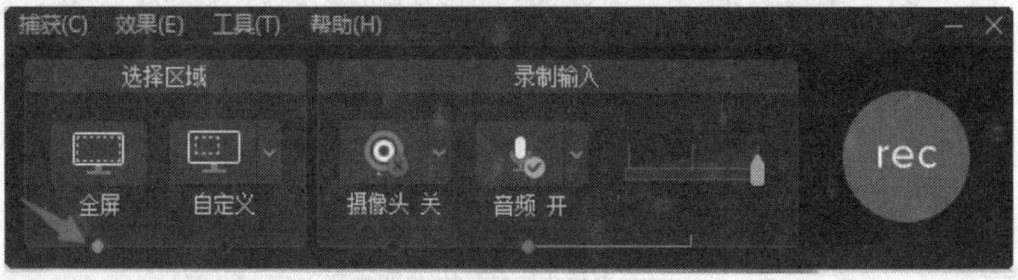
</td></tr>
<tr><td>点击“自定义”。</td><td>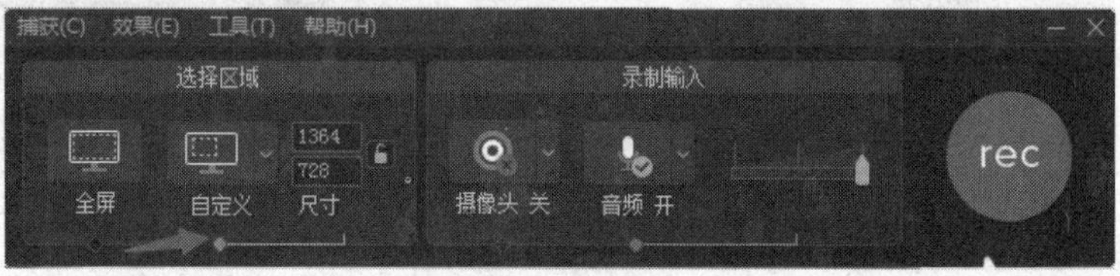
</td></tr>
<tr><td>点击“自定义”旁边的“下三角”按钮。选择尺寸。
微课视频建议录制 720p。
专家提示：如果“固定到应用程序”被勾选，录制工具栏将被蚂蚁线框住。如果录制工具栏被最小化，开始录屏时，录制工具栏将自动出现在录制框内（被蚂蚁线框住）。</td><td>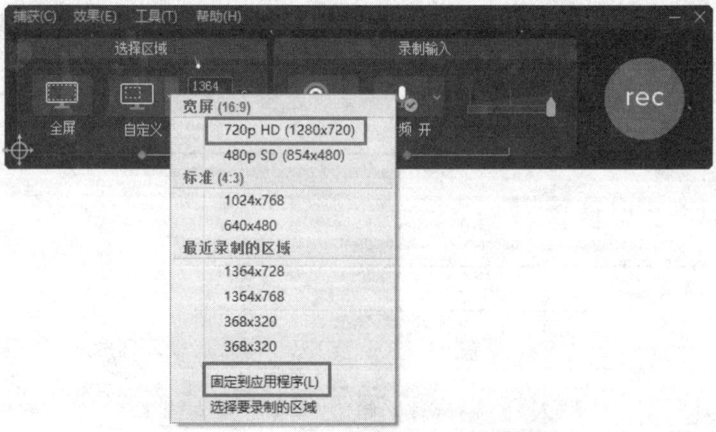
</td></tr>
<tr><td>解锁时，宽高比不固定。</td><td>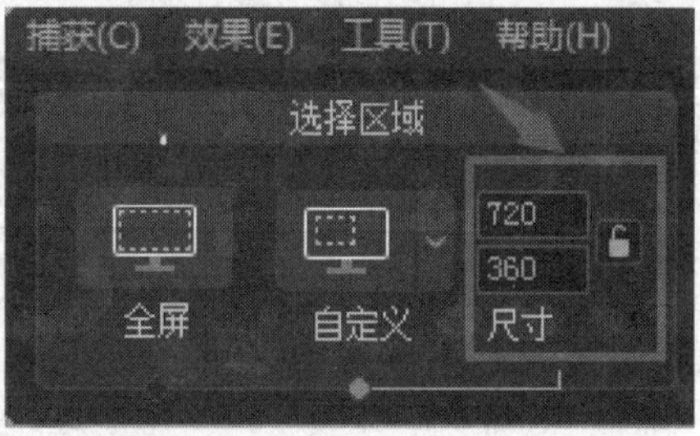
</td></tr>
</table>

步骤或说明	截图
锁定时，宽高比固定。	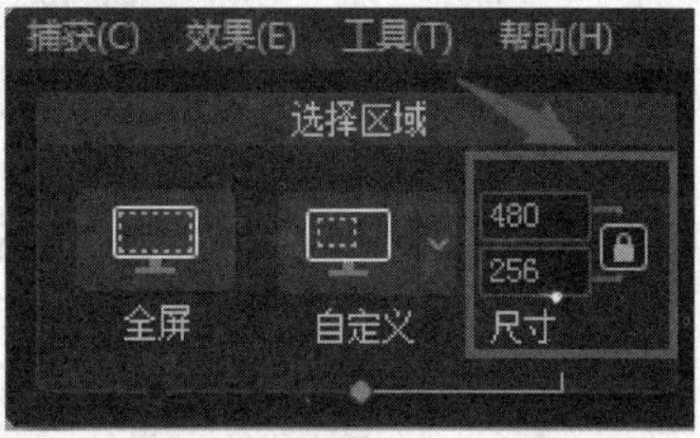
手动设置录屏区域。	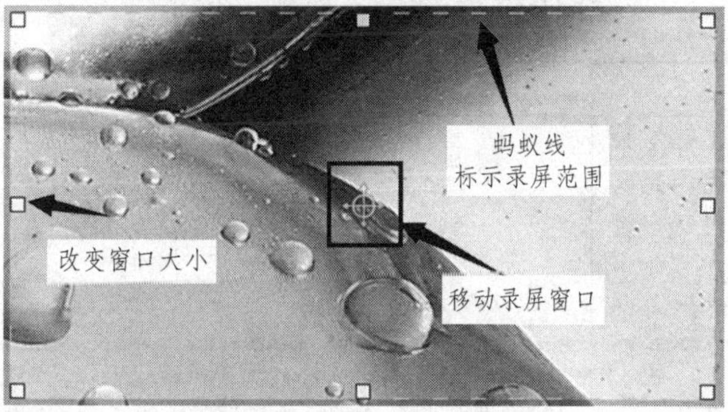

8.1.10 设置录制“系统音频”和“麦克风”

Camtasia Studio 的录音一般分为两种情况：一种是录制系统声音；另一种是录制来自麦克风的外部声音。录屏前需要进行选择设置。

步骤或说明	截图
点击“输入”选项卡的“音频设备”，指定音频输入设备。 如果不勾选“录制系统音频”复选框，将只录制麦克风的声音。 如果选择“不录制麦克风”，则不会录制麦克风的声音。 专家提示：使计算机正确连接麦克风。在录制工具栏选择“工具”，打开“工具选项”对话框。	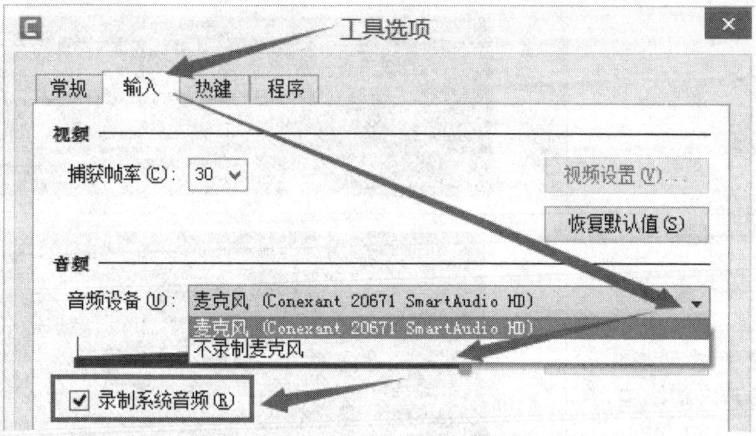

<table>
<tr><th>步骤或说明</th><th>截图</th></tr>
<tr><td>专家提示：上述设置，可以直接点击图中的“下拉三角形”，再点击对应的选项。</td><td>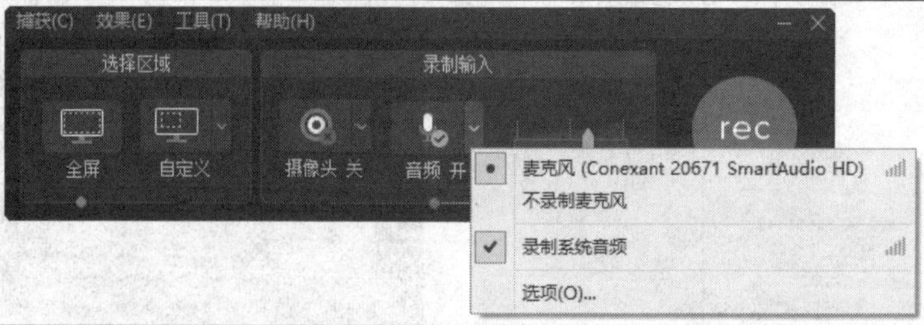
</td></tr>
</table>

8.1.11 设置最佳录音效果

<table>
<tr><th>步骤或说明</th><th>截图</th></tr>
<tr><td>图示为录音音量滑轨，当麦克风接收到声音时，滑轨中将显示音量色谱条，该色谱条是绿色→黄色→橙色→红色的渐变色。
在录音前，对录音音量进行调试以获得最佳录音效果。
调试时按照正常语音大小对着麦克风朗读。</td><td>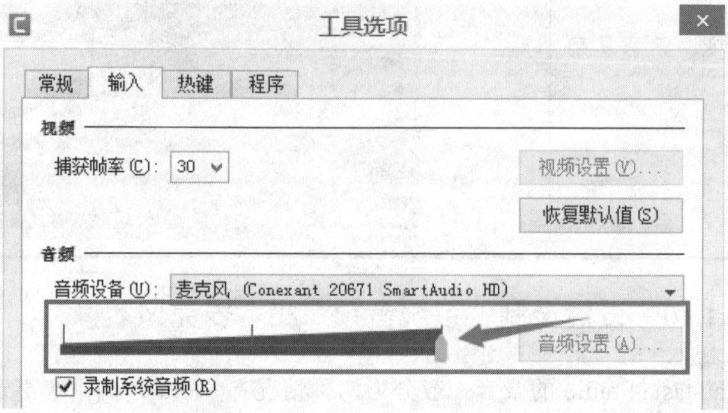
</td></tr>
<tr><td colspan="2">专家提示：如果色谱条显示为绿色且其长度随声音而变化，即为最佳录音效果，滑块不需要移动位置，也就是不需要对录音音量进行调整。
如果色谱条一直显示为较短的绿色，则可以将滑块适当左移。
如果音量色谱条显示为黄色至橙色范围或黄色至红色范围，则应该将滑块适当右移。</td></tr>
<tr><td>专家提示：图示滑块与上述设置同等有效。</td><td>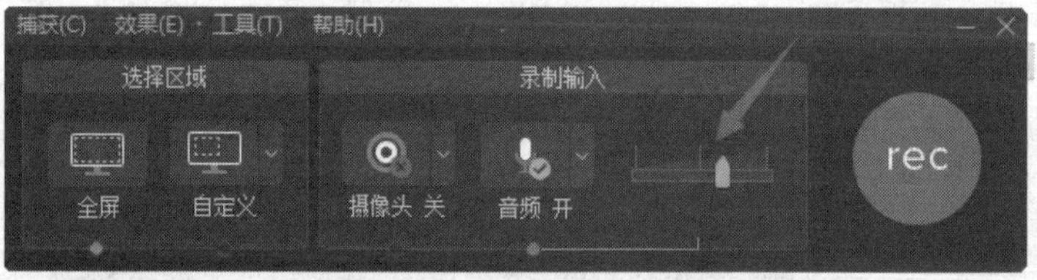
</td></tr>
<tr><td>专家提示：切换到“音频关”时，不录制声音，就没有录音效果的设置。</td><td>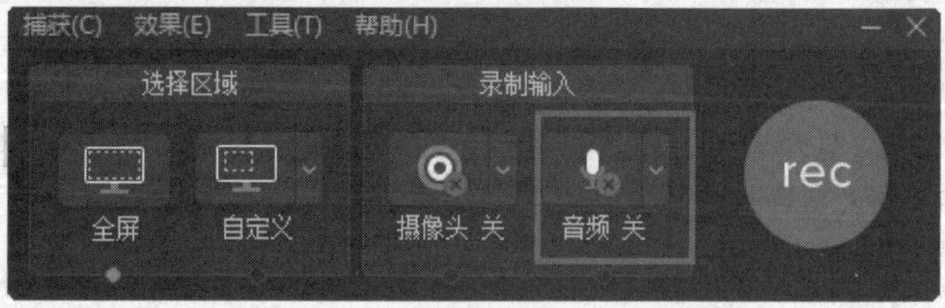
</td></tr>
</table>

8.2 用 CS 录制屏幕

8.2.1 开始录制

步骤或说明	截图
点击“rec”即可开始录制屏幕，也可以按“F9”。 笔记本电脑按“Fn+F9”。 专家提示：在录制过程中按“F9”或“Fn+F9”是暂停。	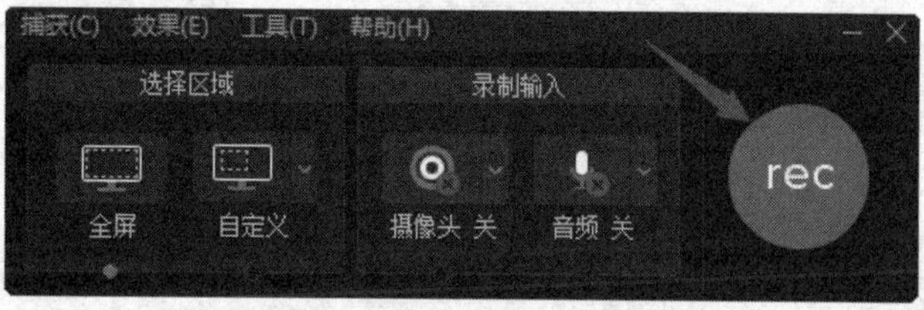

8.2.2 录制屏幕时的操作

步骤或说明	截图
右图为“录制工具栏”，在屏幕录制时，可以使用它对录屏进行控制。 专家提示：“持续时间”栏显示录屏时长，用户可以通过它了解视频录制的时间。	
专家提示：单击“删除”按钮，将停止当前视频的录制并将录制的结果删除。在录屏时如果需要停顿一下，可以单击“暂停”按钮，再次单击该按钮将重新开始录屏。单击“停止”按钮将停止当前的屏幕录制。在录制过程中按“F10”或“Fn+F10”是停止。	

8.3 用 CS 录制 PPT

PowerPoint 联合 Camtasia Studio 是一种简单而实用的微课制作方式，使用 Camtasia Studio 有两种方式录制 PowerPoint 课件：一种方式是使用 Camtasia Studio 的录像机直接录制，另一种方式就是使用 Camtasia Studio 的 PowerPoint 插件录。采用插件的录制方法会降低 PowerPoint 的运行速度，因此本书不做介绍。

8.3.1 使用加载项录制 PPT

步骤或说明	截图
安装 Camtasia Studio 时，如果选择将插件加载到 PPT 选项，则在 PowerPoint 功能区的“加载项”选项卡中将能够看到该插件的按钮。	

步骤或说明	截图
“录制”按钮。	
“录音”按钮。	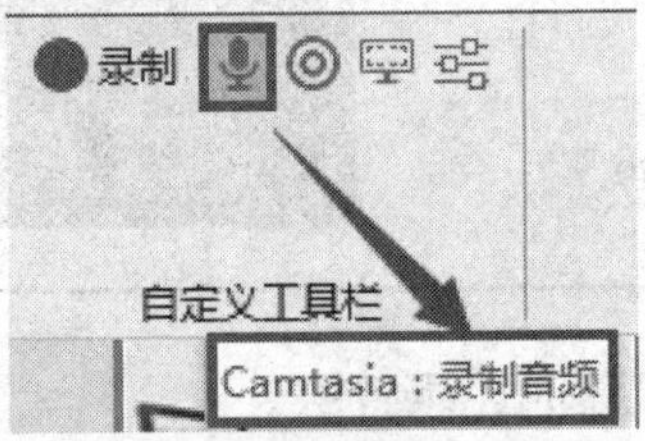
“录制摄像头”按钮。	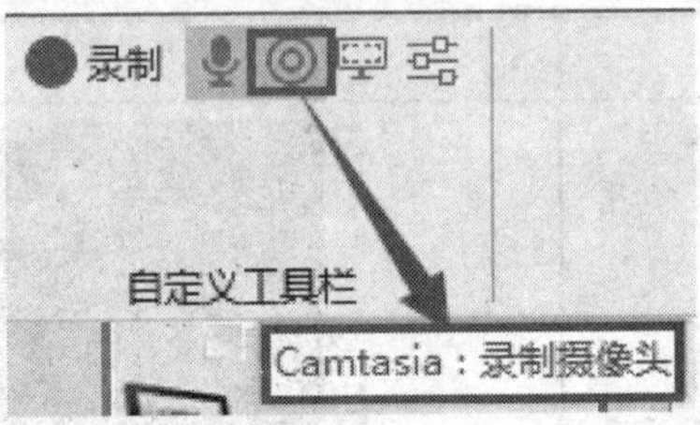
“显示摄像头预览”按钮。	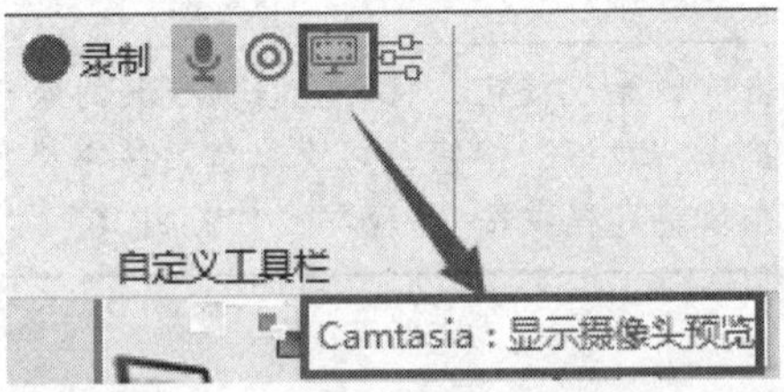
“录制选项”按钮。	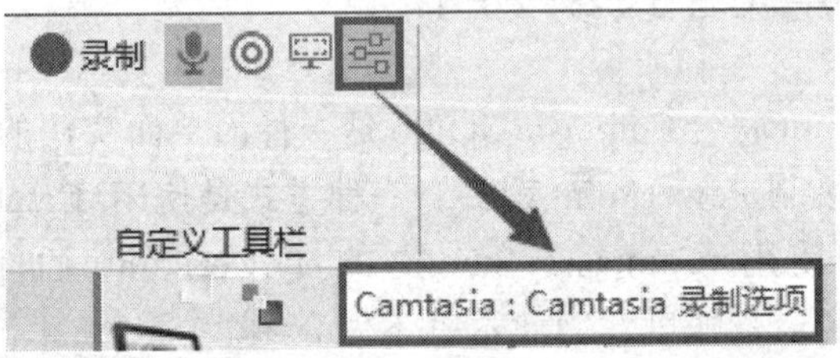

如果没有出现上述插件按钮，可以在 PowerPoint 中进行设置，将其加载。

步骤或说明	截图
在打开的 PPT 文件中，单击“文件”选项卡打开“文件”窗口。	

<table>
<tr><th>步骤或说明</th><th>截图</th></tr>
<tr><td>点击“选项”。</td><td>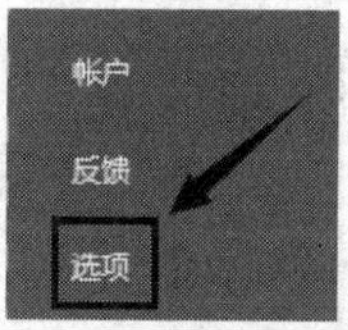
</td></tr>
<tr><td>点击“加载项”，点击“转到”。</td><td>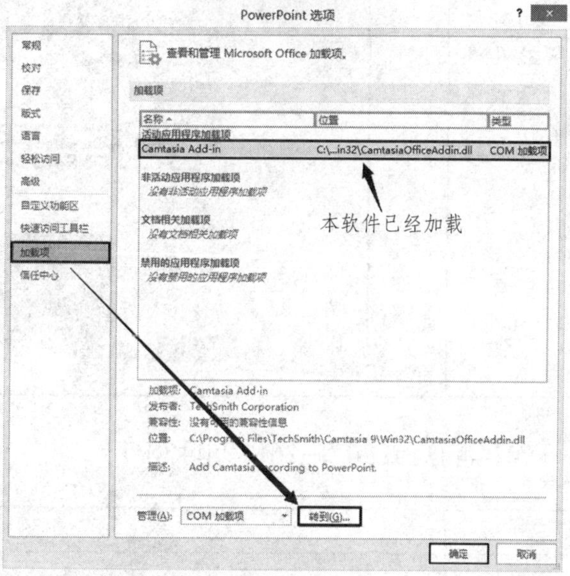
</td></tr>
<tr><td>选项打钩，点击“确定”，即被加载。
专家提示：加载项多了，会拖慢软件打开速度。</td><td>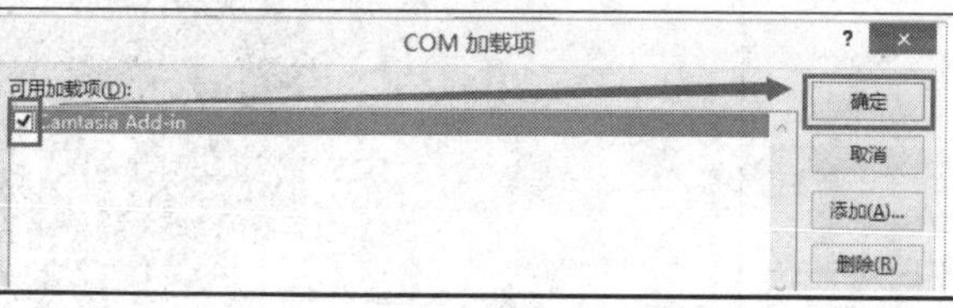
</td></tr>
</table>

8.3.2 录屏的方式录制 4∶3 的 PPT

<table>
<tr><th>步骤或说明</th><th>截图</th></tr>
<tr><td>打开 PPT 课件，并播放 PPT 课件。
右图中存在左右两个黑边，为了去掉这个黑边，必须拖动标示录屏范围的虚线框上的控制柄，调整虚线框的大小使其框住 PowerPoint 的播放区域。</td><td>
</td></tr>
<tr><td colspan="2">专家提示：出现左右两个黑边的原因是笔记本电脑的屏幕是 16∶9，而 PPT 是 4∶3 造成的。如果是台式机，屏幕是 4∶3 的，选择全屏录制就不会有黑边，也就不需要拖动标示录屏范围的虚线框上的控制柄，调整虚线框的大小使其框住 PowerPoint 的播放区域。</td></tr>
</table>

<table>
<tr><th>步骤或说明</th><th>截图</th></tr>
<tr><td>按“Alt+Tab”键选择录制工具栏。
单击录制工具栏中的“rec”按钮即可开始录制。
此时，录课者只需要根据需要播放幻灯片就可以了。</td><td>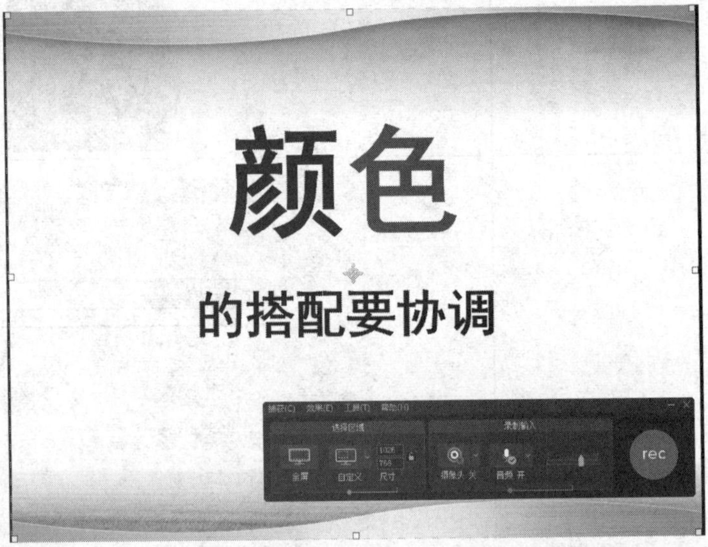
</td></tr>
</table>

8.3.3 录屏的方式录制 16∶9 的 PPT

<table>
<tr><th>步骤或说明</th><th>截图</th></tr>
<tr><td>打开 PPT 课件，并播放 PPT 课件。</td><td>
</td></tr>
<tr><td>按“Alt+Tab”键选择录制工具栏。
单击录制工具栏中的“rec”按钮即可开始录制。
此时，录课者只需要根据需要播放幻灯片就可以了。</td><td>
</td></tr>
<tr><td colspan="2">专家提示：此方法是利用快捷键的方法。在录制工具栏已经打开的情况下，按“F9”或“Fn+F9”也可以。
目前的手机、笔记本乃至台式机电脑的屏幕都是 16∶9，因此，建议 PPT 做成 16∶9，选择全屏录制屏幕。</td></tr>
</table>

<table>
<tr><th>步骤或说明</th><th>截图</th></tr>
<tr><td>按“F10”或“Fn+F10”后，结束录制。
弹出右图对话框，可以更改“保存文件夹”和“文件名”。</td><td>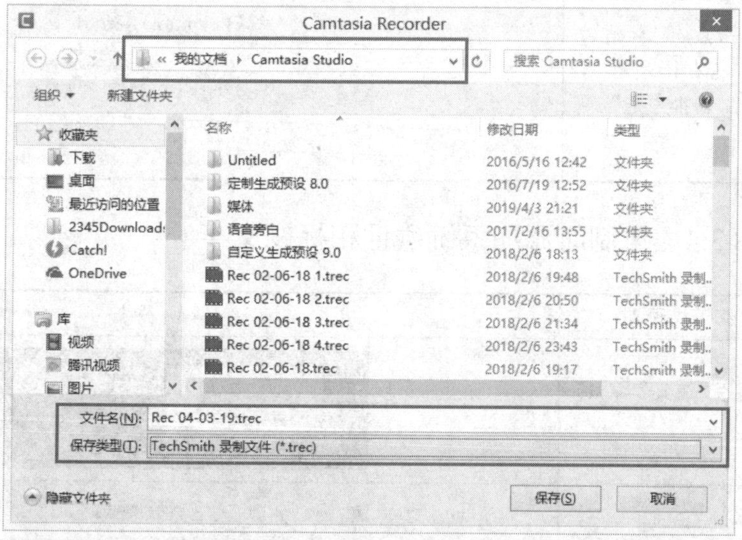
</td></tr>
<tr><td>点击“保存”。
文件会自动添加到“媒体箱”“预览窗口”和“时间轴”。</td><td>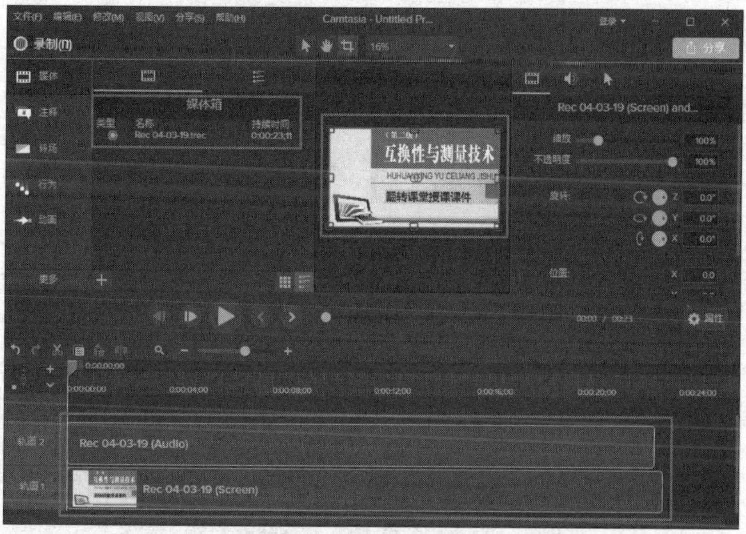
</td></tr>
<tr><td>点击播放键即可预览，同时可以编辑。
点击“分享”即可导出视频。</td><td>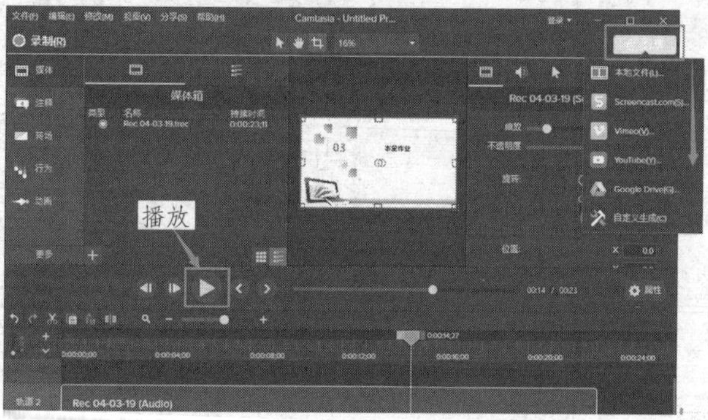
</td></tr>
</table>

<table>
<tr><th>步骤或说明</th><th>截图</th></tr>
<tr><td>如果点击“取消”，会弹出右图所示对话框，点击“是”即可删除。</td><td>
</td></tr>
</table>

8.3.4　录制时添加系统戳记和标题文字

<table>
<tr><th>步骤或说明</th><th>截图</th></tr>
<tr><td>点击“效果”→“选项”。</td><td>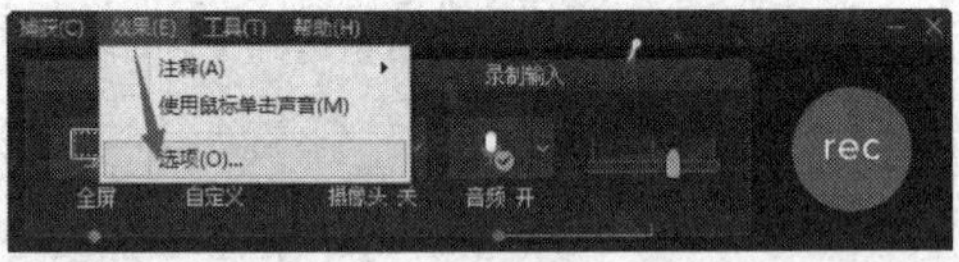
</td></tr>
<tr><td>点击“时间/日期格式”。</td><td>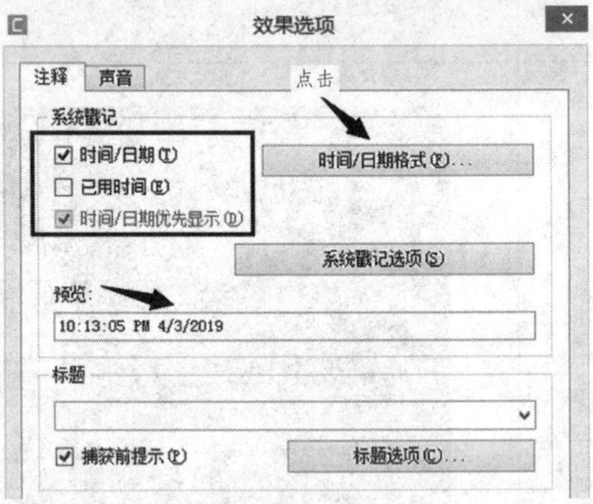
</td></tr>
<tr><td>选择“显示”方式；
点击“自定义格式”，预览效果。
单击“确定”，完成设置。</td><td>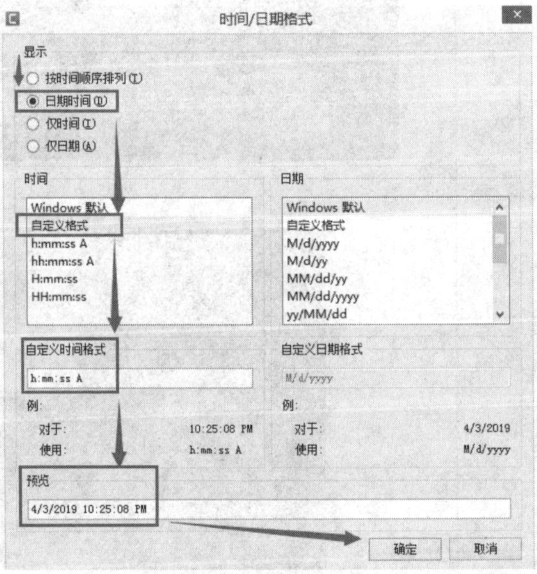
</td></tr>
</table>

<table>
<tr><th>步骤或说明</th><th>截图</th></tr>
<tr><td>点击“系统戳记选项”。</td><td>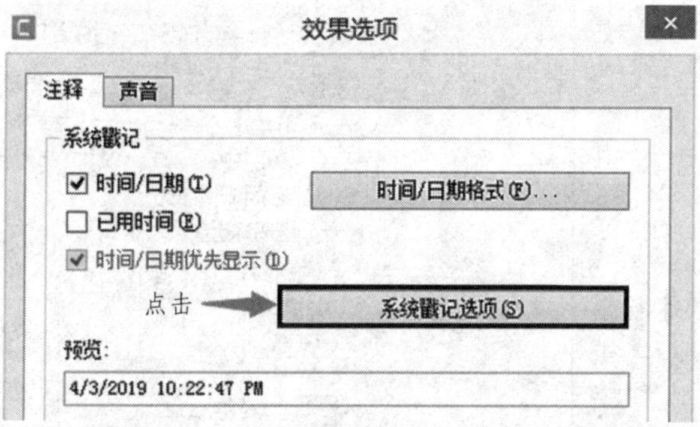
</td></tr>
<tr><td>根据需要进行设置，设置好后，点击“确定”。
专家提示：点击“字体”，可以设置文字样式和字号。</td><td>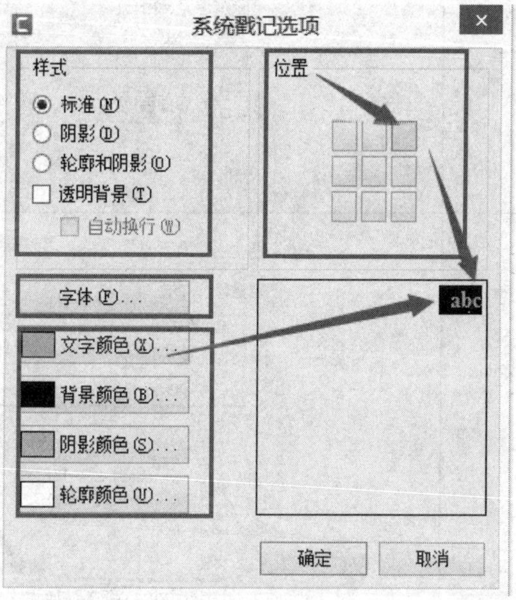
</td></tr>
<tr><td>输入标题文字。
点击“标题选项”。</td><td>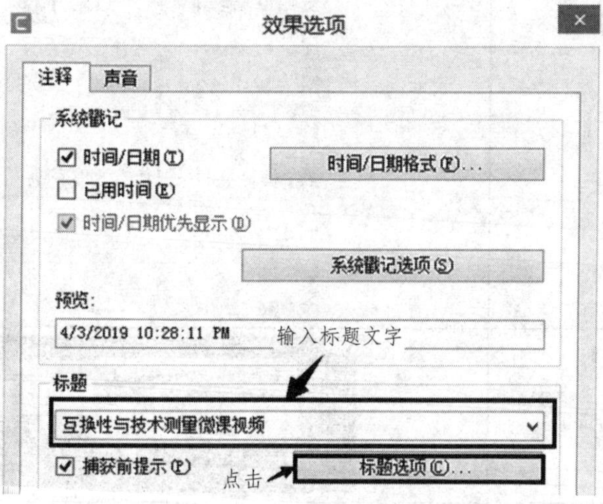
</td></tr>
</table>

续表

<table>
<tr><th>步骤或说明</th><th>截图</th></tr>
<tr><td>根据需要进行设置，设置好后，点击“确定”。</td><td>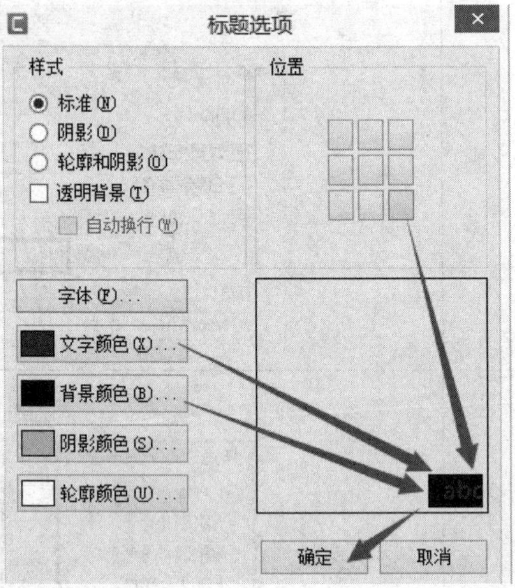
</td></tr>
<tr><td>设置好后，点击“确定”。</td><td>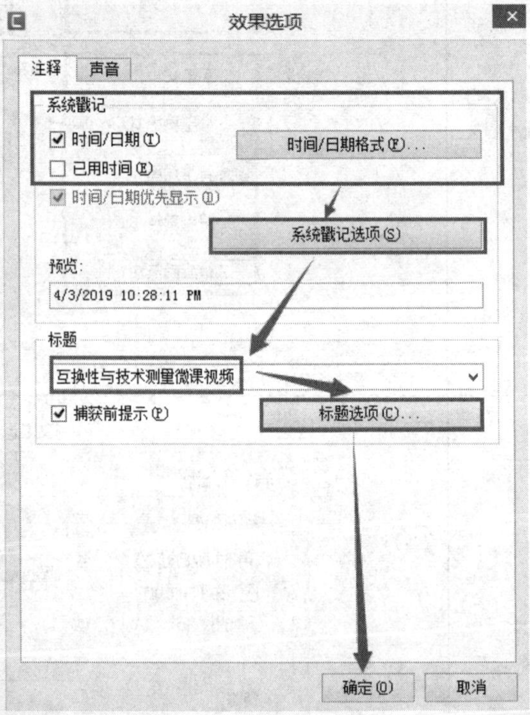
</td></tr>
<tr><td>点击“效果”→“注释”，选中“添加系统戳记”和“添加标题”。</td><td>
</td></tr>
</table>

步骤或说明	截图
在点击“rec”后，会弹出图示对话框，用户可以重新在对话框中设置标题文字，否则将使用图中设置的标题。 点击“确定”，开始录屏。	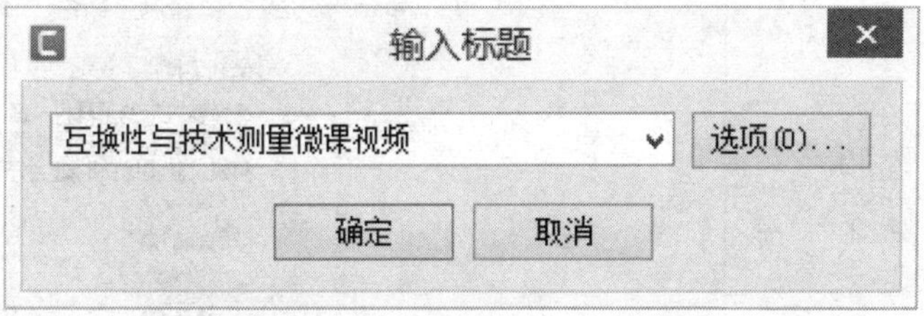
经过上述设置后，再录制视频时，系统戳记和标题都将根据设置的格式添加到视频指定的位置，如右图所示。	

8.3.5　录制时添加标记或标注重点

在录屏时，能够像平时上课那样，一边讲解，一边在屏幕上勾画，这样既可以配合讲解突出重点内容，也可以使录出来的微课更接近于真实的课堂，这些勾画的内容和动作都将被录制下来。

步骤或说明	截图
点击“工具”→“录制工具栏”。	

续表

步骤或说明	截图
勾选“效果”，点击“确定”。	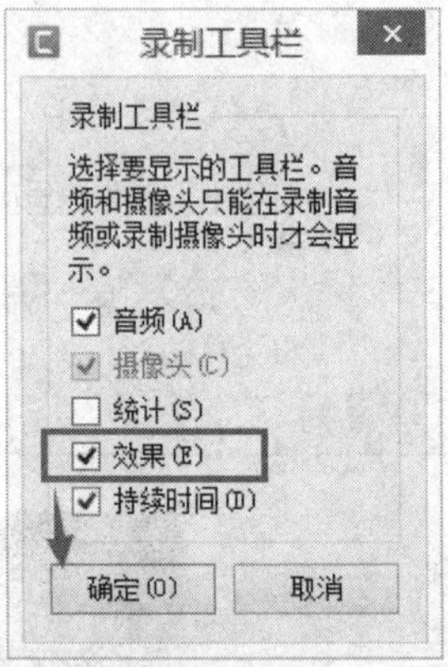
录屏时，录屏工具栏上，显示有“效果”栏。	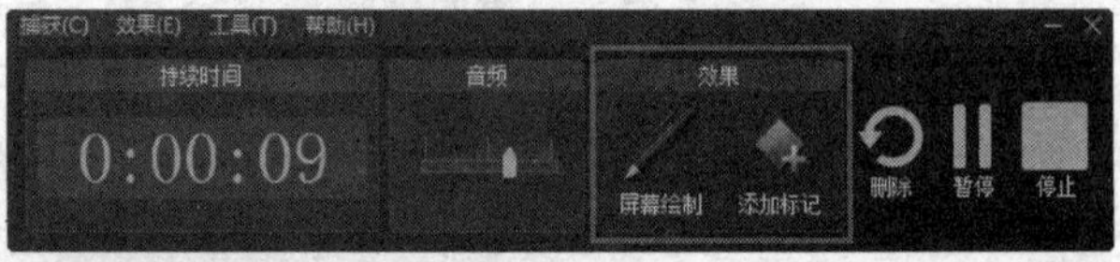
点击“屏幕绘制”，在“屏幕绘制”按钮右侧会出现3个预设工具按钮，单击该按钮即可选择该工具。	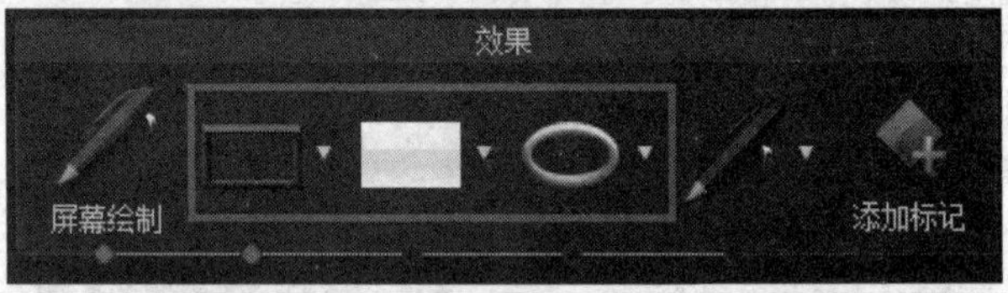
单击工具按钮旁的下三角按钮，选择“工具”选项，即可选择需要的工具，如图所示。 同理，可以选择不同的颜色。	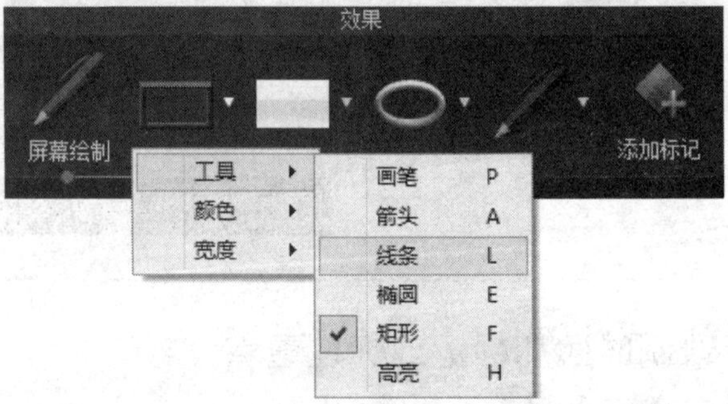
专家提示：完成设置后，在录屏区域中鼠标变为“画笔”，拖动鼠标即可完成图形的绘制。 如果选择绘制具有框线的图形，除了可以设置线条颜色外，还可以对线条的宽度进行设置。 在正式录制前将要使用的绘制工具的形状、颜色和线条宽度设置好，在录制时单击相应的工具按钮即可直接使用该工具。避免出现在录制时还需要对工具进行设置，从而打断录屏。 另外，在进行屏幕绘制时，可以使用快捷键操作。按“Ctrl+Shift+D”键可以打开绘图工具，进入绘图状态；再次按“Ctrl+Shift+D”键或“Esc”键将退出屏幕绘制状态。如果对绘制的图形不满意，可以按“Ctrl+Z”键取消该操作，删除绘制的图形。	

8.4　最基本的视频编辑知识

使用 Camtasia Studio 录像机完成视频录制后，录制的视频将添加到 Camtasia Studio 编辑器的时间轴上，同时在编辑器的“媒体箱”中将出现录制的视频文件的缩览图。Camtasia Studio 编辑器提供了一个视频预览窗口，使用该窗口可以预览编辑处理后的视频的效果，如图 8-1 所示。

图 8-1　Camtasia Studio 视频预览窗口

视频预览窗口提供诸如“播放”“向前一步”和“下一个剪辑”等按钮用于在预览视频时控制播放进度，同时预览窗口中还提供了用于对画面进行调整的工具。下面介绍这些工具的使用方法。

8.4.1 预览窗口中调整视频尺寸

步骤或说明	截图
点击“分离画布”，预览窗口将成为独立的窗口从编辑器窗口中脱离出来。 专家提示：默认是“适合窗口”，即视频在窗口显示的大小根据预览窗口的大小自动调整。	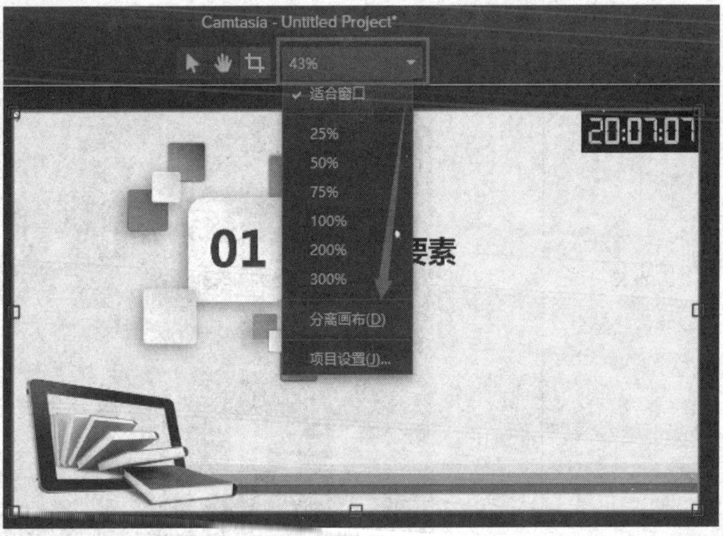

步骤或说明	截图
点击“固定画布”或者“关闭”按钮，即可“固定画布”。 专家提示：可以选择各种百分比，让视频按比例显示。	
点击“项目设置”，弹出“项目设置”对话框，可以设置“画布尺寸”和“颜色”。	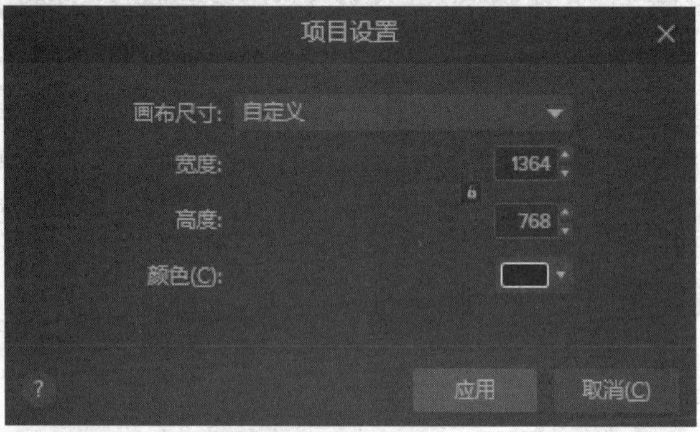
设置“画布尺寸”。	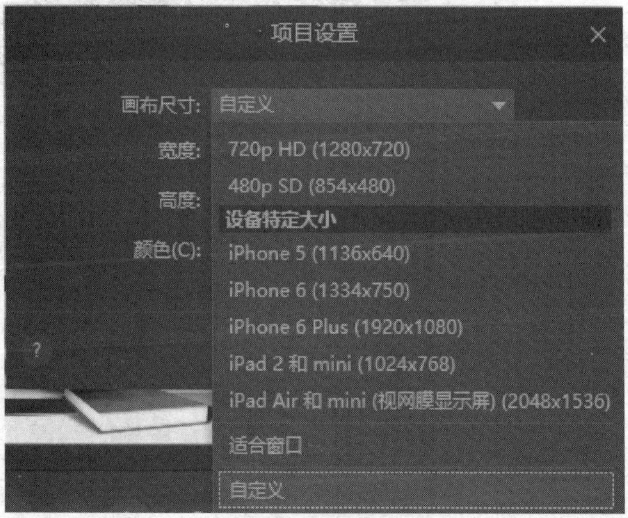

续表

步骤或说明	截图
设置颜色。 专家提示：此颜色是背景色。	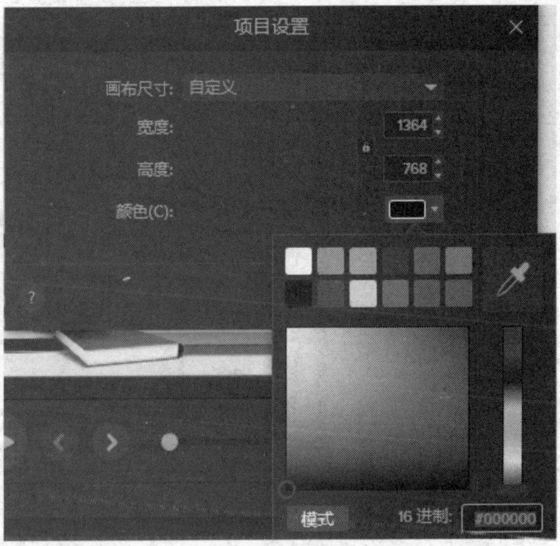

8.4.2 预览窗口中调整大小、平移和旋转视频

步骤或说明	截图
点击“鼠标”按钮，视频被选中。 鼠标变为十字箭头，按住左键，即可移动视频。	
按住四周的八个矩形小框可以调整尺寸。 将鼠标放置到画面中心右侧的控制柄上，按住鼠标左键移动鼠标可以旋转视频。	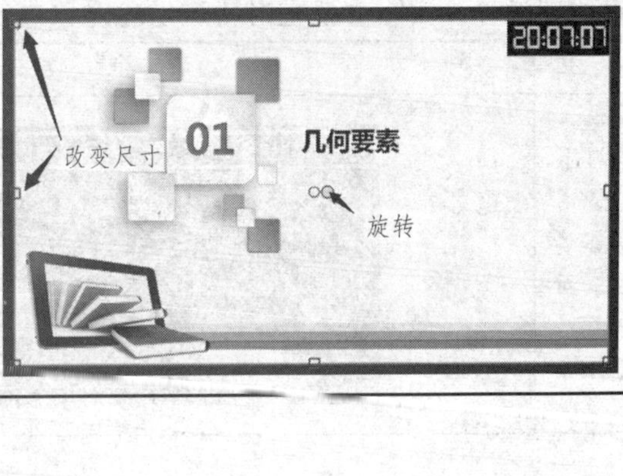

8.4.3 预览窗口中拖动画布

步骤或说明	截图
点击“抓手”按钮，鼠标变为抓手形状。按住左键移动鼠标可以改变视频在播放窗口中的位置。	

8.4.4 预览窗口中裁剪视频

步骤或说明	截图
单击“裁剪”按钮，视频被带有控制柄的线框包围。拖动线框上的控制柄可以对视频画面在水平和垂直方向上进行裁剪。	

8.4.5 对轨道的操作

与传统的视频编辑软件一样，需要进行编辑处理的视频和音频也是放置在时间轴轨道上的。视频的编辑处理过程，实际上就是对轨道上的对象进行操作的过程。

步骤或说明	截图
“时间轴”面板位于编辑器窗口的下方，面板中的轨道用于放置各种需要编辑的对象。同时，面板上提供了用于对视频和音频进行操作的功能按钮。	

<table>
<tr><th>步骤或说明</th><th>截图</th></tr>
<tr><td>右击轨道左侧的轨道名，在打开的快捷菜单中选择“插入轨道”命令，能够在该轨道的“上面”或者“下面”插入一个空白轨道。
同理，可以“删除轨道”和“重命名轨道”等。</td><td>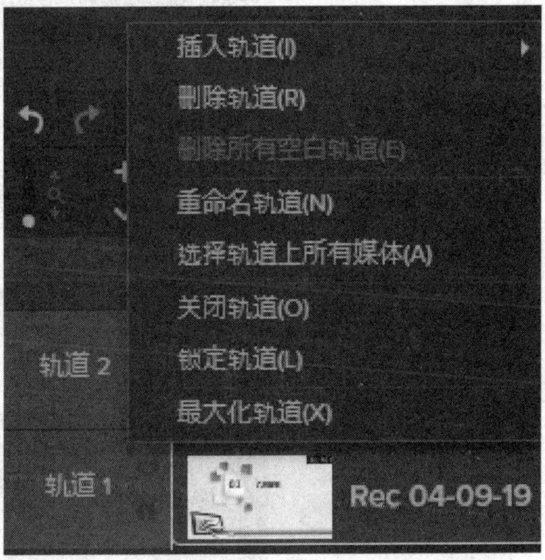
</td></tr>
<tr><td colspan="2">专家提示：在对视频进行编辑处理时，不同的对象放置到不同的轨道中是一个良好的习惯。当“时间轴”面板中有多个轨道时，为了区分各个轨道中对象的内容，可以对轨道进行命名，以能够标示该轨道中对象内容的文字作为轨道的名称。右击轨道名称，选择快捷菜单中的“重命名轨道”命令，轨道名称将处于选中状态。此时可以直接输入文字更改轨道名称。也可以通过双击轨道名称，使轨道名称处于编辑状态，对轨道进行重命名操作。</td></tr>
<tr><td colspan="2">专家提示：Camtasia Studio 对视频进行编辑处理时，所有的视频、声音、特效和标注等内容都是放置在轨道中的，对轨道中对象进行的操作不会影响到其他轨道中的对象。轨道的顺序决定了对象的层级关系，位于上层轨道中的视频对象将会遮盖住位于下层轨道中的对象。</td></tr>
<tr><td>如果需要在最上层插入一个空白轨道，可以直接单击“添加轨道”按钮，如图所示。</td><td>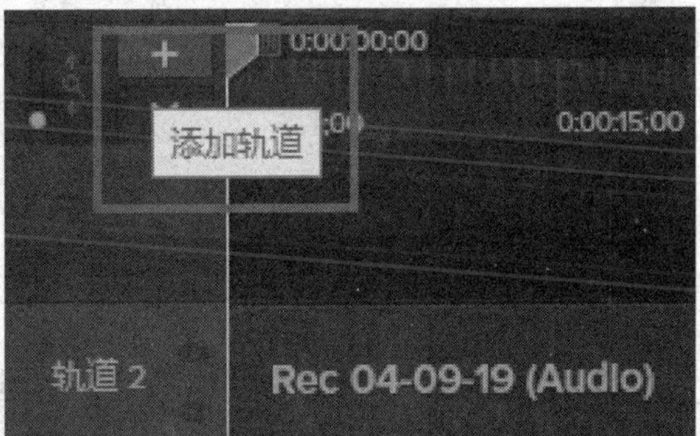
</td></tr>
<tr><td>放大和缩小时间轴。</td><td>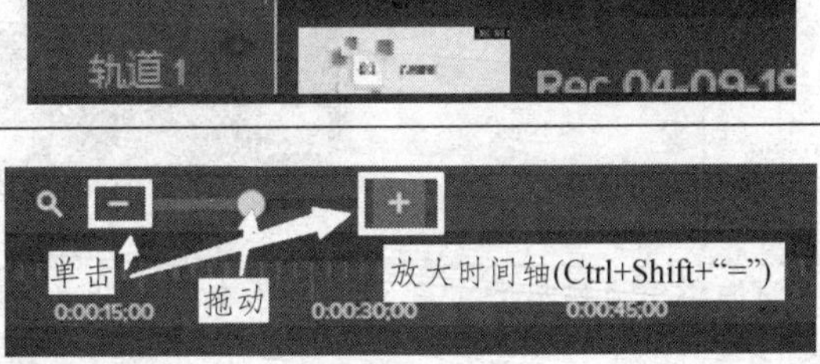
</td></tr>
<tr><td colspan="2">专家提示：这里的放大或缩小操作是扩大或缩小了时间轴上时间的显示，也就是在时间轴方向上对轨道中对象进行了缩放。这样，将更有利于轨道上时间点的定位和对象选择。</td></tr>
</table>

步骤或说明	截图
调整轨道高度。	
为了避免其他轨道中的画面对编辑造成干扰，可以使轨道中的内容可见/不可见。	
专家提示：使轨道上的内容可见或者不可见的方法是单击图示按钮，此时在预览窗口中将不再显示该轨道中的内容，再次单击该按钮将恢复轨道中内容的显示。	
锁定和解除锁定轨道。	
专家提示：在进行编辑操作时，如果某个轨道中的内容不需要再进行编辑修改了，可以单击“锁定轨道”按钮将该轨道锁定。轨道处于锁定状态时，再次单击该按钮将解除锁定。	

8.4.6 对时间轴的操作

步骤或说明	截图
选择视频片段。如果要选择轨道上的某个视频片段，只需单击该视频片段即可将其选中。 按住“Shift”键，依次单击轨道上的视频片段，这些视频片段会同时被选择。	
在“时间轴”的时间刻度上有 3 个滑块：“选择开始”滑块、播放头和“选择结束”滑块。 在拖动“绿色”和“红色”滑块时，系统将给出选区时间提示以方便选择。	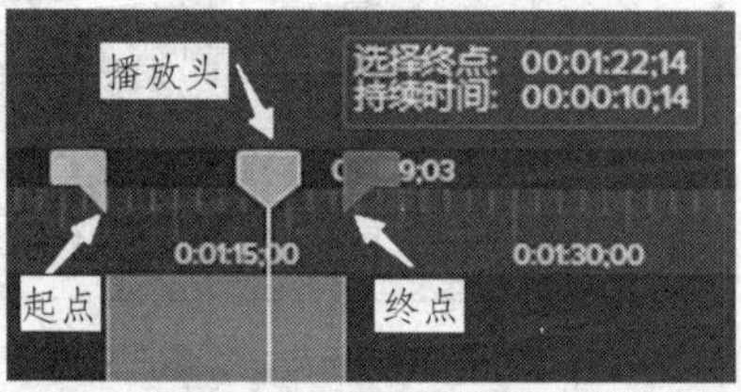
专家提示：中间的滑块为播放头，用于指示当前视频的时间点，预览窗口中将能够同时显示该滑块时间点对应的图像；左侧的绿色滑块为“选择开始”滑块；右侧红色的滑块为“选择结束”滑块。在对视频进行选择时，拖动绿色滑块指定选择区域的起始时间位置，拖动红色滑块指定选择区域的终点时间位置，两个滑块之间的视频区域将被选择。	

<table>
<tr><th>步骤或说明</th><th>截图</th></tr>
<tr><td colspan="2">专家提示：在未创建视频选区时，3 个滑块是放置在一起的，拖动中间的播放头滑块时，3 个滑块将同时移动以标示当前的位置。
在时间刻度上单击，“播放头”滑块将会移动到该位置。
在创建了视频选区后（也就是“开始时间”和“结束时间”滑块之间存在着间隙时），拖动播放头滑块将不会改变另外 2 个滑块的位置。
双击这 3 个滑块中的任意一个，3 个滑块将并拢在一起，选区将取消。</td></tr>
<tr><td>选择需要操作的视频区域，点击“剪切”。
视频片段被减掉，同时被复制。</td><td>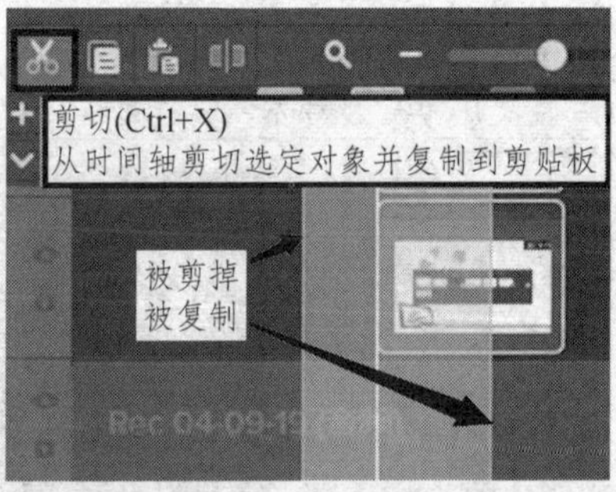
</td></tr>
<tr><td>选择需要操作的视频区域，点击“复制”。
视频片段仅仅只是被复制。</td><td>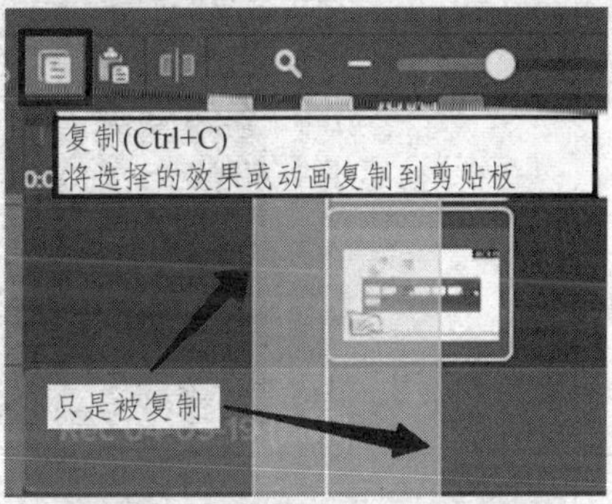
</td></tr>
<tr><td>“剪切”或者“复制”后，点击“粘贴”，即可将剪贴板内容添加到播放头位置。</td><td>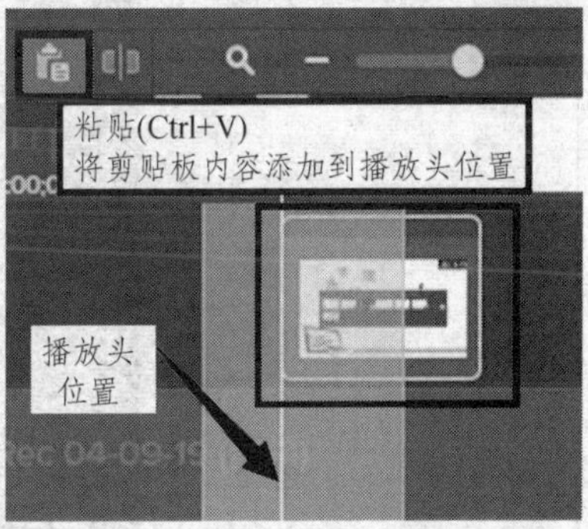
</td></tr>
<tr><td>移动视频。</td><td>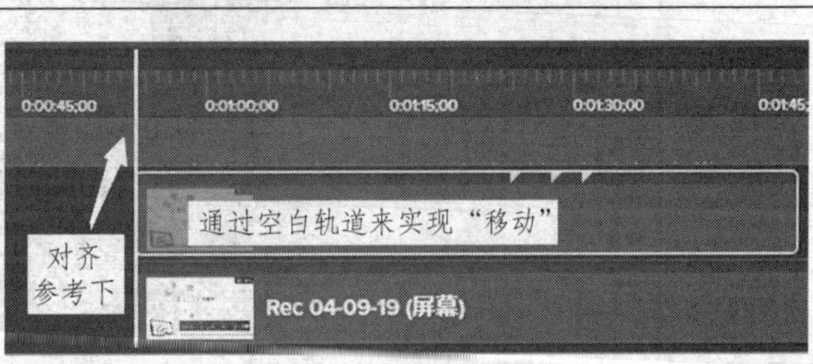
</td></tr>
</table>

<table>
<tr><th>步骤或说明</th><th>截图</th></tr>
<tr><td colspan="2">专家提示：视频片段在轨道上的排列顺序决定了片段的播放次序，排在前面的视频片段将先播放。有时为了改变视频的播放顺序，需要在轨道上移动视频片段。移动视频片段比较简单，按住鼠标左键拖动需要移动的视频片段，移动到需要的位置后释放鼠标左键就可以了。这种移动操作既可以在当前的轨道中移动视频片段的位置，也可以实现将该视频片段放置到另外的轨道中。
在移动视频片段时要注意，如果需要将位于轨道前端的视频片段移动到该轨道中其他视频片段的后面，必须将该视频片段拖动到其他的空白轨道中，在空白轨道中移过已有视频片段后再将其放回当前轨道。
在移动视频时，当两段视频的头部和尾部对齐时，时间轴上会显示一条黄色的对齐参考线。用户可以根据参考线来确定两段视频是否对齐，这样可以方便移动视频时，实现视频间无缝对接。</td></tr>
<tr><td>选择“视图”→“时间轴对齐”命令，打开下级列表，在下级列表中选择相应的选项可以决定在时间轴上显示哪种类型的参考线。</td><td>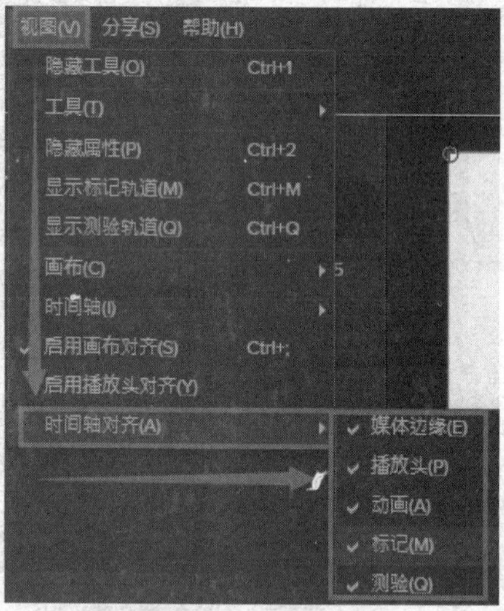
</td></tr>
<tr><td>删除视频：在轨道上选择视频片段后右击，在打开的快捷菜单中选择“删除”命令（或直接按Delete键），选择的视频片段将被删除。</td><td>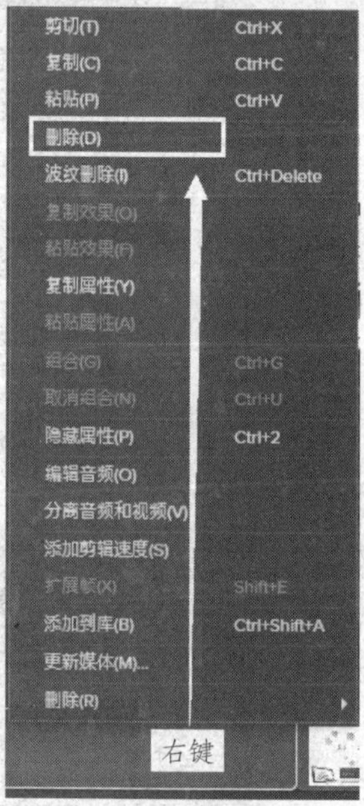
</td></tr>
</table>

<table>
<tr><th>步骤或说明</th><th>截图</th></tr>
<tr><td>分割视频：将一个视频片段分割为两个或多个视频片段。
首先选择轨道上的视频，将播放头滑块移到需要分割的位置，单击工具栏中的“分割”按钮，选择的视频将在当前位置被分割为两段视频。</td><td>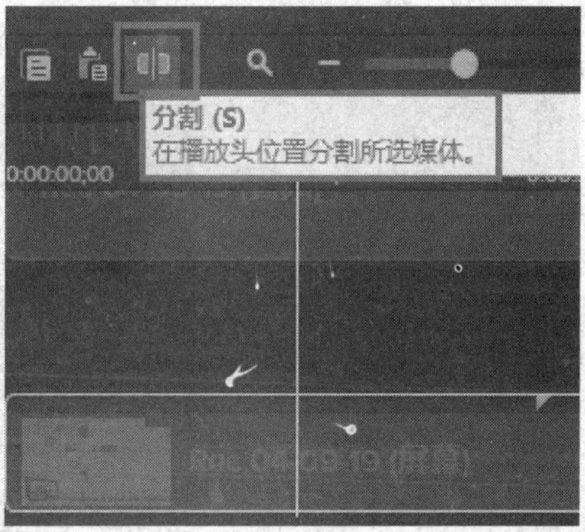</td></tr>
<tr><td>组合视频：在对视频进行操作时，有时需要同时对多个视频片段进行相同的操作，一段一段地操作就比较麻烦，此时可以将这些视频片段组合为一段视频。
在同时选择需要进行组合的视频片段后右击，选择快捷菜单中的“组合”命令。</td><td>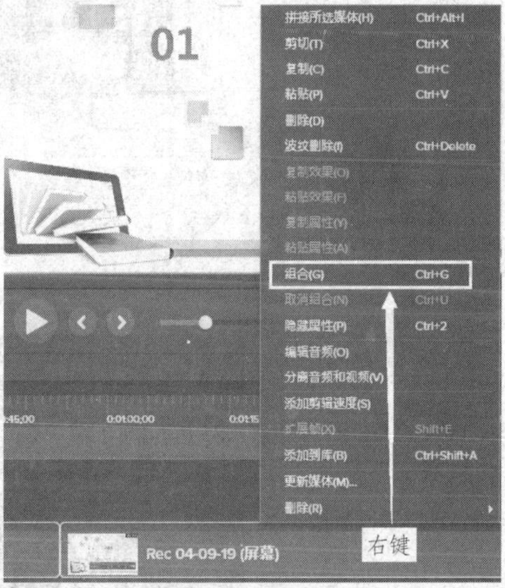</td></tr>
<tr><td>将多个视频合为组合后，在组合后的对象的上方会显示组名和组中对象的个数。</td><td>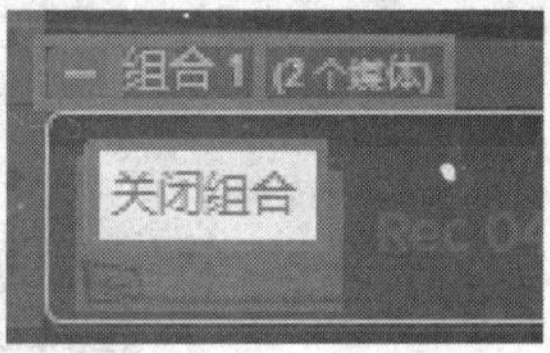</td></tr>
<tr><td colspan="2">单击组名左侧的“+”，会“打开组合”，此时将会展开该组，展开组后可以对组中的对象进行单独的操作，如移动组中的视频片段。
单击组名左侧的“-”，会关闭组合。</td></tr>
<tr><td colspan="2">专家提示：在对微课视频进行编辑时，轨道上往往会有多个视频片段，将视频片段按照相同的主题分成组，就像文稿中划分章节和段落那样，这样可以使轨道上视频条理清晰易于操作。因此，在完成分组后，应该为各组添加易于辨识的组名，方便编辑处理时的识别，使用户能够快速找到需要的视频片段。</td></tr>
</table>

<table>
<tr><th>步骤或说明</th><th>截图</th></tr>
<tr><td>重命名组合：单击组名两次，或者右击轨道上的组后选择快捷菜单中的“重命名组合”命令，组名处于选中状态，此时可以对组合重命名。
专家提示：如果要取消组合，可以在轨道上右击组，选择快捷菜单中的“取消组合”命令即可。</td><td>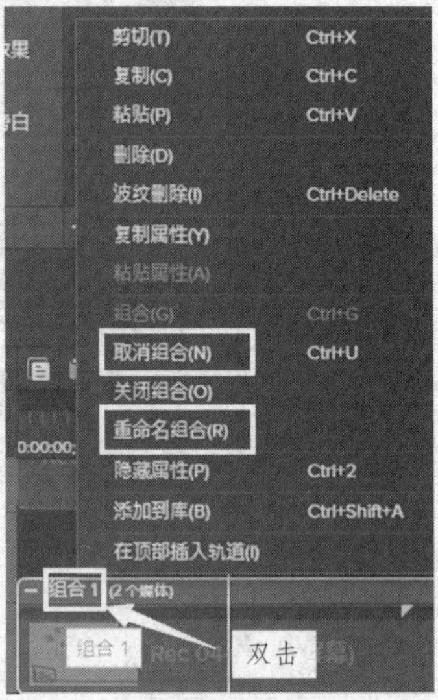
</td></tr>
<tr><td colspan="2">扩展帧：在制作微课视频时，有时需要为某个画面额外的添加解说或注释，由于在录制视频时没有考虑到这个问题，该画面持续时间不够会一闪而过，无法添加，对此可以通过扩展帧的方式来解决。</td></tr>
<tr><td>专家提示：“组合”→“扩展帧”显示为“灰色”，即不可用；需要时，可以先取消组合。</td><td>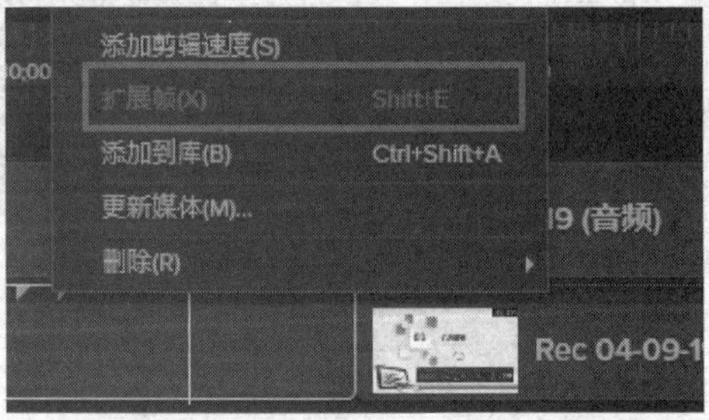
</td></tr>
<tr><td>使用扩展视频的这种方法进行音画不同步的修改，只适用在视频画面速度比声音速度快的情况。
两段视频间必须要有“空隙”，否则“扩展帧”不可用。</td><td>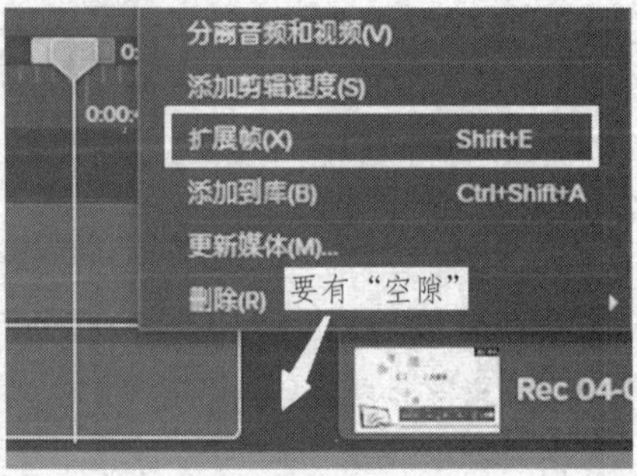
</td></tr>
</table>

步骤或说明	截图
选中视频后，右击，选择“扩展帧”命令。	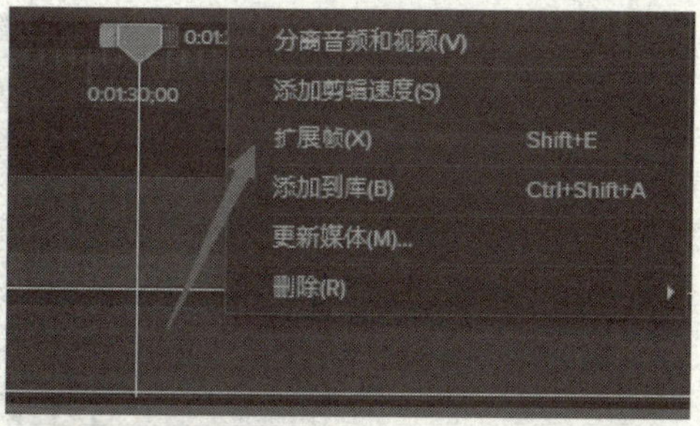
在打开的面板中输入持续时间，点击“确定”。	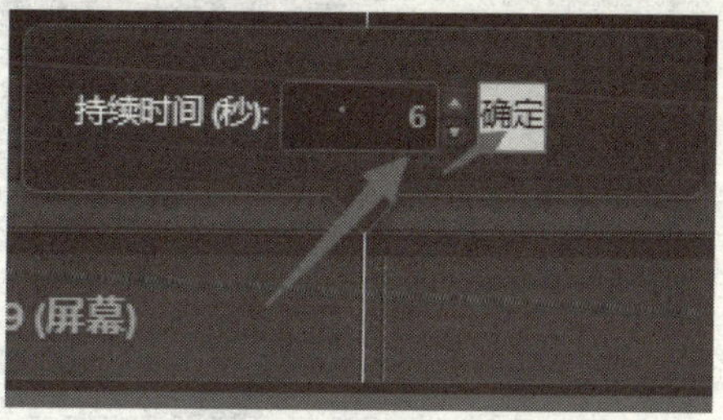
正确添加“扩展帧”后，视频多了一块“补丁”。 专家提示：扩展帧能使当前时间点处的画面持续指定的时间，但音频不会被扩展。	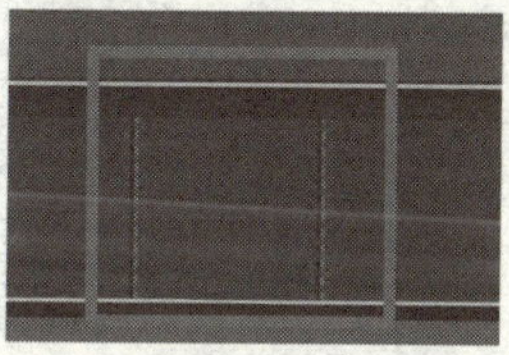
在完成扩展帧操作后，右击扩展的帧，选择快捷菜单中的“持续时间”命令可对扩展帧的持续时间做重新设置。	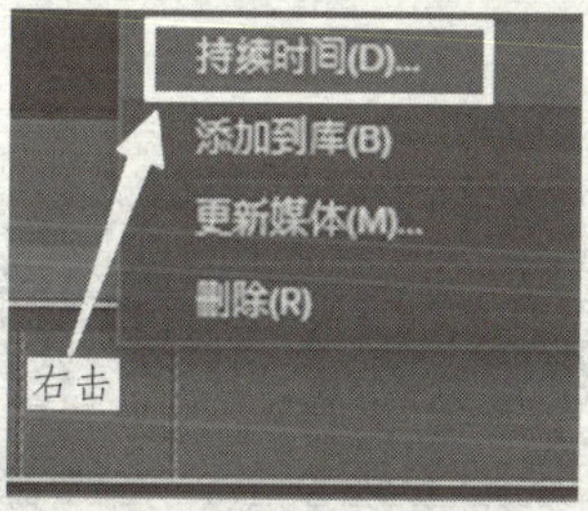
插入时间。 首先，选择一个选区，这个选区的长度是需要插入时间的长度。 然后，右击选择的选区，选择快捷菜单中的“插入时间”命令。	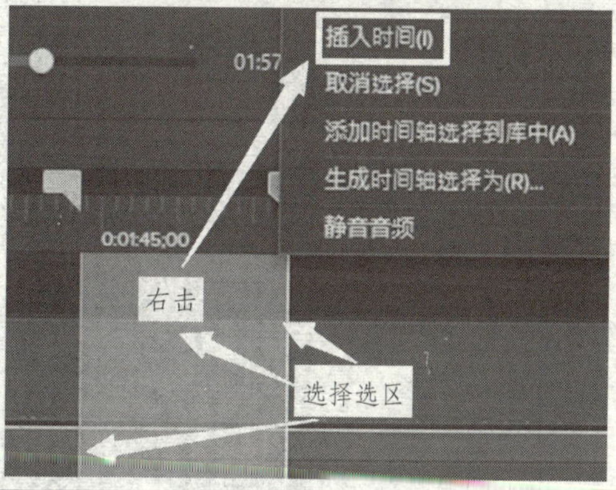

步骤或说明	截图
轨道上将会插入一个空白的时间片段，如图所示。 在制作微课时可以在这个时间片段中插入需要的内容。	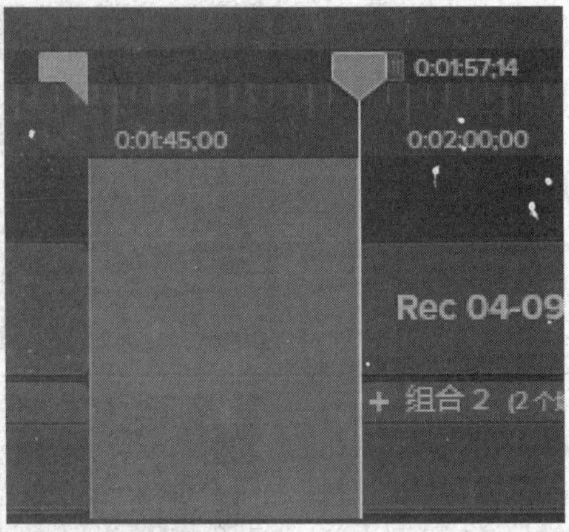
更改视频播放速度。 首选，选择需要调整播放速度的视频片段。 然后，右击选择的视频片段，选择快捷菜单中的“添加剪辑速度”。 专家提示：这里不能是选择的视频区域，必须是独立的视频片段。	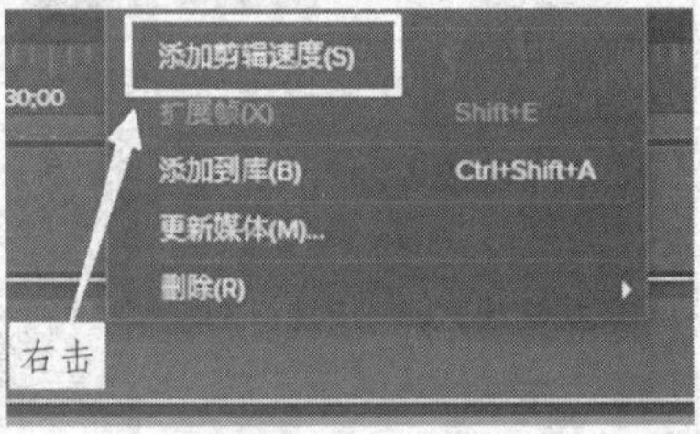
视频首尾会出现一个“小时钟”。视频头部的“小时钟”右侧标注“剪辑速度1.00x”。	
点击“Ctrl+2”，显示属性为右图所示。 专家提示：再次点击“Ctrl+2”会关闭/打开属性。	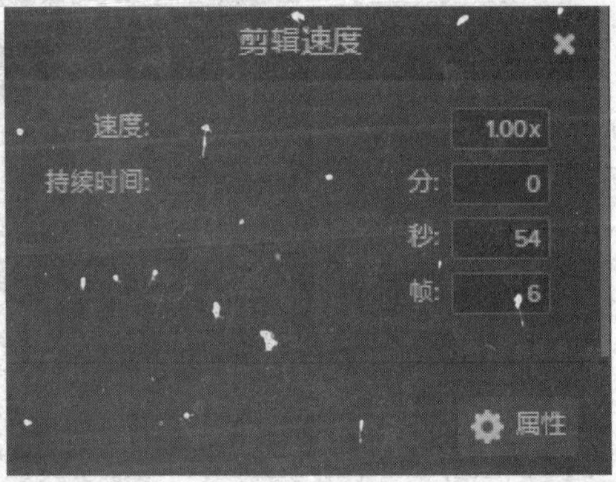

<table>
<tr><th>步骤或说明</th><th>截图</th></tr>
<tr><td>把鼠标放在小时钟的图标上面，鼠标就会变成左右相反的两个三角形，拖动鼠标向右就可以看到视频下面的“剪辑速度 1.00x”逐步增加，表明录制视频的播放速度在加快。
专家提示：时间变短，播放速度变快。</td><td>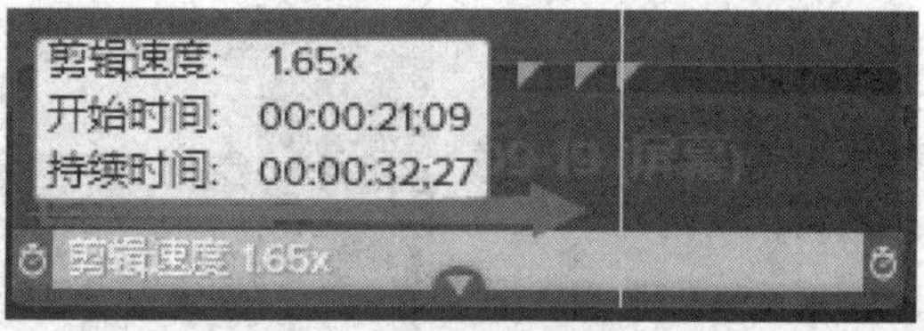

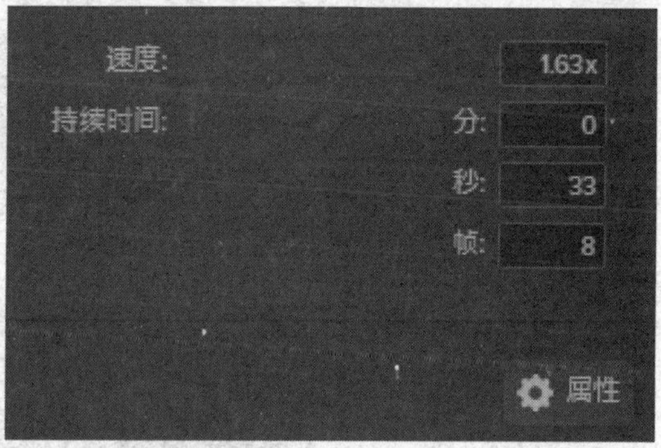
</td></tr>
<tr><td colspan="2">专家提示：如果想要放慢效果，可以延长视频播放时间，即慢镜头。
在制作微课时，可以通过调整视频片段的播放速度来获得快镜头或者是慢镜头的效果。</td></tr>
<tr><td>点击图示“三角形”会隐藏/显示效果。</td><td>
</td></tr>
<tr><td>视频的播放速度也可以通过“视频效果”→“剪辑速度”来添加。</td><td>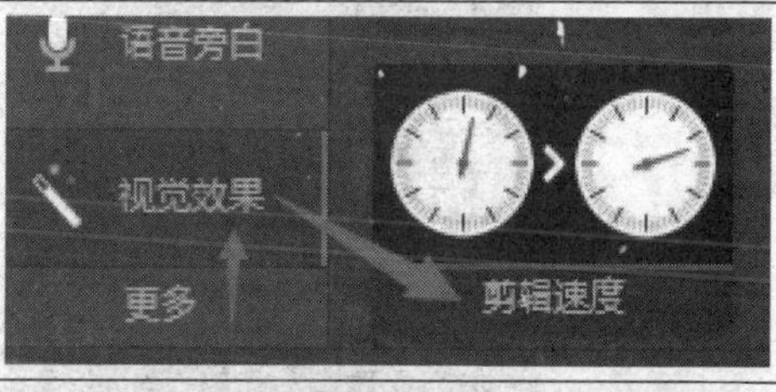
</td></tr>
<tr><td>时间轴标记。
图示为已经显示“标记”，再次单击，会隐藏。</td><td>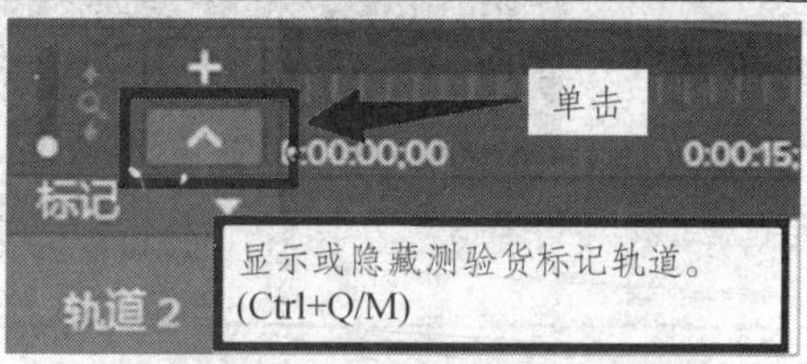
</td></tr>
<tr><td>右击标记会弹出“Rename”和“Delete”，即“重命名”和“删除”标记。</td><td>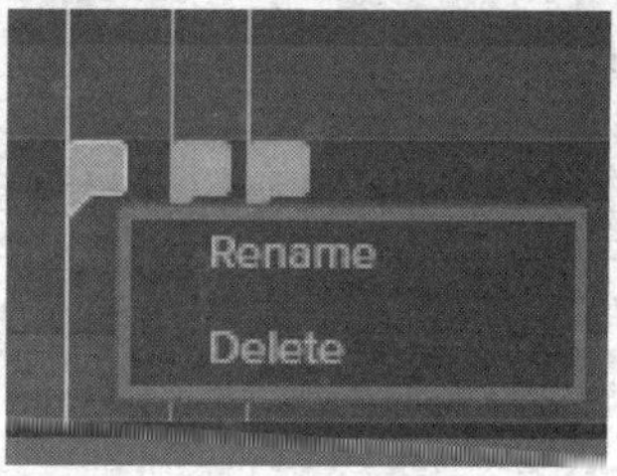
</td></tr>
</table>

<table>
<tr><th>步骤或说明</th><th>截图</th></tr>
<tr><td>点击“Rename”，属性框中标记名称被激活，输入“正文起始”。</td><td>
</td></tr>
<tr><td>结果如图所示。同理，点击“Delete”，会删除标记。
专家提示：点击标记，属性被激活，就可重命名。</td><td>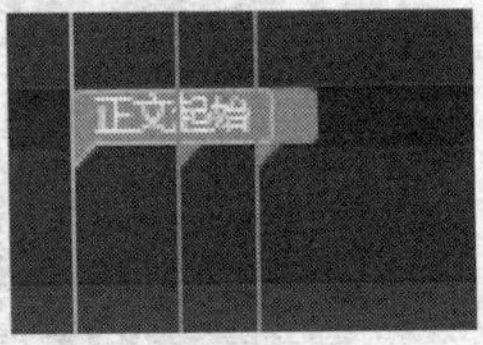
</td></tr>
<tr><td>当鼠标移动到红色条状区域时，变为加“+”，点击即可添加标记。
专家提示：此时可以在属性框中直接命名。</td><td>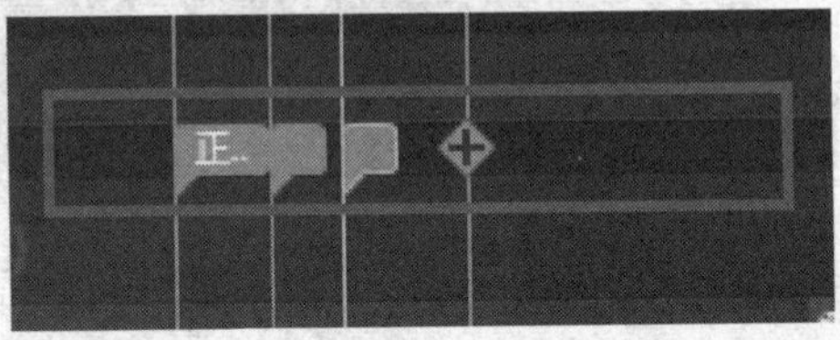</td></tr>
<tr><td>还可以通过图示方式对标记进行操作。
选择“分割所有标记”，则视频会被每一个标记分割成一个个的小片段。</td><td>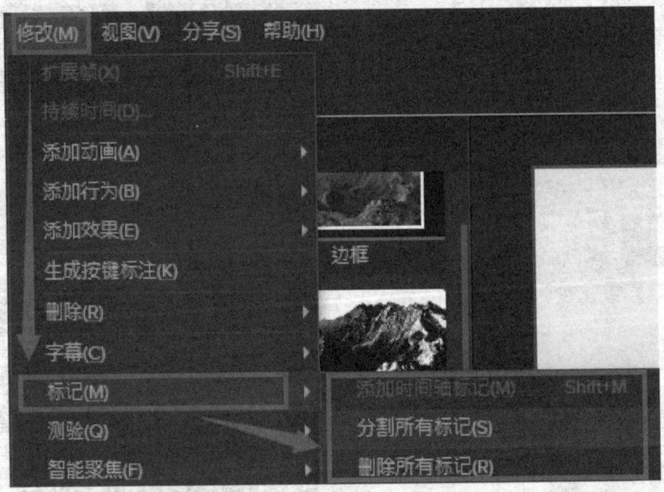
</td></tr>
<tr><td colspan="2">专家提示：当需要知道特定内容的起始位置时就需要进行标记，就像看书时在书中放一个书签或是叠一个折痕。</td></tr>
</table>

8.4.7 对声音的操作

一般说来，微课中的声音包括教师的讲解语音和背景声音两种类型。讲解语音即麦克风的声音，称为“音频”；背景声音称为“系统音频”。

与传统的视频编辑软件不同的是 Camtasia Studio 并没有提供专门的音频轨道。Camtasia Studio 中的声音，既可以与视频合为一个整体位于同一个轨道中，又可以作为单独的对象放置在轨道中。如果要单独对声音进行处理，就需要将声音单独放置在轨道上，这样才能保证只对声音操作而不会影响到视频。

<table>
<tr><th>步骤或说明</th><th>截图</th></tr>
<tr><td>默认情况下，系统音频和视频是集合在一起作为一个整体放置在轨道上。</td><td>
</td></tr>
<tr><td>进行图示操作后，可以将“视频”与“系统音频”分离。
专家提示：有声音的地方可以看到波形，没有波形则没有声音。</td><td>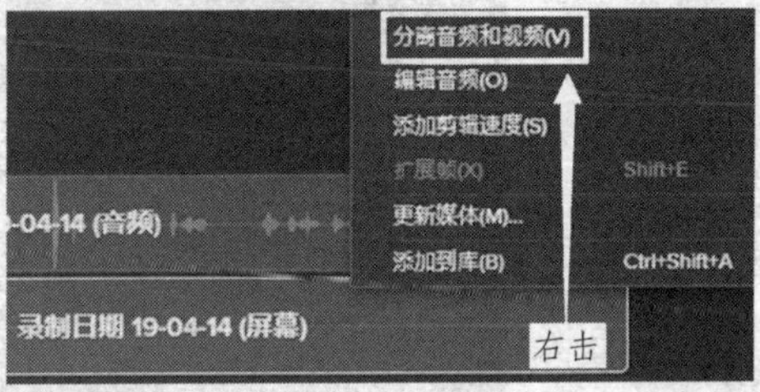
</td></tr>
<tr><td>“视频”与“系统音频”分离。</td><td>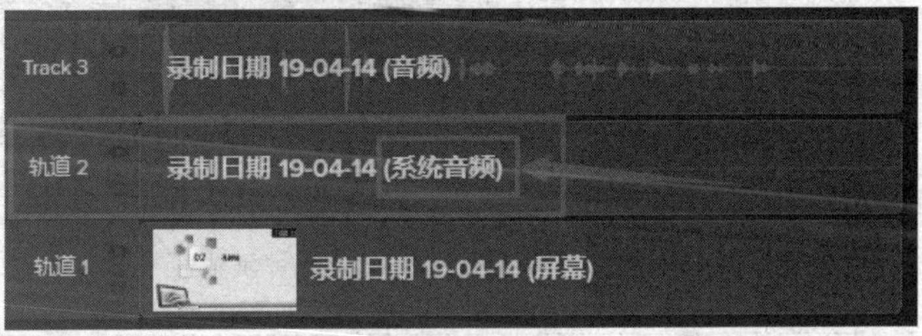
</td></tr>
<tr><td colspan="2">专家提示：与视频的编辑一样，声音的编辑同样包括剪切、粘贴、移动和删除等；这些操作与视频操作方法是一样的。比如，选择轨道中的音频片段，拖动它可以改变其在轨道中的位置，选择某段音频后按“Delete”键可以将其删除。使用“复制”和“粘贴”命令可以对选择的音频片段进行复制和粘贴操作。在选择音频片段后单击“时间轴”面板工具栏中的“分割”按钮可以在播放头处分割音频片段。</td></tr>
<tr><td>将鼠标指针放置到音频片段的开始或结束位置，拖动鼠标（变为“双向箭头”）可以改变音频片段的时长。
专家提示：通过缩小音频片段的长度，可以改变其播放时长，对音频进行掐头去尾的裁剪。</td><td>
</td></tr>
</table>

<table>
<tr><th>步骤或说明</th><th>截图</th></tr>
<tr><td>轨道中的音频波形既可以显示是单向波形，也可以显示为对称的镜像波形。
选择“编辑”→“首选项”，打开“首选项”对话框，在对话框的“程序”选项卡中选中“镜像形式”，单击“确定”按钮，轨道上将显示镜像波形。不勾选，则为单向波形。</td><td>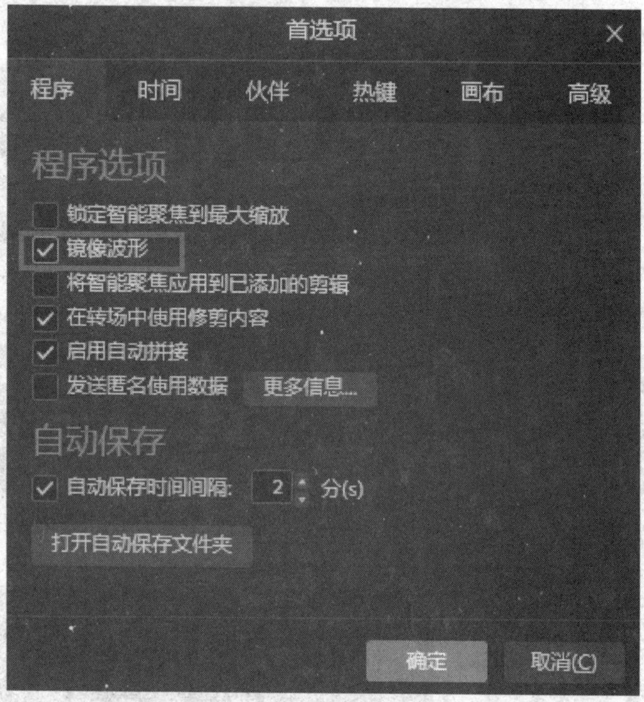
</td></tr>
<tr><td colspan="2">调节音量大小：录制微课时，音量难免会出现不合要求的情况，如声音过大或过小。一方面，可以通过调整嘴与话筒的距离或有意识地减小或提高讲解的声音来解决这问题；另一方面，也可以在Camtasia Studio编辑器中通过对音量的调整使声音达到微课要求。</td></tr>
<tr><td>使用“音频”面板调节音量。
点击“音频”，将“音量均衡”添加到音频上。
专家提示：如果没有“音频”，则点击“更多”进行添加。</td><td>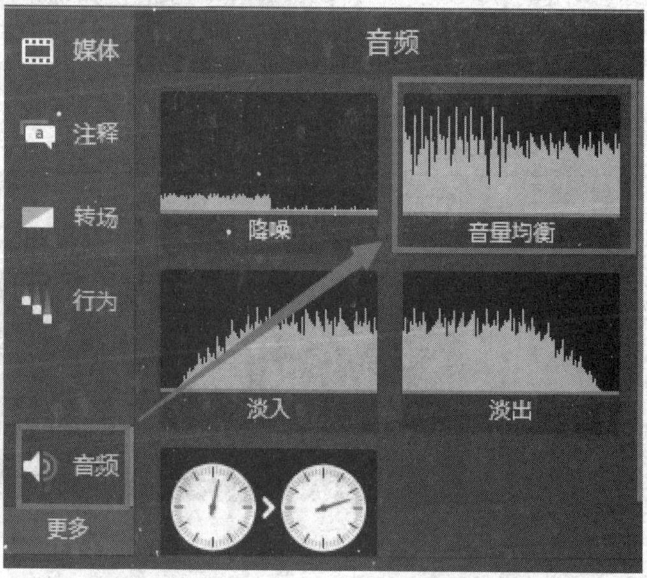
</td></tr>
</table>

<table>
<tr><th>步骤或说明</th><th>截图</th></tr>
<tr><td>在“音量变化”下拉列表中选择“自定义”。</td><td>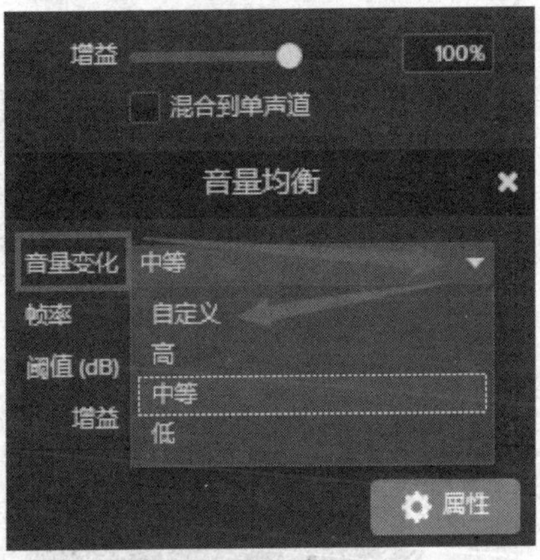
</td></tr>
<tr><td>拖动相应的滑块或在其后文本框中输入数值，可以对音量的“帧率”“阈值”和“增益”进行自定义。</td><td>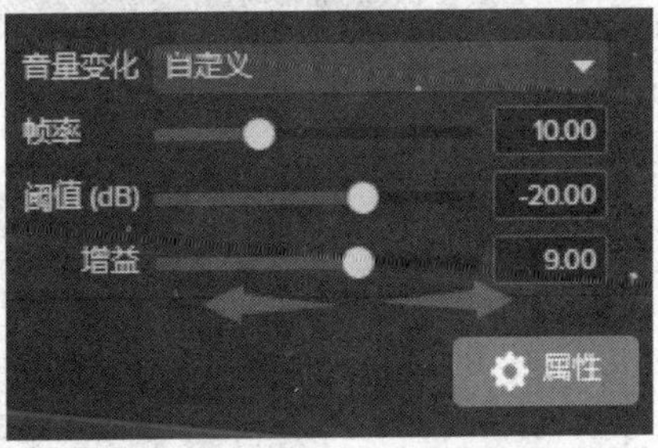
</td></tr>
<tr><td>在轨道上直接调节音量。
右键后选择“添加音频点”，将在右击的音频线处增加一个音频点。
专家提示：音频线下方的区域是半透明的绿色区域。用鼠标上下拖动音频线，会增加、减小音量。</td><td>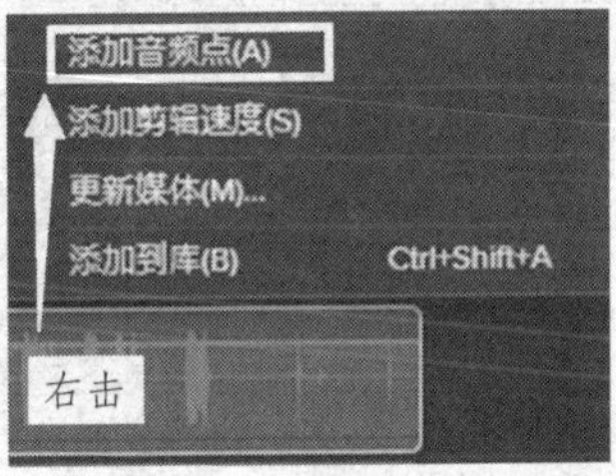
</td></tr>
<tr><td>上下拖动音频点也会增加和减小音量，会显示百分比。</td><td>
</td></tr>
<tr><td colspan="2">在整个音频只有一个音频点时，只能调节整个视频片段的音量。
如果要调节音频中某个区域的音量，可以使用下面的方法来操作：
进入音频调节状态，选择整个视频片段。将播放头放置到需要调节音量的视频片段的起始位置，右击，在快捷菜单中单击“添加音频点”按钮在该处添加一个音频点，使用相同的方法在需要调节音量的视频片段的结束位置添加另一个音频点，在起点和终点这两个音频点的中间添加第三个音频点。</td></tr>
</table>

<table>
<tr><th>步骤或说明</th><th>截图</th></tr>
<tr><td>拖动中间音频点，调节起点、终点之间的音量大小。
专家提示：如果需要调节音量的范围较大，可以多添加几个音频点以保证音量调节的精度。</td><td>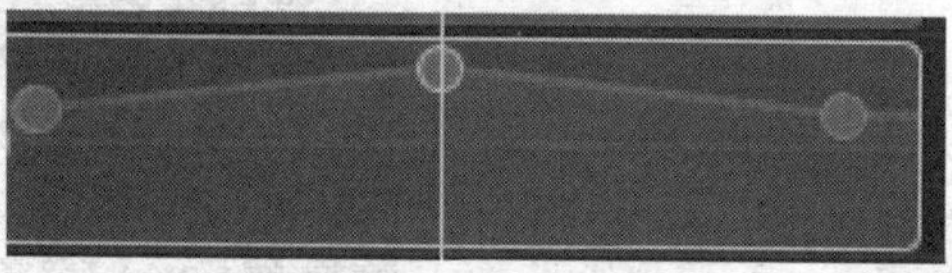</td></tr>
<tr><td>删除“音频点”。
在音频点上右击，在快捷菜单中点击“删除”，该音频点被删除。如果单击“删除所有音频点”，则可同时删除所有的音频点。</td><td>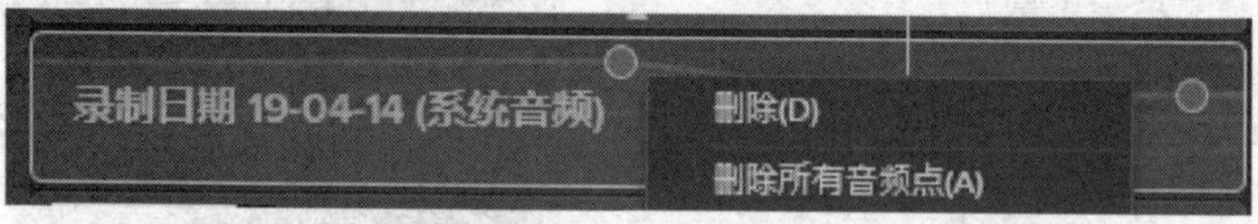
</td></tr>
<tr><td>在轨道上选择“音频”，点击“音频”，在“淡入”上方右击，再点击“添加到所选媒体”，音频被添加淡入效果。</td><td>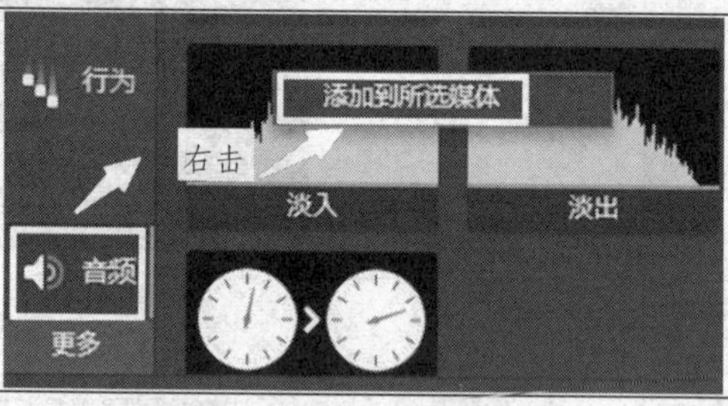
</td></tr>
<tr><td>同理可以添加淡出效果。
专家提示：淡入效果添加在音频的开头。淡出效果添加在视频的结尾。</td><td></td></tr>
<tr><td colspan="2">专家提示：拖动轨道上的音频点调整音频线的形状，可以对淡入淡出效果进行编辑修改。
不难看出，在声音开始的时候，音量由小逐渐变大直至正常的音量，这就形成了淡入效果，而在声音结束时由大逐渐变小直到消失就形成了淡出效果。通过在轨道上添加音频点并调整音频点以改变音频线的形状，使音频线成为梯形，就可以获得需要的淡入或者淡出效果。</td></tr>
<tr><td>添加静音效果。选择静音区域。右键菜单中点击“静音音频”。</td><td>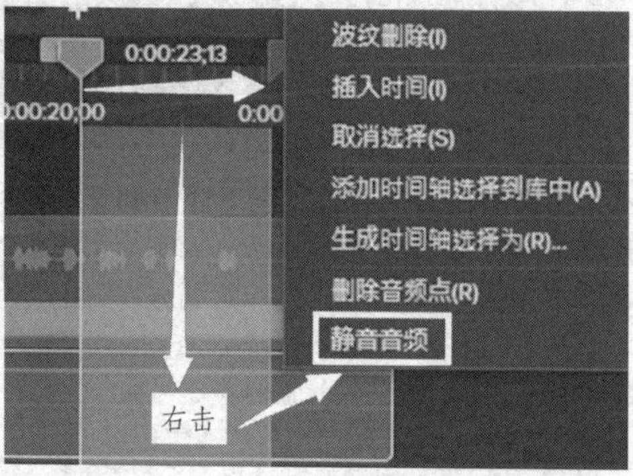
</td></tr>
</table>

<table>
<tr><th>步骤或说明</th><th>截图</th></tr>
<tr><td>添加静音效果后的音频。
专家提示：进入音频编辑状态，在需要静音的区域中添加4个音频点。第一和第四个音频点放置在静音区域的开始和结束位置，另外2个音频点放置在需要静音的区域内部。向下拖动位于静音区域内部的音频点，将其拖到底部，并使这2个音频点分别位于第一和第四个音频点的正下方。如图所示。此法烦琐，不建议采用。</td><td>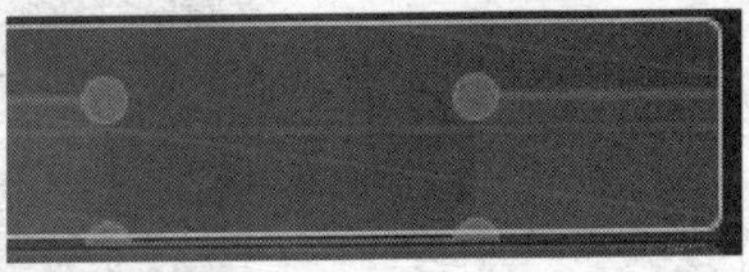</td></tr>
<tr><td colspan="2">所谓静音，是指在视频或音频的某个时间段中没有声音。在录制微课时，静音效果是一种十分常见的效果。对于微课视频中只是展示过程而无须声音的片段，静音是去除可能存在的杂音的一种最快捷的方法。另外，在对微课视频进行编辑时，很多时候需要对语音解说进行修改，如果要使用新的声音来替代原有的声音，就必须先除去原声，除去原声的一个简单的方法就是静音。</td></tr>
<tr><td colspan="2">一般来说，能够在专业的录音室中录制微课是不太可能的。很多时候在微课录制过程中会遇到一些意料之外的声音，如窗外汽车声、叫卖声、自己忍不住的咳嗽声、家里宠物的叫声或小孩的吵闹声等。在录课时遇到这类声音，制作者可以稍作停顿，然后将出现这些声音的部分课程重新录制。在完成录课后，再在编辑时将那些不需要的杂音删除即可。
在录课时，还会遇到另一类称为噪音的声音，这类声音几乎无处不在，混于正常的声音中且不易提取，使用常规的删除方法无法将它们去除。这个时候，可以使用 Camtasia Studio 编辑器的“降噪”功能来处理，尝试将其影响降低到最低限度。</td></tr>
<tr><td>添加降噪效果。在轨道上选择“音频”，点击“音频”，在“降噪”上方右击，再点击“添加到所选媒体”。</td><td>
</td></tr>
</table>

续表

步骤或说明	截图
添加降噪效果后的音频。	
拖动“灵敏度”滑块（或在其后的文本框中输入数值）设置降噪灵敏度。这里要注意的是，灵敏度值并非设置得越高越好，每次调整后建议试听降噪效果，设置值以不会明显降低音频的品质为宜。	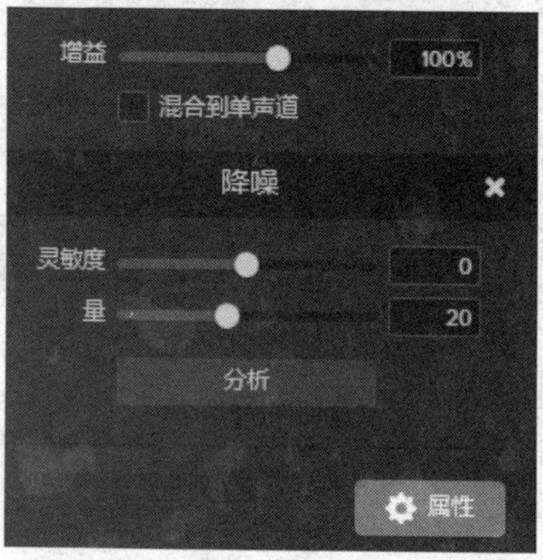

8.4.8 对项目的操作

所谓项目，就是进行视频编辑等操作的对象文件。Camtasia Studio 的项目文件扩展名为“.camproj”，其用来存放制作影片需要的所有信息，如使用的视频素材、图像素材、字幕和视频效果等。项目文件并非影片，只有在最后渲染输出时才能将项目文件中的所有素材连接在一起，导出需要的影片。

专家提示：“.camproj”为项目文件，一般只有几百 KB，文件本身很小，仅保存了对源文件（包括 camrec 视频、avi 视频、图片等）的编辑操作。源文件一经删除，仅留有项目文件毫无用处。项目文件记录了“.camrec”视频文件的引用路径和后期剪辑信息。

Camtasia Studio 默认的视频录制格式是“.camrec”（文件图标为红色）。

无论是“.camrec”还是“.camproj”文件都能在 Camtasia Studio 中打开。通过 Camtasia Studio，可以将“.camproj”（或“.camrec”）导出为任意视频格式。

部分文件格式的具体含义如下：

.camproj 意为 Camtasia Studio Project。

.tscproj 意为 Camtasia Studio v9 Project。

.camrec 意为 Camtasia Studio Recorded Video。

.cmrec 意为 Camtasia Studio v8.3 Recording。

.trec 意为 Camtasia Studio v8.4 Recording。

.cmproj 意为 Camtasia for Mac Project。

.libzip 意为 Camtasia Studio Zipped Library。

.assetproj 意为 Camtasia Studio Asset Information。

.camthtr 意为 Camtasia Studio Theater Project。

<table>
<tr><th>步骤或说明</th><th>截图</th></tr>
<tr><td>项目的新建。
启动软件后，弹出右图。选择“新建项目”，程序将自动创建一个空白的项目。
专家提示：点击“新建录制”，会打开录像机。点击“最近项目”下的项目文件，该项目文件会被打开。
专家提示：点击“教程/使用方法”下面的视频，会播放教程视频。去掉“启动时显示”前面的“√”，下次启动时就不会再显示本欢迎界面。</td><td>
</td></tr>
<tr><td>点击“帮助”→“显示欢迎窗口”，再勾选“启动时显示”，即可显示欢迎界面。</td><td>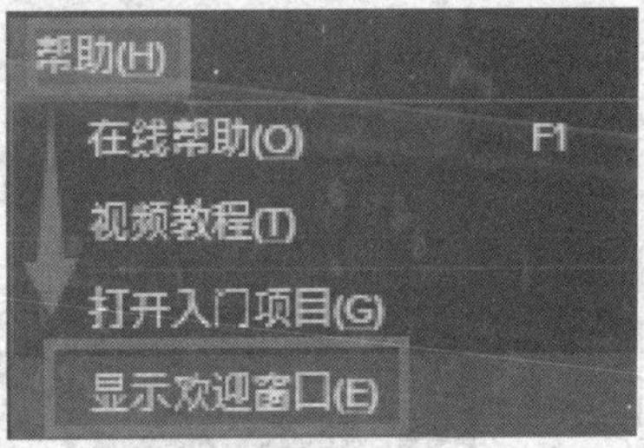
</td></tr>
<tr><td>专家提示：录制的视频片段将会放置到这个项目的轨道上。
选择“文件”→“新建项目”命令（或按“Ctrl+N”键）将能够创建一个空白的新项目。</td><td>
</td></tr>
</table>

步骤或说明	截图
项目的打开。 选择“打开项目”，将弹出“打开”对话框，选择路径，选择文件，即可打开选择的文件。 专家提示：选择“文件”→“打开项目”，或者使用快捷键“Ctrl+O”。	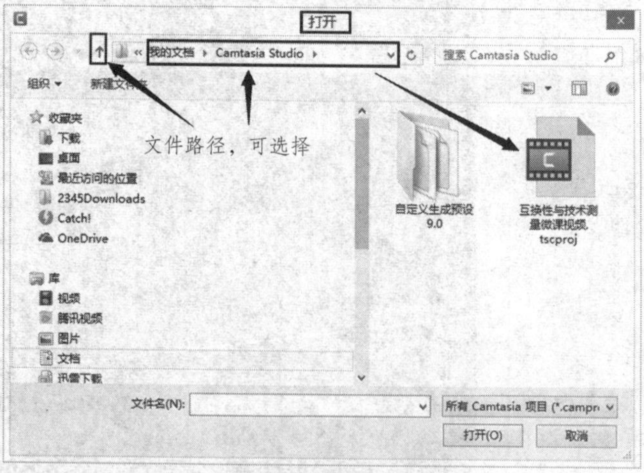
导入素材。 方法一：点击“加号”，选择“导入媒体”。 方法二：点击“文件”→“导入”→“媒体”。 专家提示：这里的素材包括：录制的视频、图片、声音和其他视频等。	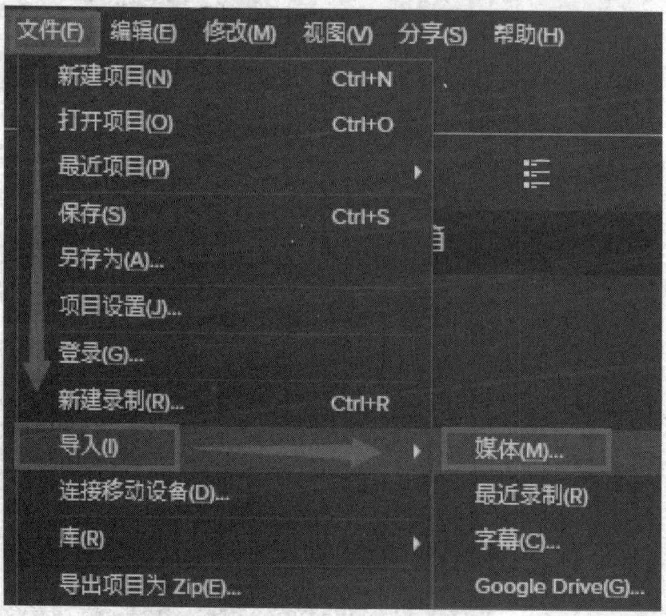

步骤或说明	截图
弹出“打开”对话框，使用对话框找到需要使用的素材所在的文件夹。 选择需要打开的文件类型，对话框中只显示该类型的文件。 在对话框中选择需要使用的素材文件。 单击对话框中的“打开”按钮即可。 专家提示：在Camtasia Studio编辑器中，按“Ctrl+I”键也可以弹出“打开”对话框。	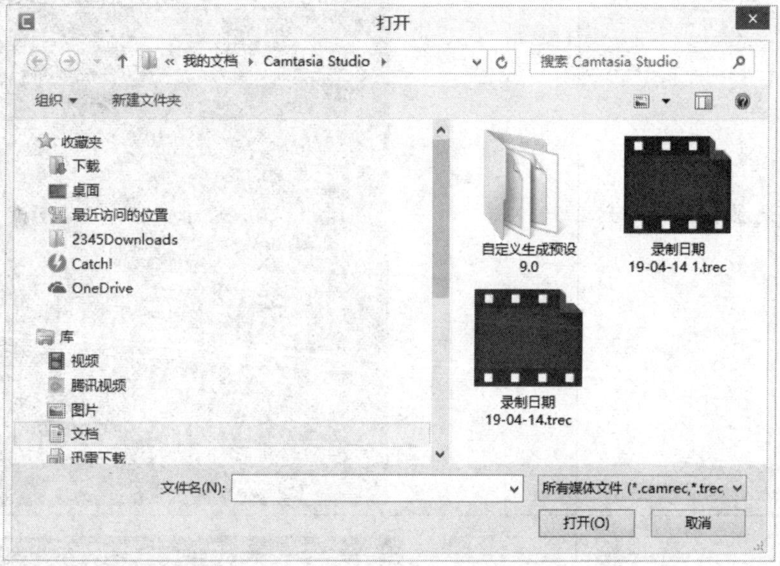
导入的素材文件放置在Camtasia Studio编辑器的“媒体箱”中，如果要使用该素材，只需用鼠标将其从“媒体箱”中拖放到轨道中所需位置即可。 在将项目保存为zip格式的文件后，可以使用导入文件的方式直接打开该项目而不需要将其解压。	
项目的保存。选择“文件”→“保存”（或按“Ctrl+S”键）。 新的项目文件如果是第一次保存，将打开“另存为”对话框，选择文件保存的文件夹，设置项目文件的文件名、类型，单击“保存”即可。	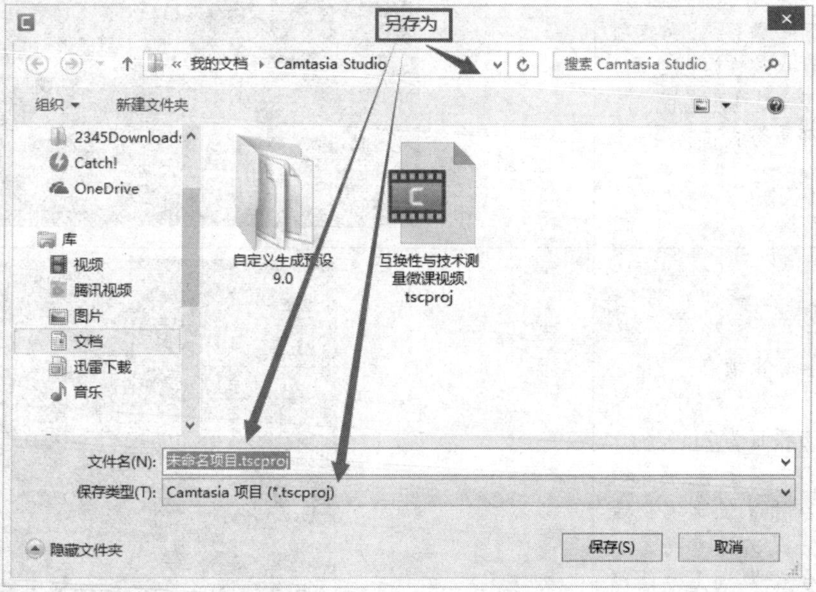
专家提示：对于已经保存过的文件，使用“保存”命令，将直接保存，不再打开“另存为”对话框。如果要对项目文件进行换名保存或更改项目文件的保存位置，可以使用“文件”→“另存为”命令，打开“另存为”对话框，用该对话框将项目以一个新的名称保存到需要的位置。	

步骤或说明	截图
设置自动保存时间。	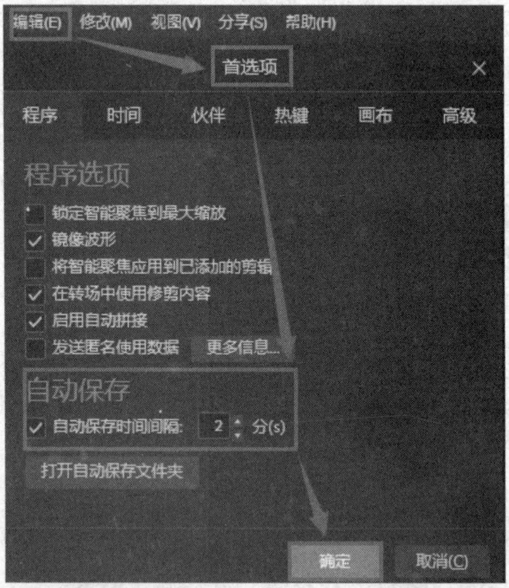
保存项目后，弹出的提示。 专家提示：把素材和录制的视频全放同一个目录，保存项目也放在这个目录。否则，打开项目文件可能会报错。	
导出项目为 Zip。 点击“文件”→“导出项目为 Zip”。 专家提示：将在一台计算机上编辑后的源文件拿到另一台计算机上继续编辑处理时，必须使用“导出项目为 Zip”	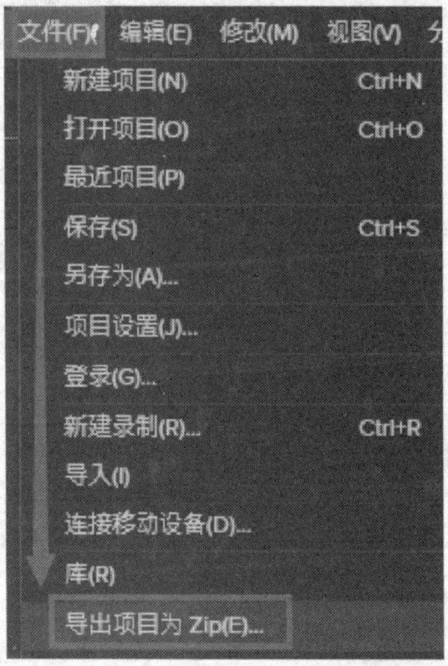

<table>
<tr><th>步骤或说明</th><th>截图</th></tr>
<tr><td>点击“打开”按钮。</td><td>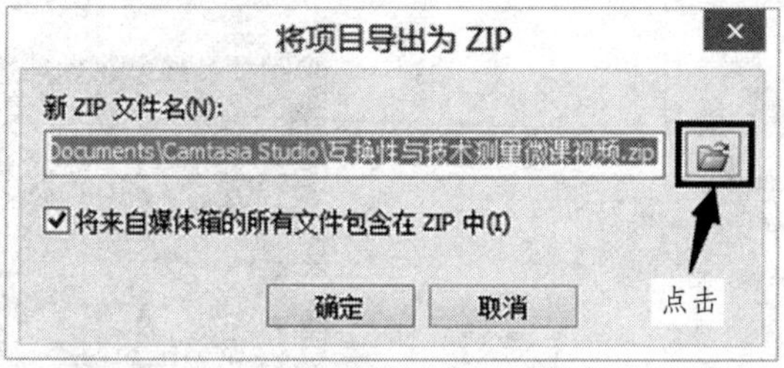
</td></tr>
<tr><td>弹出“另存为”对话框，指定保存的文件夹和文件名，点击“保存”→“确定”。</td><td>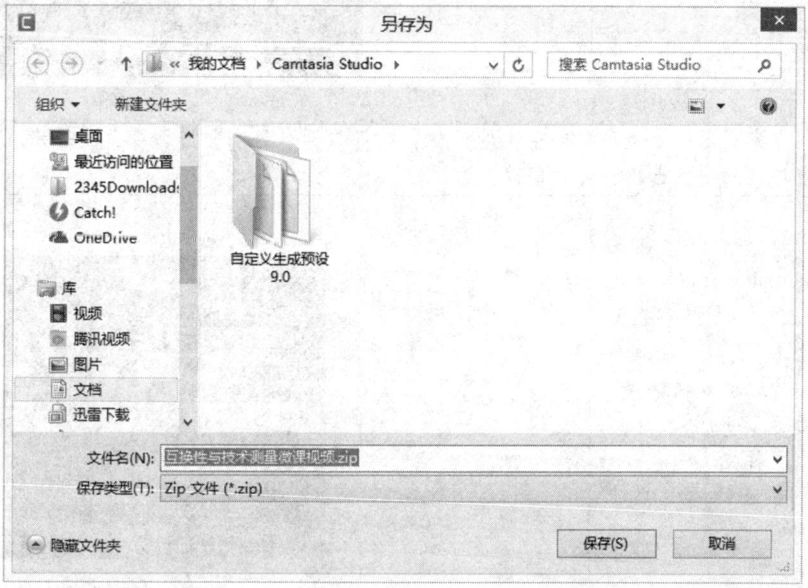
</td></tr>
<tr><td colspan="2">专家提示：在制作微课时，经常需要将在一台计算机上编辑后的源文件拿到另一台计算机上继续编辑处理。如果编辑时，打开的项目文件只是一个包含媒体素材信息的信息文件，即扩展名为“.camproj”的项目文件，而缺少了项目中正在使用的素材文件（如录屏文件“.trec”），在其他计算机上就无法正常打开该项目文件了。
当微课中使用的录屏文件较多，而且在经过了大量删除或添加素材文件的操作后，普通用户很难在转移项目文件时找全所有需要的素材文件而不发生遗漏，要解决这个问题，就只能使用“导出项目为 Zip”功能。
该功能能够将项目文件和使用过的所有素材文件自动打包到一个 zip 文件中，这不仅能避免漏掉素材源文件的问题，而且还可以将所有的文件打包在一个文件中，方便文件的携带和传播。</td></tr>
</table>

8.4.9 关于库的操作

步骤或说明	截图
“库”就是一个仓库。它用于放置 Camtasia Studio 模板和视频、声音以及图片等各类素材，用户在需要时可以直接从库中将素材取出使用。 双击是预览，拖拽是添加。	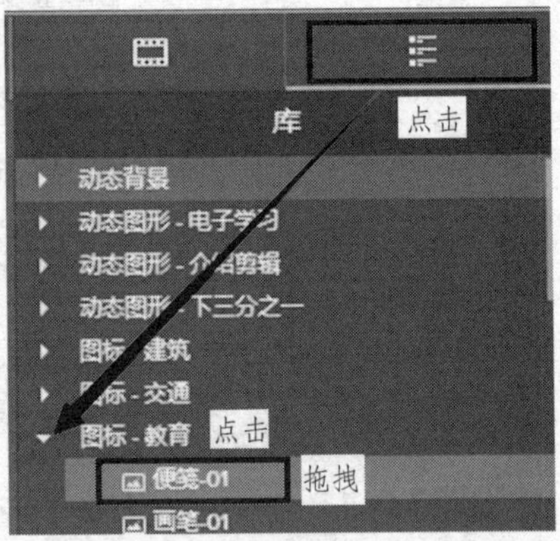
专家提示：添加到时间轴上的素材，即可打开“组合”进行修改和编辑。文字部分，可以在预览窗口“双击”选中，进行修改。	
将常用内容添加到库中。 在“库”的空白处右击，选择快捷菜单中的“新建文件夹”命令在库中新建一个文件夹。 专家提示：点击“导出库”，可以导出库文件。	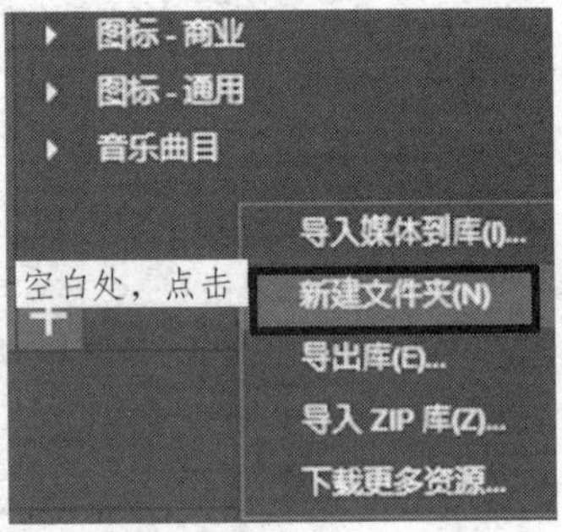
输入文件夹名称，为文件夹命名。	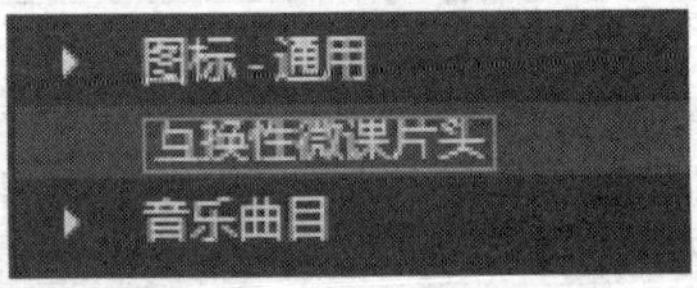
右击“互换性微课片头”，选择快捷菜单中的“将媒体导入到文件夹”命令。	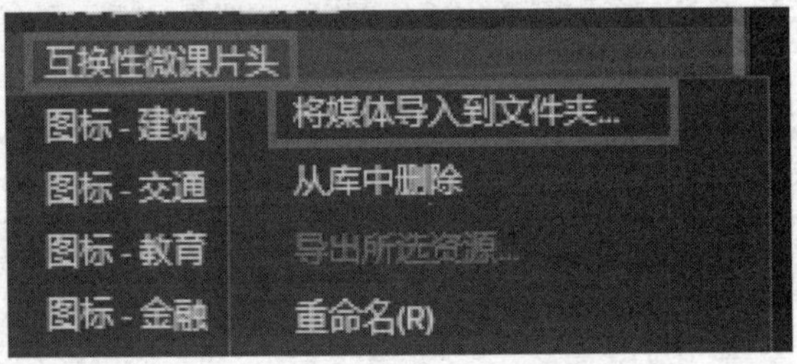

步骤或说明	截图
弹出“打开”对话框。	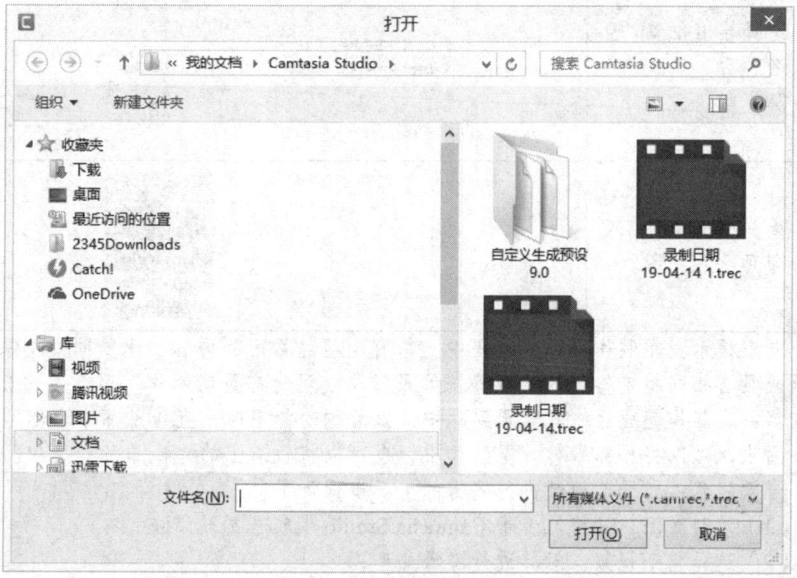
选择需要导入到库中的素材文件。单击“打开”按钮。	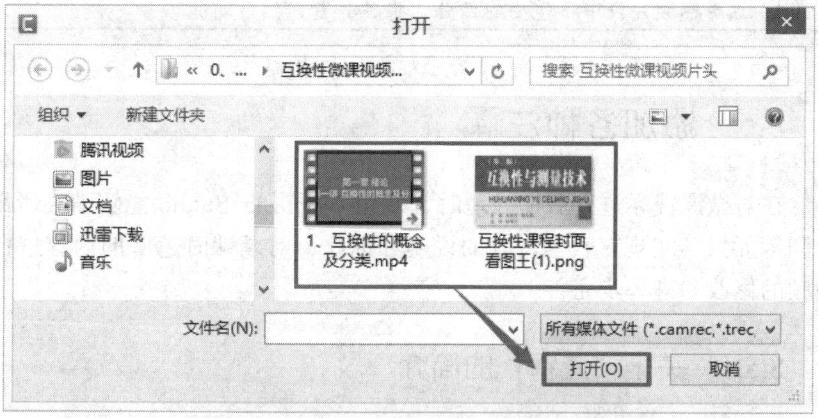
导入错了，也可以右击后选择“从库中删除”。	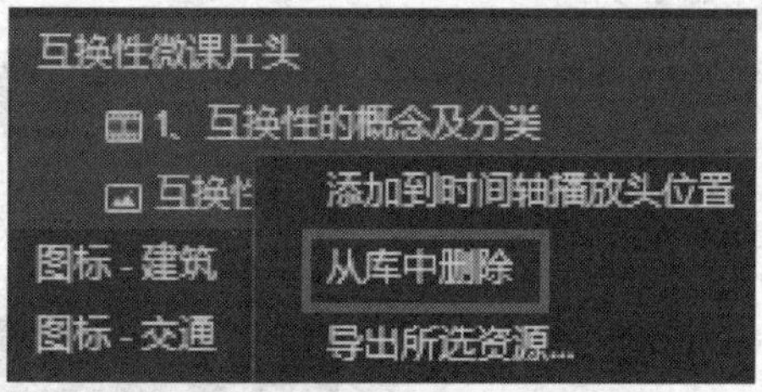
导出库文件。	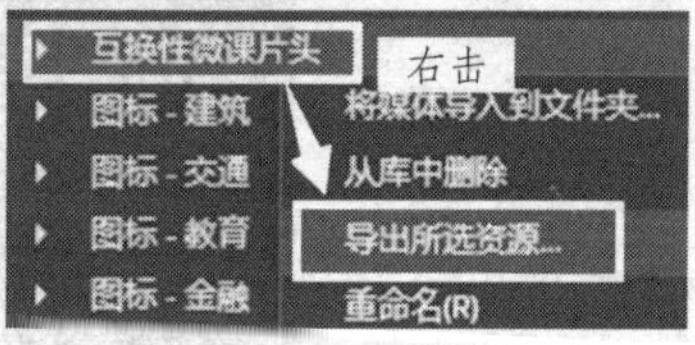

步骤或说明	截图
选择导出位置，输入名称后，点击“确定”	
生成的库文件，双击即可导入到库。	
专家提示：在制作微课的过程中，总有一些经常用的内容，比如同一个系列微课的片头、背景音乐或具有相同特定格式的文字等。如果每次使用时都重新制作一遍，显然会浪费时间。此时就可以在第一次制作完成后将其放置到库中，以后每次使用时，直接从库中取出即可。 用户既可以将外部素材放置到库中，也可以将轨道上的片段添加到库中。	
专家提示：对微课视频进行编辑的主要步骤如下： （1）录制微课，并将其置于 Camtasia Studio 编辑器的轨道中； （2）选择整个视频，对其进行降噪处理； （3）选择整个视频，对其音量进行调整； （4）选择视频片段中不需要的部分，将其分割，然后删除。	

8.5 添加各种注释

在对微课视频进行后期处理时，使用 Camtasia Studio 能够随心所欲地添加文字、声音和视频等元素，实现对教学内容的说明和标注，对录课时遗漏的内容进行必要的补充，实现对视频的修改和进一步完善。

8.5.1 关于“注释”的简介

步骤或说明	截图
点击“注释”，打开注释选项卡。 注释分为六种，每一种又有不同的样式，默认为“基础”样式。	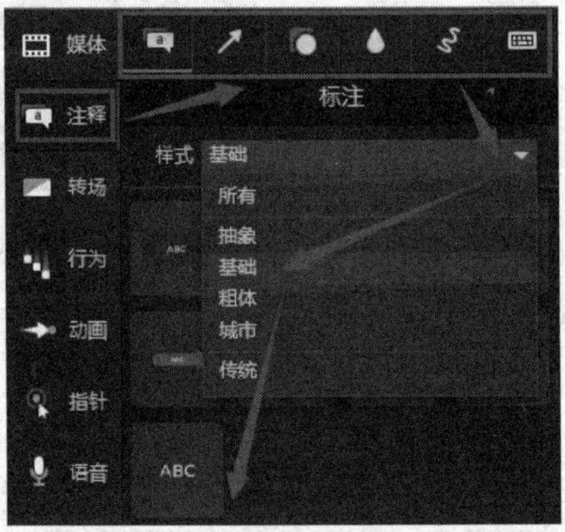

8.5.2 添加“标注”注释

<table>
<tr><th>步骤或说明</th><th>截图</th></tr>
<tr><td>注释一：标注。</td><td>
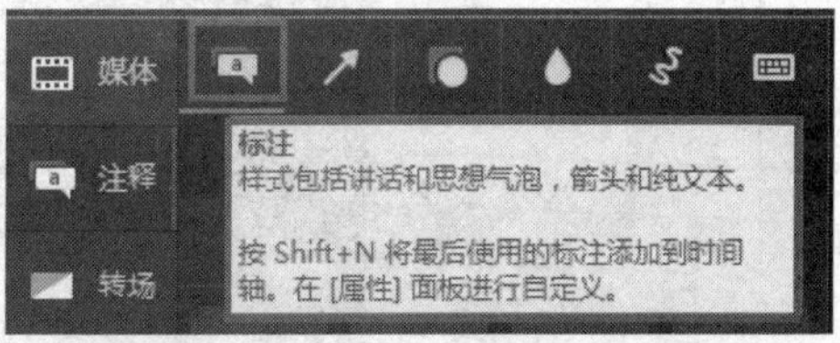

</td></tr>
<tr><td>双击或者拖拽，即可添加到时间轴上。</td><td>
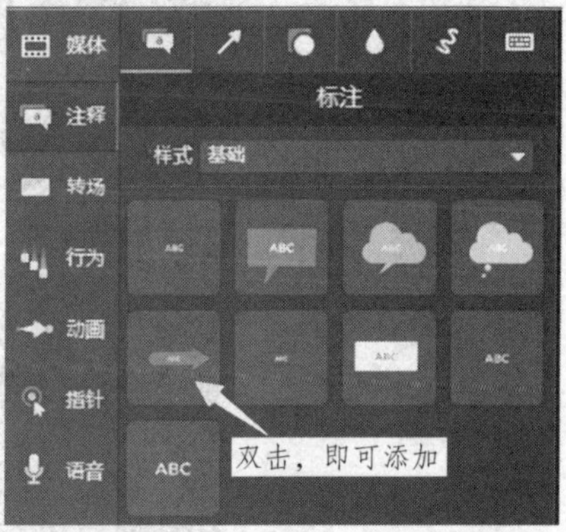

</td></tr>
<tr><td>在预览窗口双击文字，可以改变文字内容。
拖动四周的圆点，可以改变大小。
鼠标放置在标注内部，变成“十字箭头”可以移动；变成旋转箭头，即可旋转标注。</td><td>
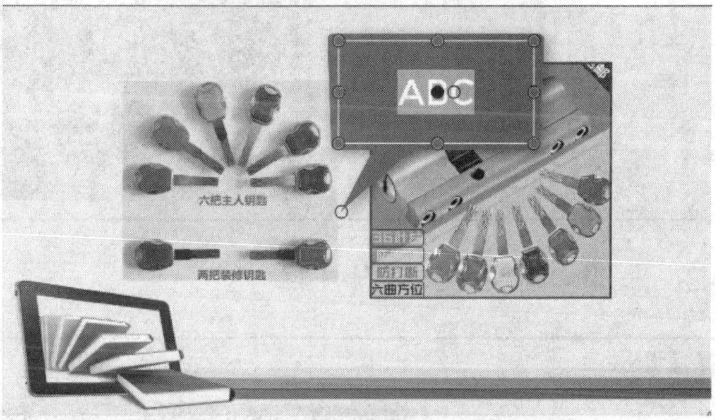

</td></tr>
<tr><td>打开“属性”→“视觉属性”，可以改变“不透明度”“旋转”和“位置”等。</td><td>
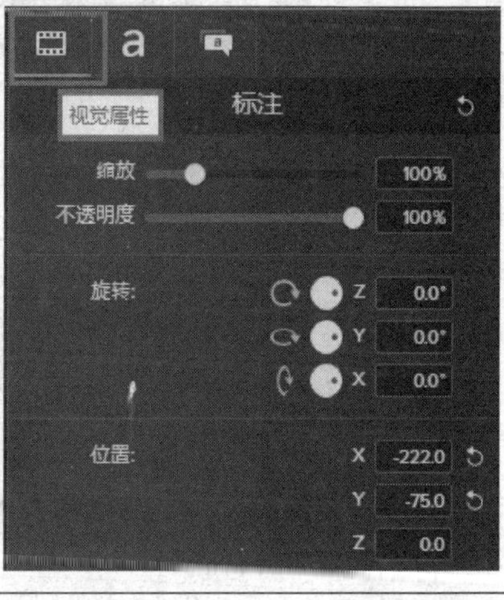

</td></tr>
</table>

续表

步骤或说明	截图
打开“属性”→“文本属性”，可以改变“字体”“颜色”和“大小”等。	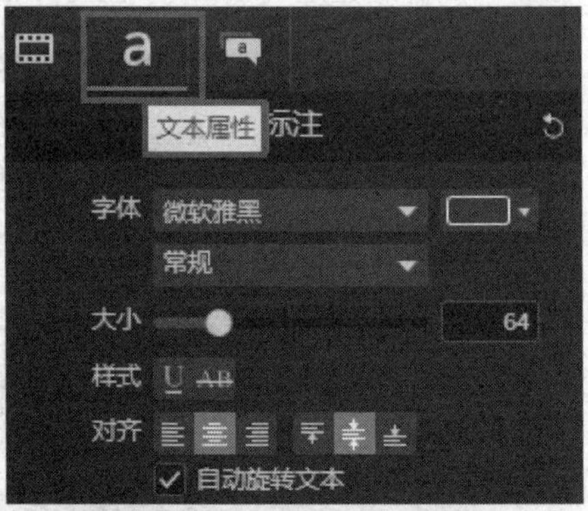
打开“属性”→“注释属性”，可以改变“形状”“填充”和“轮廓”等。	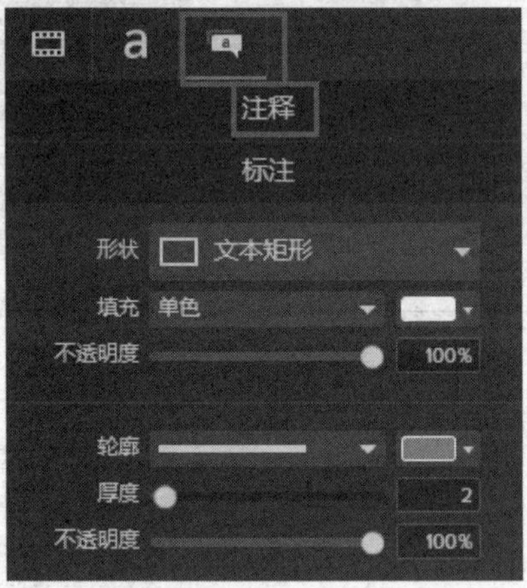

8.5.3 添加“箭头和线条”注释

步骤或说明	截图
注释二：箭头和线条。 添加方法类似，不再赘述。	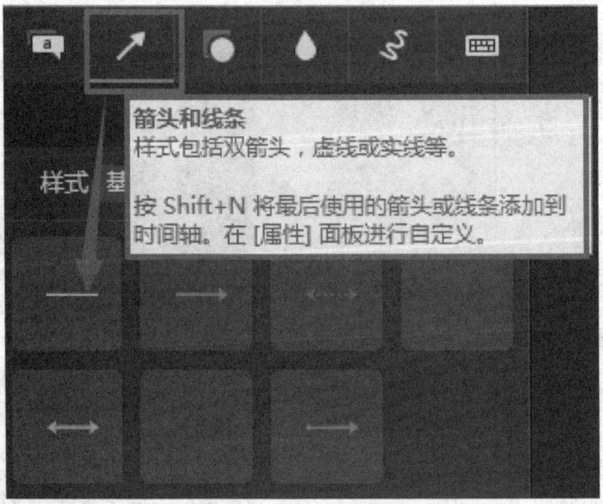

8.5.4　添加“形状”注释

<table>
<tr><th>步骤或说明</th><th>截图</th></tr>
<tr><td>注释三：形状。</td><td>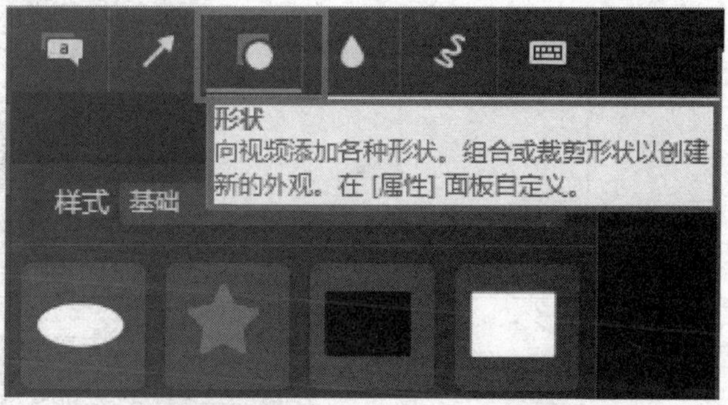
</td></tr>
</table>

8.5.5　添加“模糊或高亮”等特殊注释

<table>
<tr><th>步骤或说明</th><th>截图</th></tr>
<tr><td>注释四：模糊或高亮等。</td><td>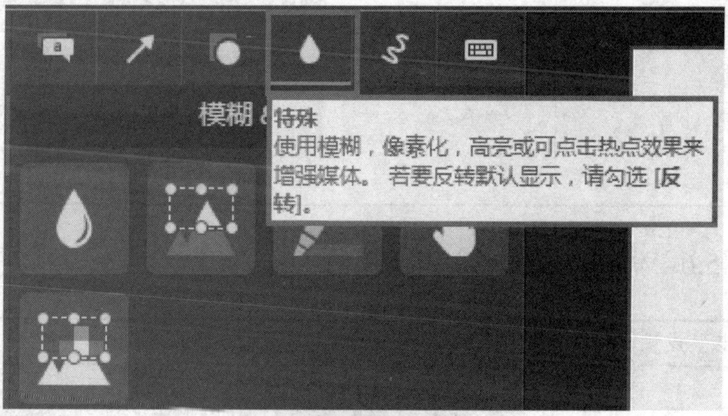
</td></tr>
<tr><td>双击“聚光灯”，添加聚光灯。</td><td>
</td></tr>
<tr><td>只显示重点区域，其余区域模糊显示。</td><td>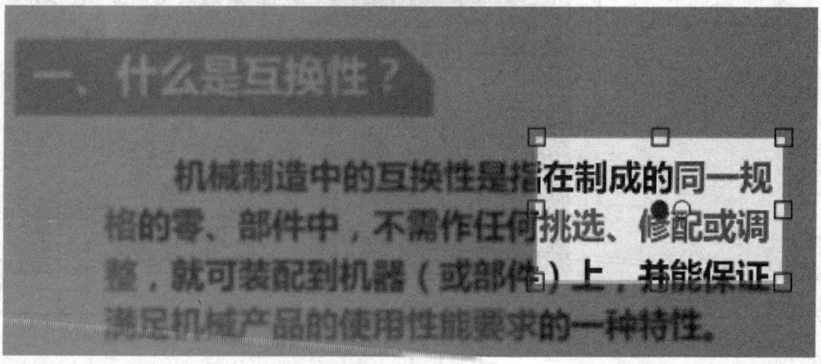
</td></tr>
</table>

续表

步骤或说明	截图
添加“模糊”。	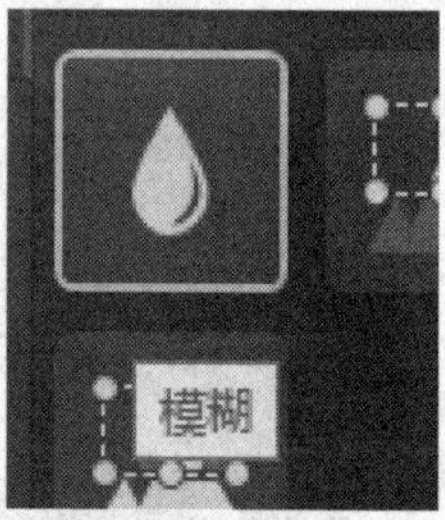
相当于打马赛克。	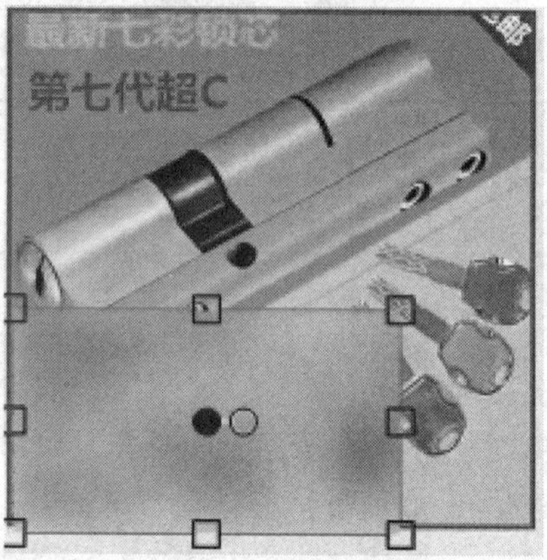

8.5.6 添加“动画绘制”注释

步骤或说明	截图
注释五：动画绘制。	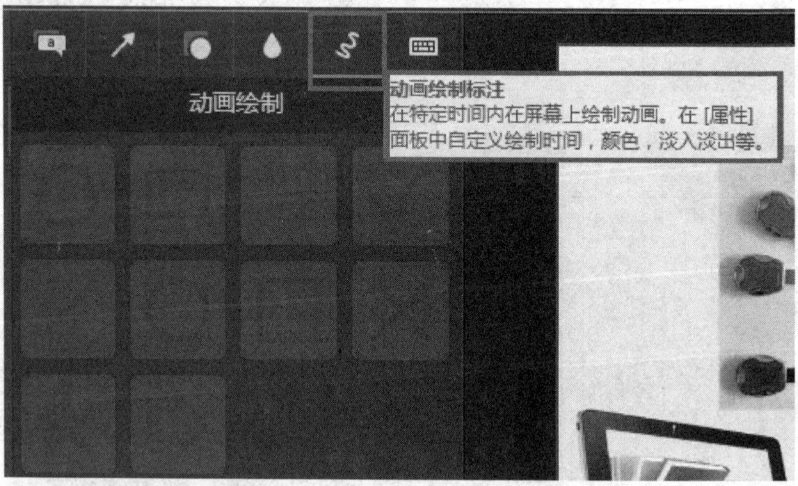

8.5.7 添加“按键”注释

步骤或说明	截图
注释六：按键。	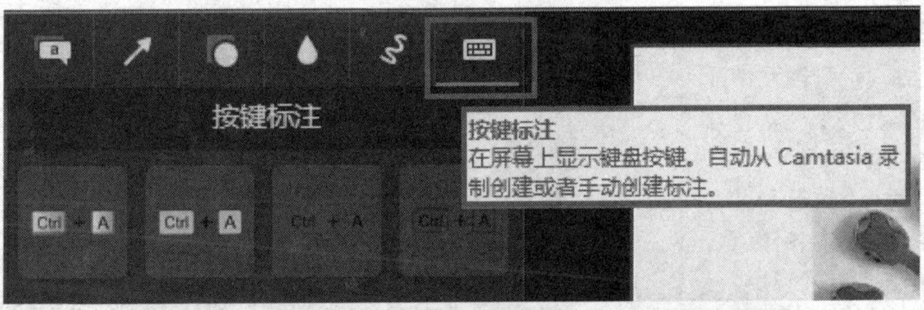
点击“属性”，按键即可改变数值。	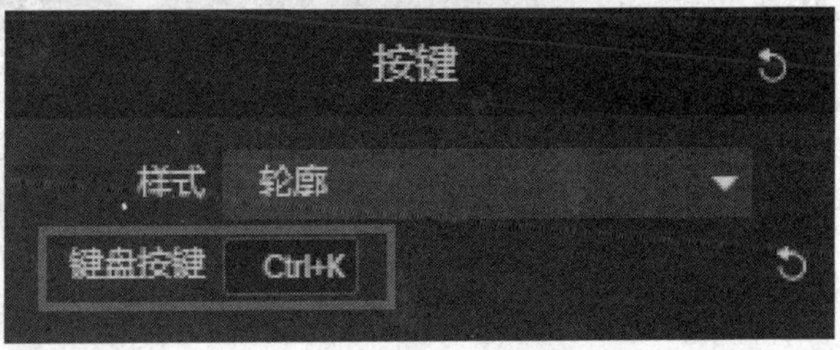

8.6 添加字幕

字幕是以文字形式显示于视频中的非影像内容，它是微课中传递信息的一种形式。

广义上说，在对视频进行后期编辑处理时添加的文字都可以称为字幕。这里介绍的字幕是指在视频画面下方添加的与画面内容同步的文字。

一般情况下，在微课中使用字幕，主要是以文字的形式来显示语音的内容，以求达到让学生更好地理解语言或画面所传递的信息。

在 Camtasia Studio 中，添加文字字幕有两种方法：使用标注文字添加字幕和使用字幕功能添加字幕。

步骤或说明	截图
（1）使用标注文字添加字幕。 首先播放视频，聆听声音，在需要添加字幕的起始位置停止播放。 其次，向视频添加文字标注，此时标注会添加到播放头所在的位置。	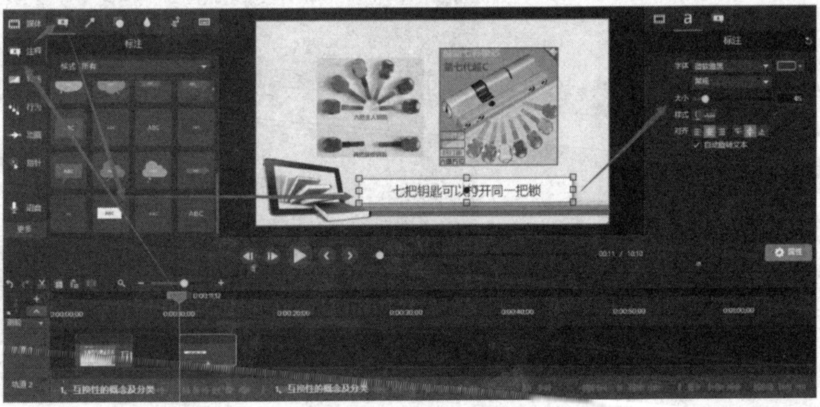

步骤或说明	截图
然后，对输入标注文字外观进行设置后继续播放视频，在朗读到文字的终止位置处时，再次停止视频播放。 最后，拖动标注文字片段的右侧边界，将文字延伸到播放头所在的位置，即完成了一段字幕文字的添加。 使用同样的方法依次添加其他的字幕，直到全部添加完成为止。	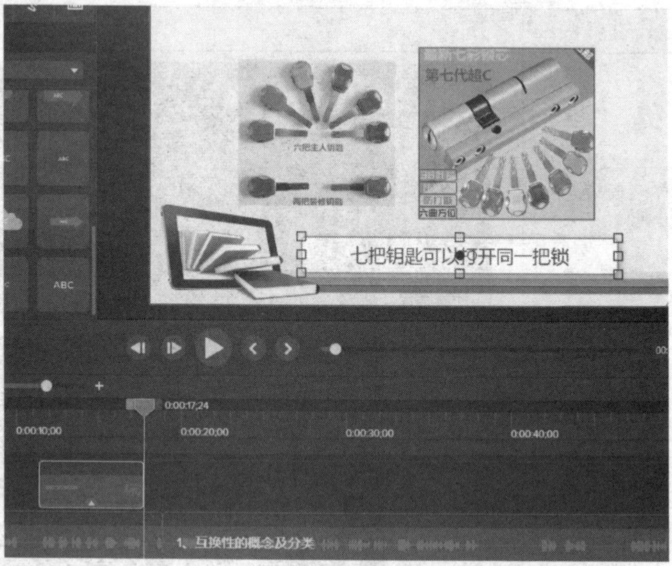
（2）使用字幕功能添加字幕。 首先，单击“更多”按钮，在打开的列表中选择“字幕”选项，打开“字幕”选项卡。	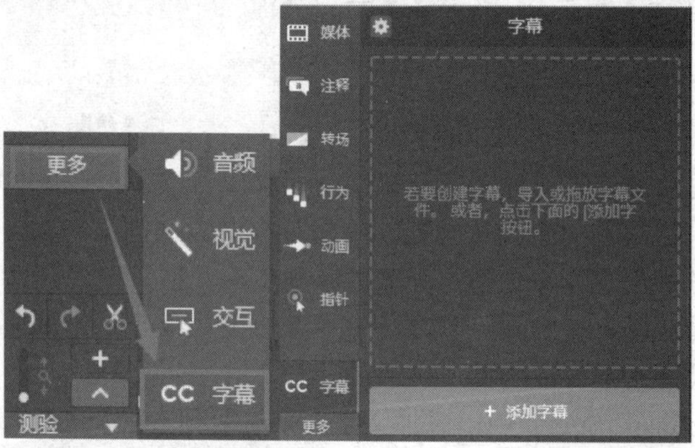
其次，将播放头放置到需要添加字幕的位置，单击“添加字幕”按钮，将在新的轨道中添加一个字幕片段。同时，在“字幕”选项卡中将显示该字幕的起始时间，在文本框中输入字幕文字。	

步骤或说明	截图
文字的样式、字体和大小等可以进行设置。 专家提示：在轨道上拖动字幕片段的右边界调整其长度，使字幕显示的时长与该段文字朗读的时长一致。	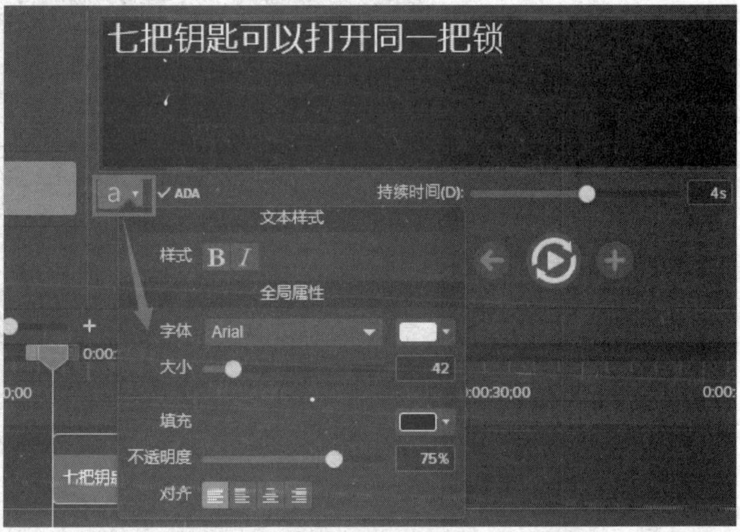
最后，将播放头放置到新字幕需要添加的位置，单击“添加字幕”按钮，即可继续下一段字幕的添加。	
专家提示：在轨道上右击字幕，选择快捷菜单中的“删除”即可删除该字幕。在选择字幕片段后，按“Delete”键也可以将字幕删除。	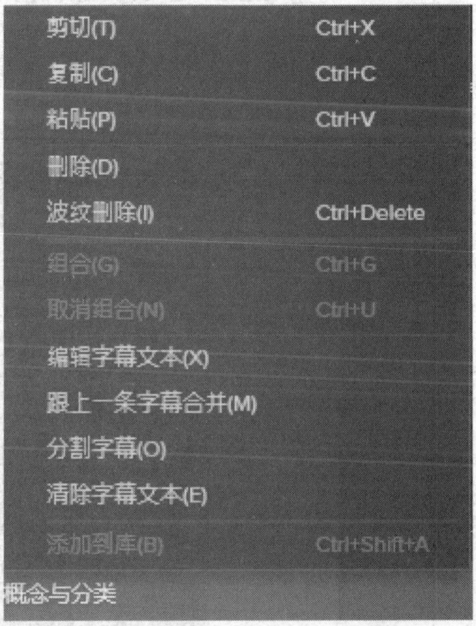
语音转字幕。点击“语音转字幕”。	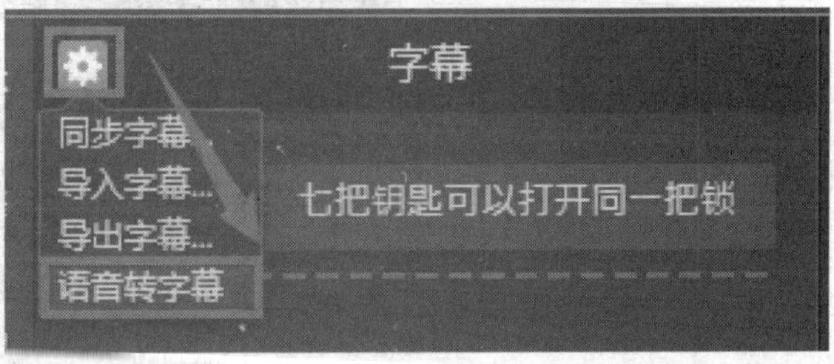

续表

<table>
<tr><th>步骤或说明</th><th>截图</th></tr>
<tr><td>弹出提示，根据需要点击。</td><td>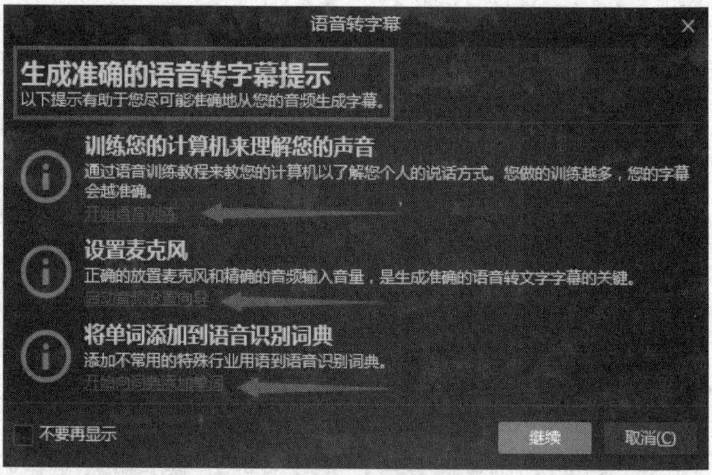
</td></tr>
<tr><td>点击“继续”→“开始”，将视频文件中的音频文件转换成字幕。</td><td>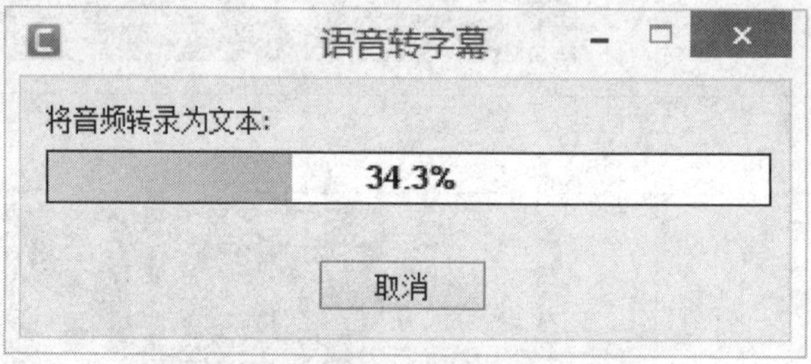
</td></tr>
<tr><td>转换成功后，自动添加到轨道上。
专家提示：由于演讲者的普通话不标准，文字内容可能需要修改，即错别字较多；时间长短与视频长短有关。</td><td>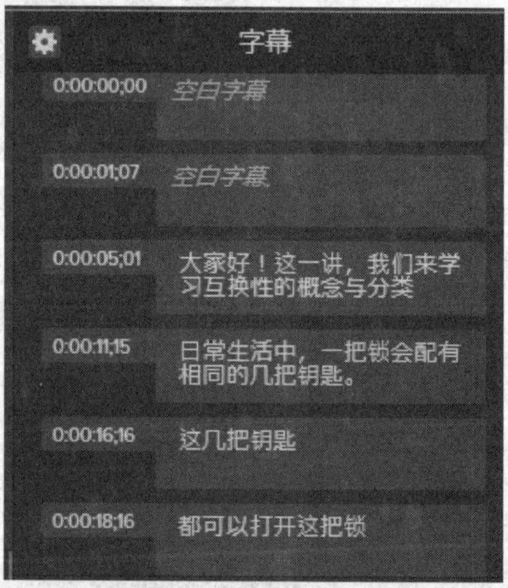
</td></tr>
<tr><td>右击可以选择“清除字幕文本”“跟上一条字幕合并”和“删除所有字幕”。</td><td>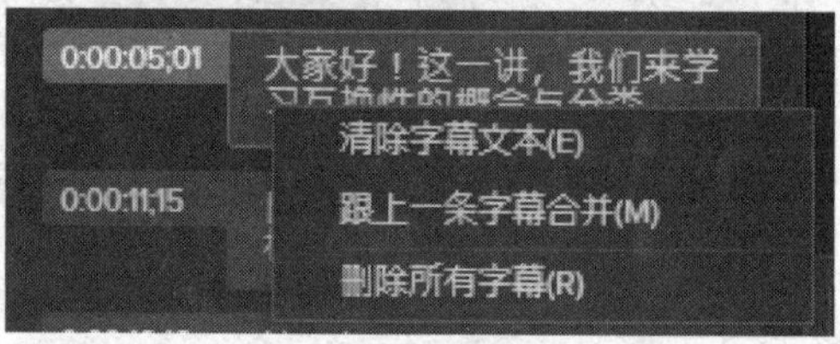
</td></tr>
</table>

<table>
<tr><th>步骤或说明</th><th>截图</th></tr>
<tr><td>选中字幕。可以修改字幕文字，包括改变字体、样式、大小、填充和不透明度等。</td><td>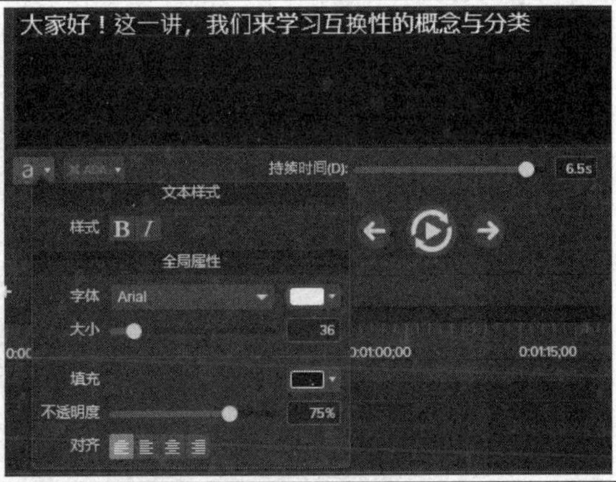
</td></tr>
<tr><td>选中字幕，点击中间的播放按钮，只播放和可编辑本条字幕。
点击“上一个字幕”，只播放和可编辑上一个字幕；点击“下一个字幕”，只播放和可编辑下一个字幕。
专家提示：此方法用于录好的语音视频非常方便，优点是不用对时间轴；缺点是需要修改错别字。</td><td>
</td></tr>
<tr><td>同步字幕。
点击“添加字幕”，将准备好的字幕文字粘贴到字幕中。</td><td>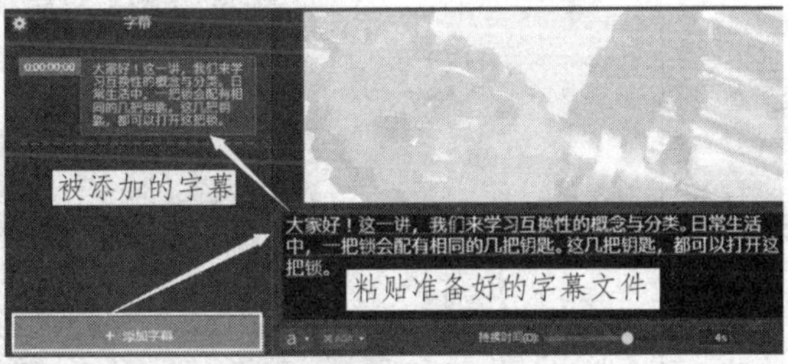
</td></tr>
<tr><td>点击“同步字幕”。</td><td>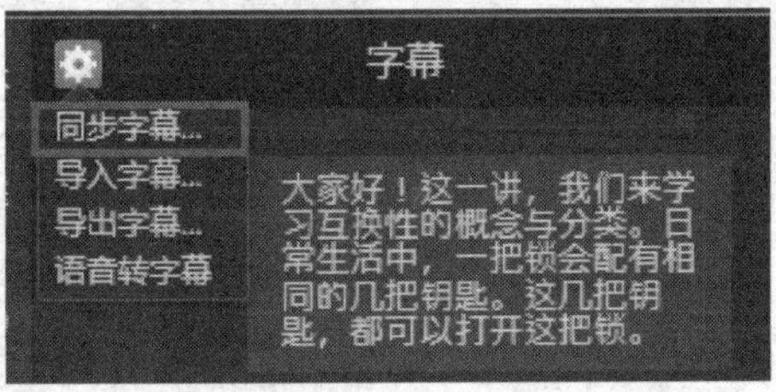
</td></tr>
</table>

步骤或说明	截图
弹出“如何同步字幕”提示。 点击“继续”。	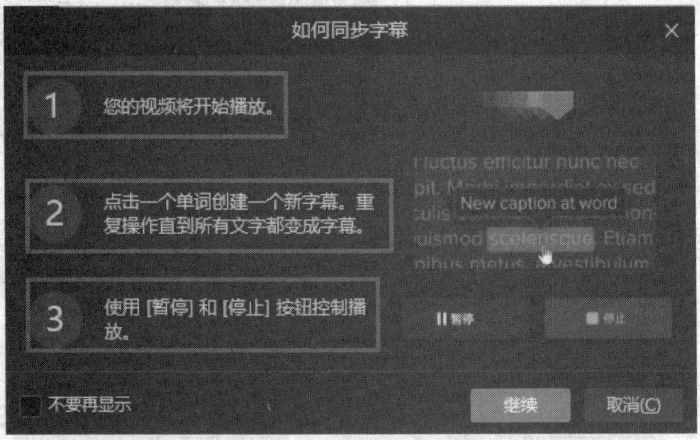
弹出“字幕和音频同步”的两个选项。 根据需要点击其中一个。	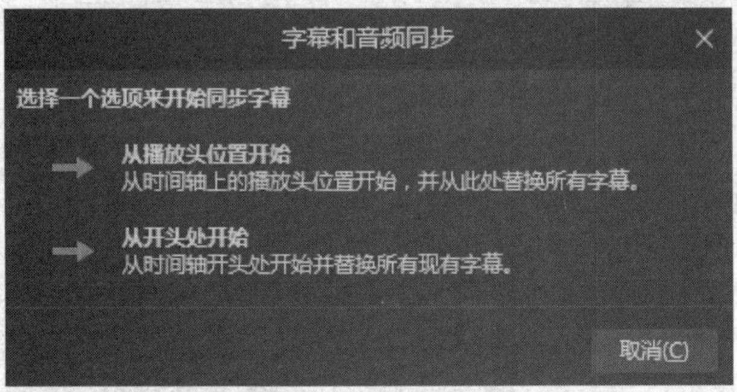
视频开始播放，把鼠标放置到字幕的第一个字“大”上。当播放到该段字幕开始的位置时，单击这个“大”字。轨道上的字幕片段将会自动移到当前播放头所在的位置。 视频继续播放，当播放到这一段的末尾时，单击下一段的第一个字符“这”，字幕将在这里被断开，这样就得到了第一段与声音同步的字幕。以此类推，逐一添加字幕。	
添加的结果。 专家提示：此法添加的字幕，一般不需要修改错别字，但是可能需要修正时间轴。	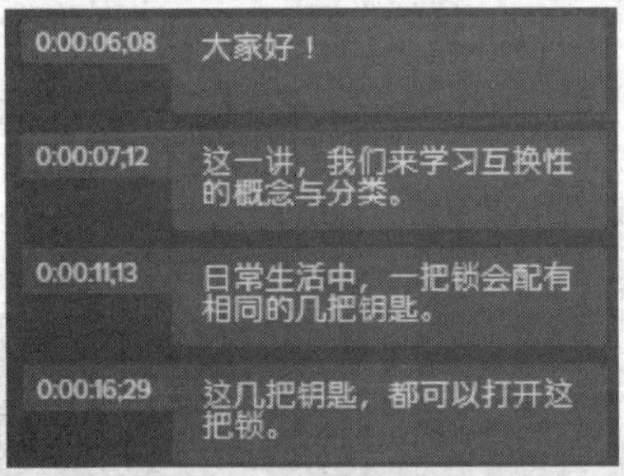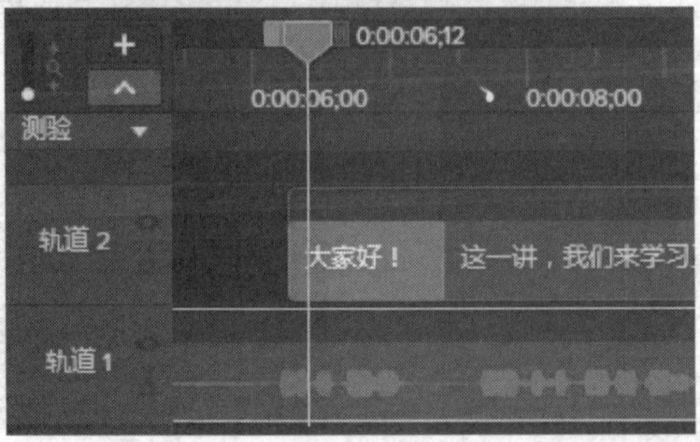

续表

步骤或说明	截图
点击“暂停”，可以暂停播放；点击“恢复”，就继续播放；点击“停止”，既停止视频播放，又结束字幕的添加和同步。	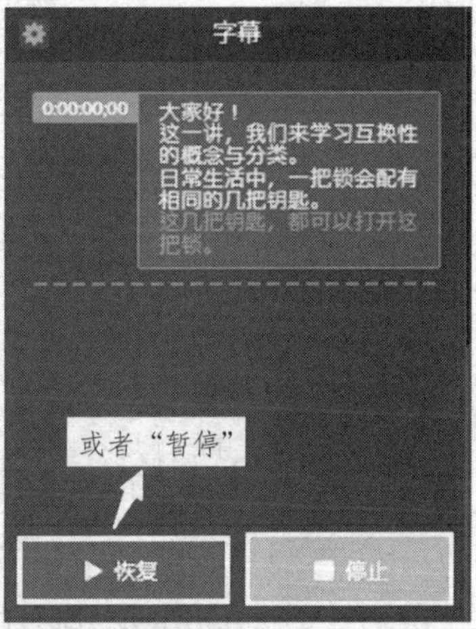
可以点击“上一帧”或者“下一帧”来调整时间轴，使视频与字幕对齐。	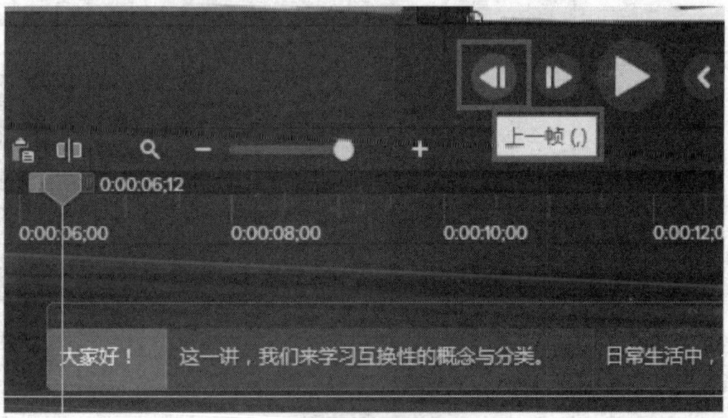
导出字幕。点击“导出字幕”。	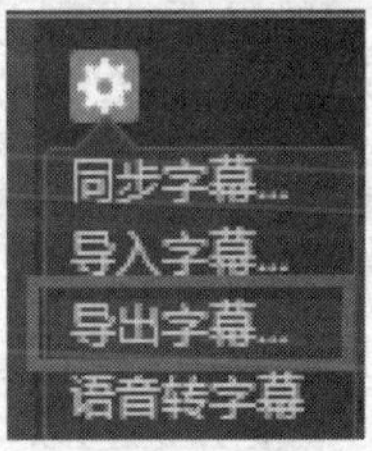
选择保存位置“桌面”，输入“互换性绪论字幕”，点击保存。 专家提示：“.srt”文件是一个文本文件。	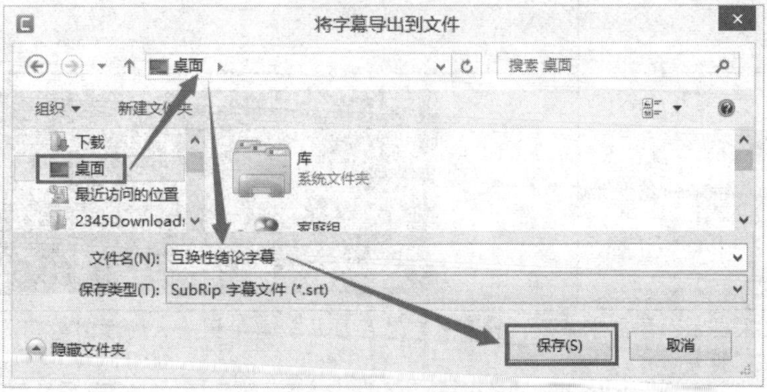

步骤或说明	截图
用记事本打开导出的字幕文件。可以看到，该文件包含了字幕的有关信息	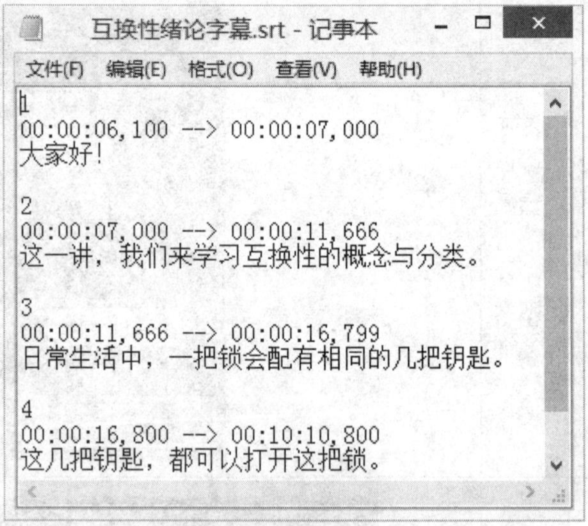
导入字幕。点击“导入字幕”。	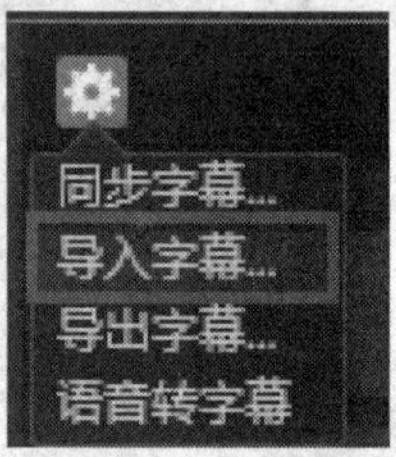
点击“桌面”，找到字幕文件，点击字幕文件，点击“打开”。	
导入字幕的结果。	
专家提示：导出字幕后，就可将字幕片段从轨道上删除，将项目输出为视频文件，播放视频文件时，再载入字幕。	

<table>
<tr><th>步骤或说明</th><th>截图</th></tr>
<tr><td>用 QQ 影音播放，视频不带字幕。</td><td>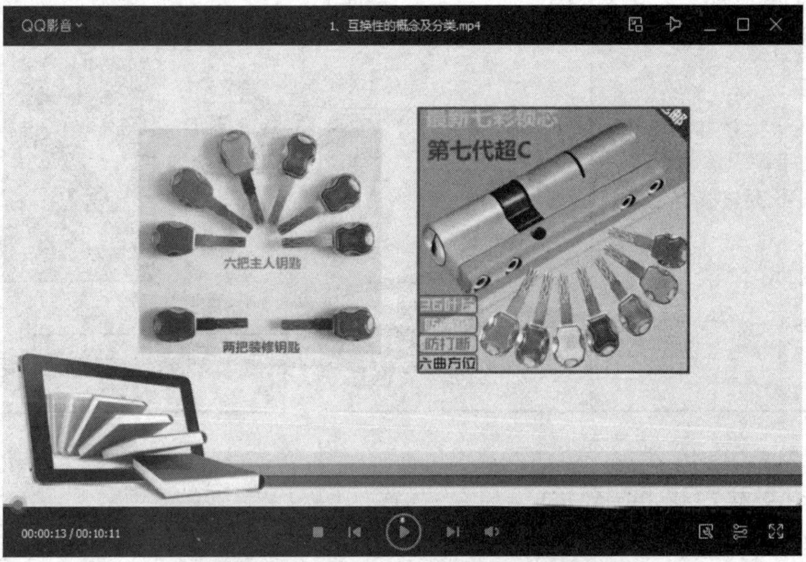
</td></tr>
<tr><td>点击“效果设置”→“载入字幕”→“载入”。</td><td>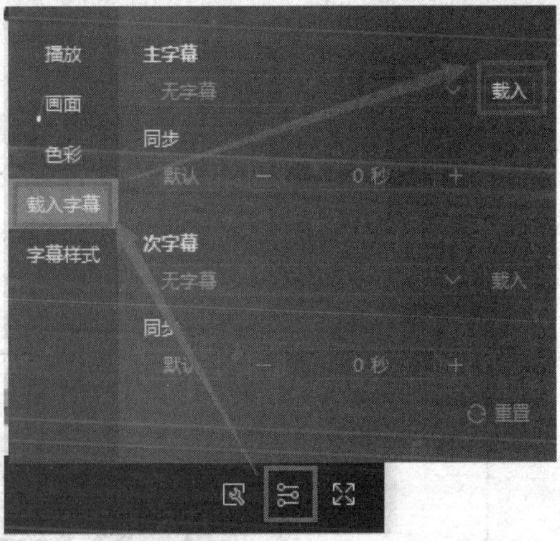
</td></tr>
<tr><td>找到导出的字幕文件，点击“打开”。</td><td>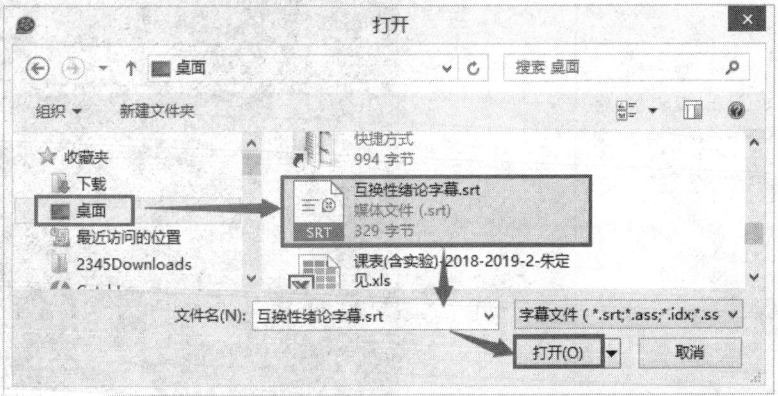
</td></tr>
</table>

步骤或说明	截图
视频中带有字幕。	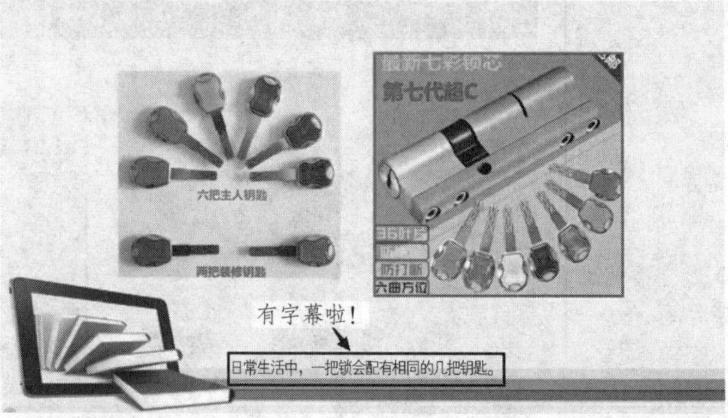

8.7 添加旁白

旁白指的是在编辑器中添加到项目中的语音。

编辑器具有录音功能，将录制的声音放置到轨道上，成为项目的一部分就是所谓的添加旁白。

录课时，边操作边讲解虽然符合教师平时上课的习惯，但是容易造成录课者手忙脚乱，出现一些语言上的错误。一出现错误就从头录制显然是不现实的，此时可以暂时忽视讲解中的错误，等录制完成后将出错的语音删除，利用 Camtasia Studio 编辑的旁白功能重新添加正确的讲解就可以了。

利用该功能添加一些语音提示，也是旁白的一种应用方式。

步骤或说明	截图
录制旁白。点击“语音”→“自动调整”。	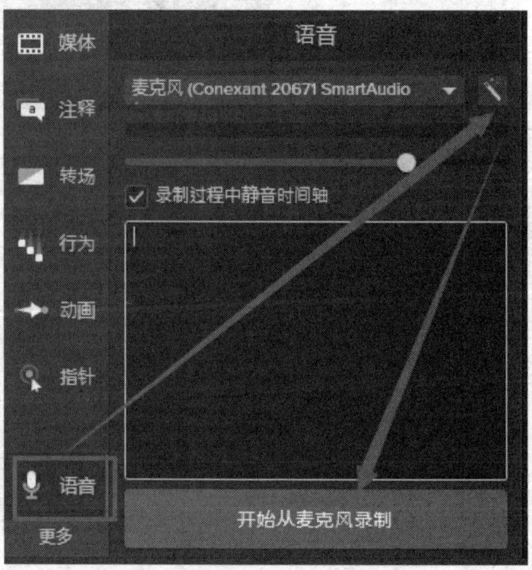

步骤或说明	截图
专家提示：录制旁白前，需要提前做好以下工作。 （1）如果项目中的视频和音频没有分离，应右击视频片段，选择快捷菜单中的“分离视频和音频”将它们分离。 （2）将播放头分别放置到需要修改的音频片段的起点和终点位置，并单击“分割”按钮分割音频。 （3）选中需要修改的音频片段，按“Delete”键将其删除。 （4）将播放头放置到需要插入旁白的位置。	
点击“开始从麦克风录制”。此时即可开始旁白的录制，播放头将顺着时间轴移动。	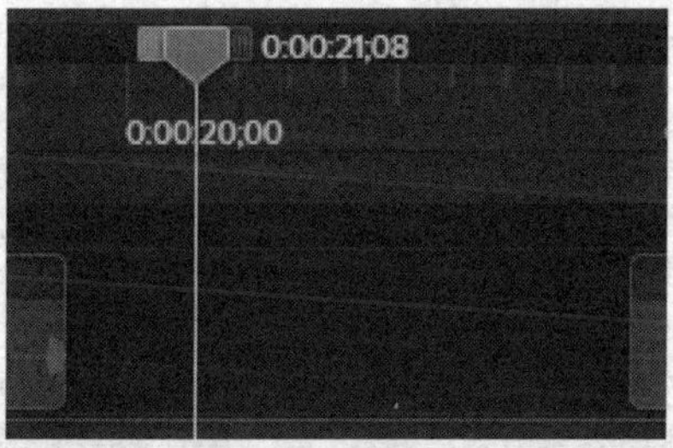
“开始从麦克风录制”按钮变为三部分：“取消”“显示时间”和“停止”按钮。	
单击“停止”按钮，将打开“将旁白另存”为对话框。设置好旁白文件保存的文件夹和文件名，单击“保存”按钮即可保存旁白。	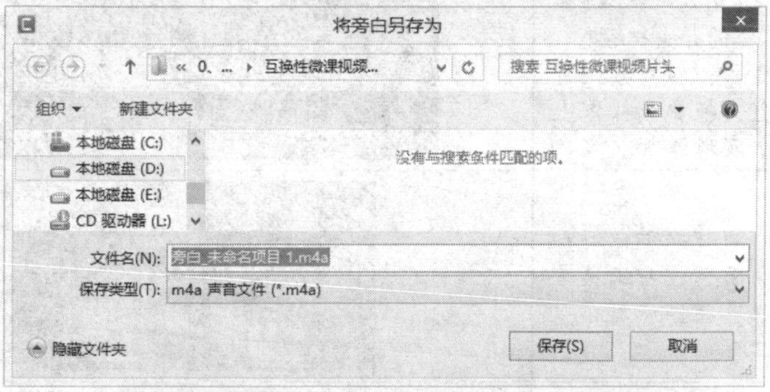
同时声音片段将被放置到一个新的轨道中。	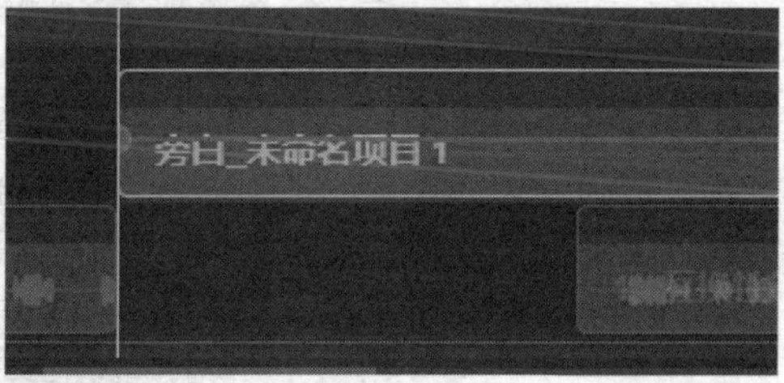
专家提示：放入轨道后，还需要做以下工作。 （1）根据需要对声音音量进行调整、降噪等。 （2）对旁白进行修剪。 （3）将调整、修剪后的旁白自然地插入到原来的声音中。	

8.8 添加转场效果

所谓转场，就是从一个场景转换到另一个场景。在转场时出现的动画效果就是转场效果。

添加转场效果的目的就是让场景过渡的时候产生某种特殊的视觉效果，使视频切换显得美观、流畅和自然。

事实上，转场效果也是一种动画形式，它决定了在放映过程中，一个场景放映完后，以何种方式进入下一个场景。

转场效果既可以添加在视频的开头、结尾，也可以添加在两段视频的结合处。还可以添加在图片的开头、结尾、两图片的结合处。

步骤或说明	截图
点击图片或者视频。	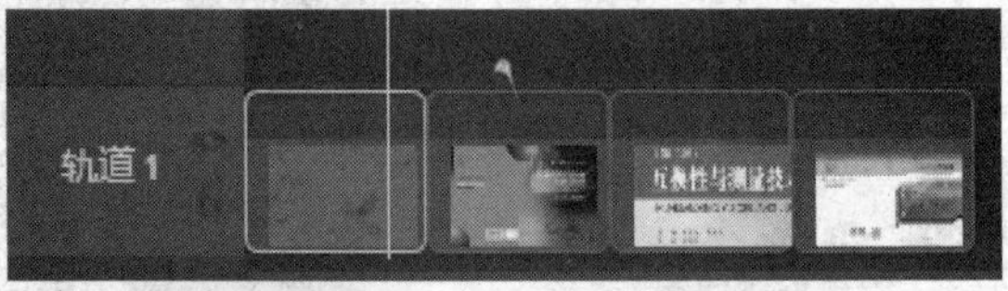
点击“转场”，右击某一种转场效果，此例是“褪色”，点击“添加到所选媒体”。 专家提示：鼠标停留在某转场效果上，即可预览效果。	
“褪色”转场效果被添加到了所选媒体的开头和结尾。 专家提示：转场效果可以通过直接拖拽到媒体上的方式，实现添加。	
选中“转场效果”后，它显示为黄色，右键菜单中可以删除转场效果。	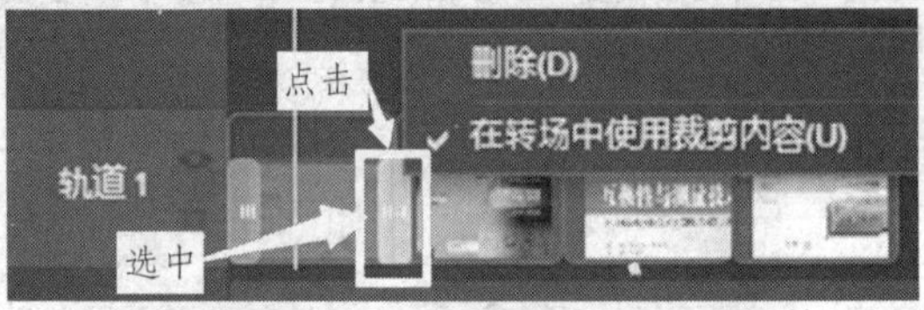
通过“属性”，还可以将“褪色”改成其他的转场效果，比如“对象”里面的“立方体旋转”。	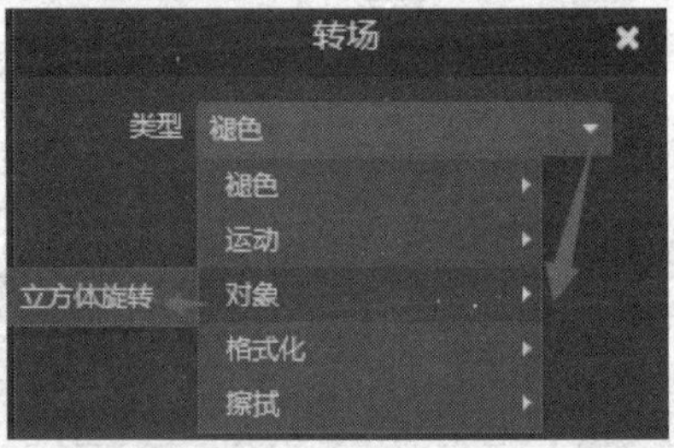
专家提示：按住“Shift”键后，可以同时选择多个媒体；在“转场”选项卡中，“右击”某个转场效果选项，选择快捷菜单中的“添加到所选媒体”命令。转场效果将会添加到所有被选择的媒体片段的开始和结尾。	
显示转场效果的有关信息。将鼠标放置到转场效果标记上，将显示有关的信息。 专家提示：包括转场效果的名称、开始时间和持续时间等。	

步骤或说明	截图
用鼠标拖动转场效果标记的边界，可以改变转场标记的长度。 专家提示：长度的改变意味着动画效果的持续时间发生改变。	
选择“编辑”→“首选项”，打开“首选项”对话框。再点击“时间”，修改“转场”的值即可改变转场效果的默认持续时间。 专家提示：转场效果的持续时间默认为 1 s，在很多时候这个时长并不合理。修改转场效果的默认持续时间，可以应用到之后每次添加的转场效果。	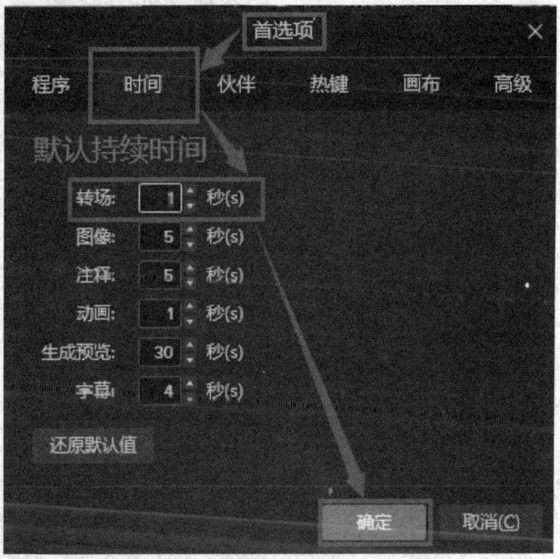

8.9 添加动画效果

镜头的摇移和变焦是影视作品中常用的拍摄技法。镜头摇移的拍摄，会获得画面移动的效果，即平移；而变焦的拍摄将获得拍摄对象放大和缩小的效果，即缩放。

步骤或说明	截图
Camtasia Studio 的动画包括“缩放和平移”与“动画”两部分。	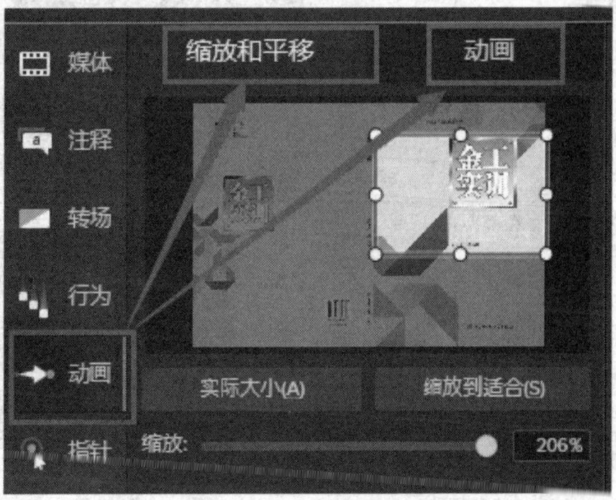

步骤或说明	截图
画面缩放。找到需要添加缩放效果的位置，将播放头放置到该位置。	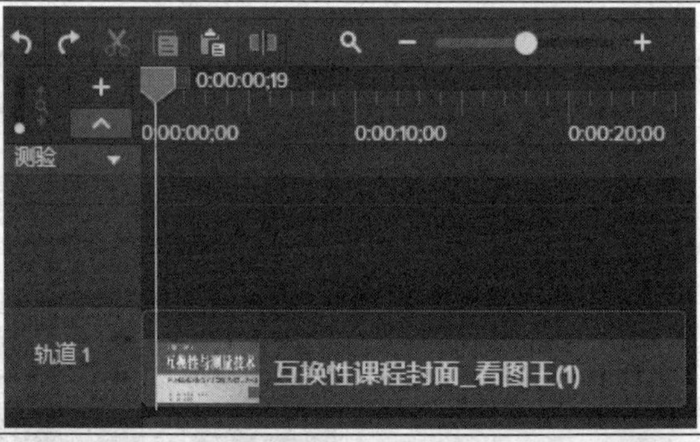
打开“动画”→“缩放和平移”。画面被一个带有 8 个控制柄的矩形框框住。使用鼠标拖动控制柄能够调整矩形框的大小，按住鼠标移动矩形框可以调整其位置。	
放大画面。将矩形框缩小并使其框住需放大的画面。 专家提示：矩形框内的区域正常显示，而其外部的区域将呈灰色半透明显示，拖动“缩放”滑块可以改变比例。	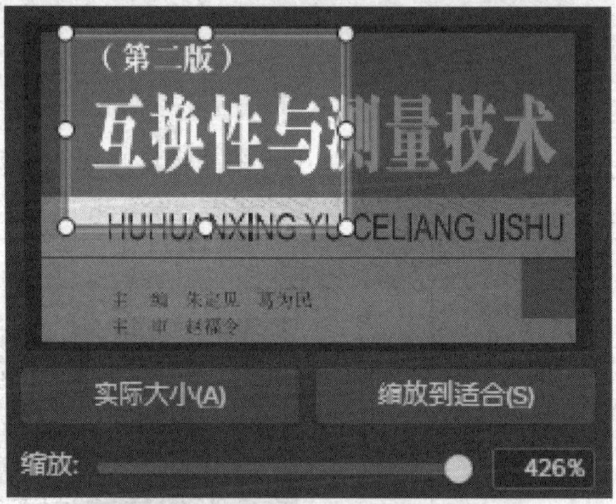
此时，播放头所在的位置将会添加一个“缩放”动画标记。 专家提示：当视频播放到“缩放”动画标记时，选择的区域将逐渐放大并占满整个画面。	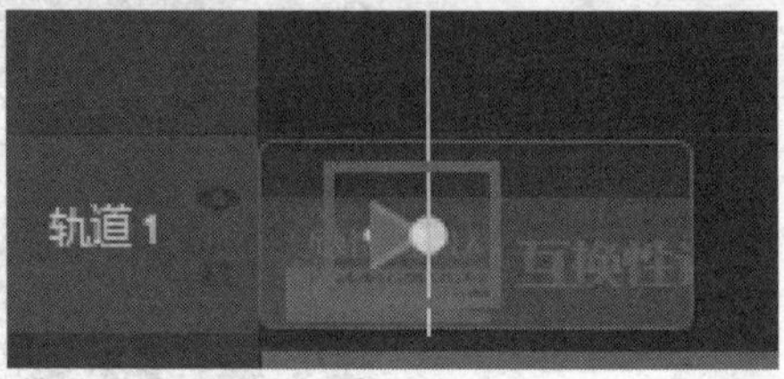

<table>
<tr><th>步骤或说明</th><th>截图</th></tr>
<tr><td>缩小画面。将播放头放置到需要的位置，调整矩形框的大小，使其框选更多的内容。</td><td>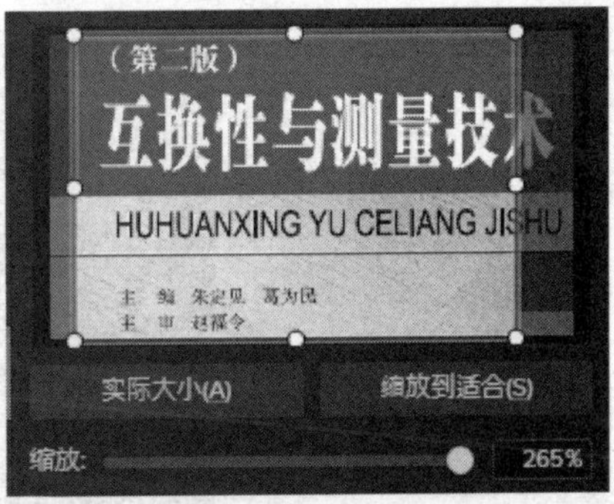
</td></tr>
<tr><td>满屏显示。单击“缩放到适合”按钮，将恢复为满屏显示。</td><td>
</td></tr>
<tr><td>原始画面大小。点击“实际大小”按钮，视频画面的大小将变为原始画面大小。如果画面已经放大过，那么在缩小为原始画面后，视频画面会放置到屏幕的正中心。</td><td>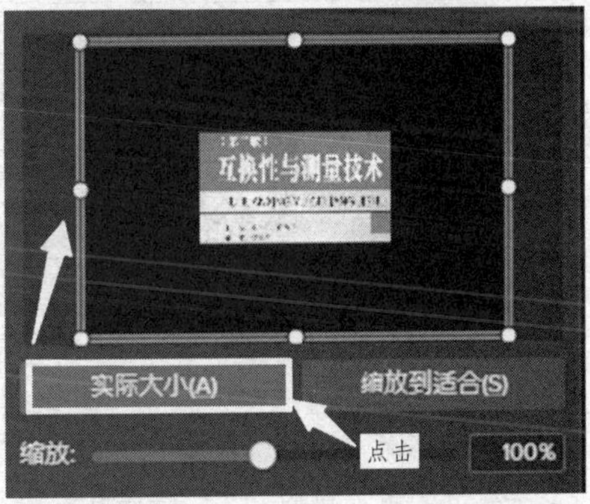
</td></tr>
<tr><td colspan="2">移动画面。所谓移动画面，就是让视频中的某个区域从屏幕的一个位置移动到另一个位置。Camtasia Studio 可以实现画面的直线移动动画效果，在移动的过程中还可以实现画面的缩放。</td></tr>
<tr><td>移动画面。首先在视频的左上方添加一个“缩放”效果。
其次，将播放头放置到需要添加第二个“缩放”效果的位置。</td><td>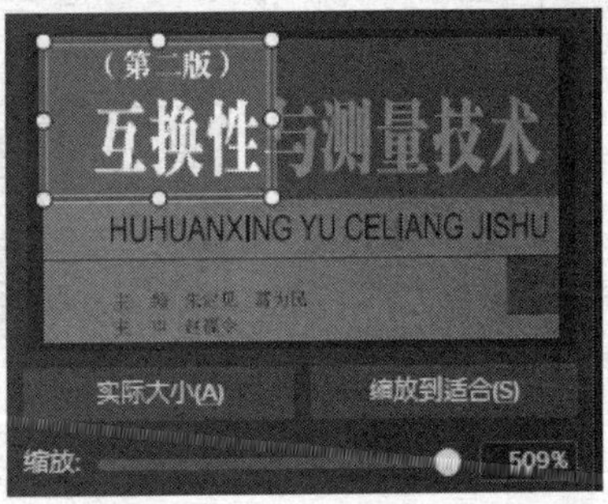
</td></tr>
</table>

<table>
<tr><th>步骤或说明</th><th>截图</th></tr>
<tr><td>最后，移动矩形框到右上方。
播放视频时，第一个“缩放”是放大画面，第二个“缩放”就是“平移”。此例是镜头从左上方平移到右上方。
专家提示：如果想实现其他的平移方式，可以参照此例进行设置。</td><td>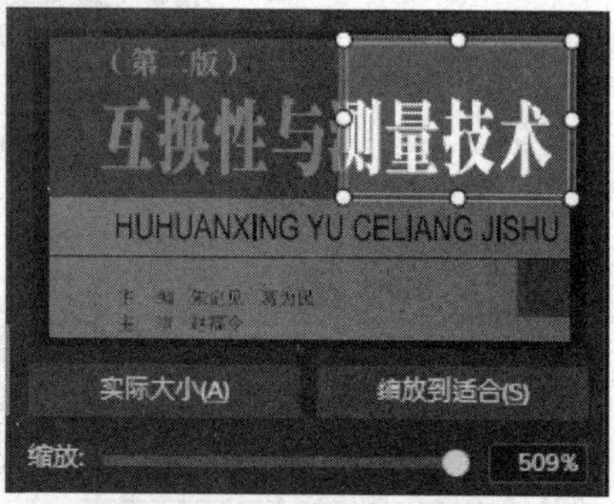
</td></tr>
<tr><td>平移并放大画面。如上例一样设置两个“缩放”。在设置第二个“缩放”的时候，可以在将矩形框放置到需要的位置后，将矩形框缩小。</td><td>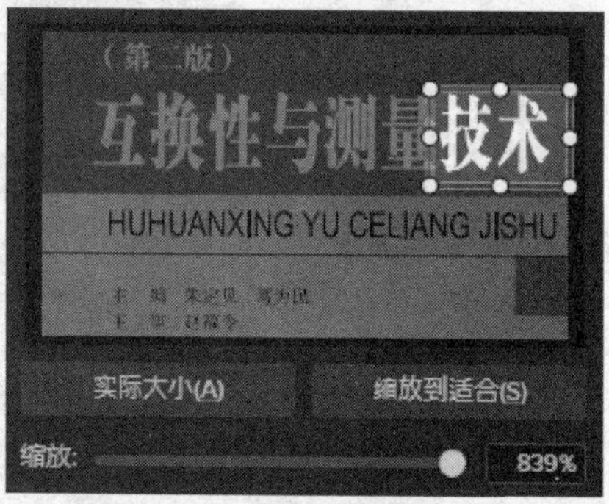
</td></tr>
<tr><td>设置缩放时间。
单击“缩放”标记。
将鼠标指针放置到标记点上，拖动鼠标，拉长“缩放”标记，动画的持续时间将增长，反之则缩短。</td><td>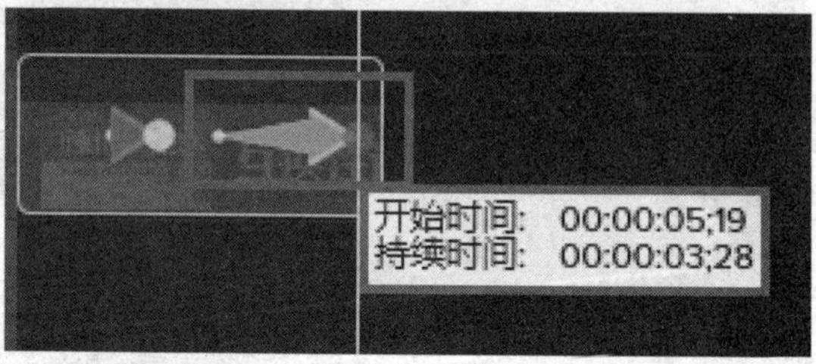
</td></tr>
<tr><td colspan="2">专家提示：单击“缩放”标记，标记的颜色变为黄色，此时就可以对缩放效果进行设置了。“缩放”标记的起点是一个较小的白色标记点，终点是一个较大的红色标记点。当将鼠标指针放置到这两个标记点上时，鼠标指针变为双箭头指针，此时拖动鼠标可以改变“缩放”标记的长度。
在拖移的过程中，会显示“开始时间”和“持续时间”，以便于在操作时掌握动画的持续时长。</td></tr>
<tr><td>设置缩放比例和位置。
选择需要进行调整的“缩放”标记，双击其右侧的标记点。
专家提示：如果对添加的“缩放”效果不满意，可通过“属性”对缩放的大小和位置进行再调整。</td><td>
</td></tr>
</table>

续表

<table>
<tr><th>步骤或说明</th><th>截图</th></tr>
<tr><td>在打开的“属性”选项卡中拖动“缩放”滑块或直接输入数值可以调整缩放比。
专家提示：缩放比例调整后，有可能会出现图像不在屏幕中心的情况，此时就需要调整画面的位置。
在“位置”栏中修改X和Y的值，即可改变位置。推荐在“视频预览”窗口中直接拖动画面，将其放置到需要的位置。</td><td>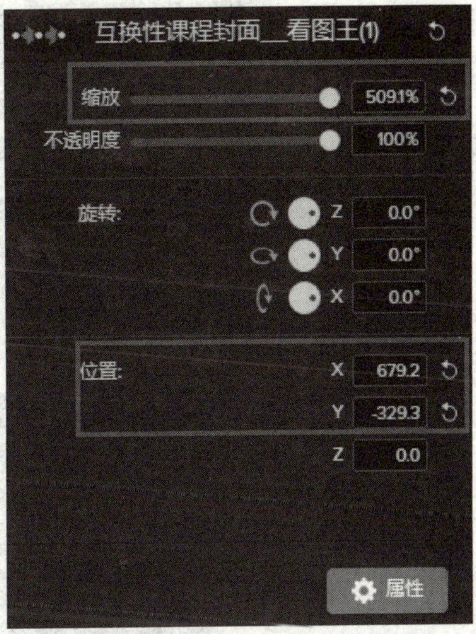
</td></tr>
<tr><td colspan="2">效果的复制和粘贴。完成一个缩放效果的设置后，可以利用复制和粘贴的方法，使其应用到其他位置。复制和粘贴的方法与 WORD 文档类似。</td></tr>
<tr><td>动画效果的添加。点击“动画”，选择某一种效果，采用与上述添加“缩放和平移”相同的方法，即可添加动画效果。</td><td>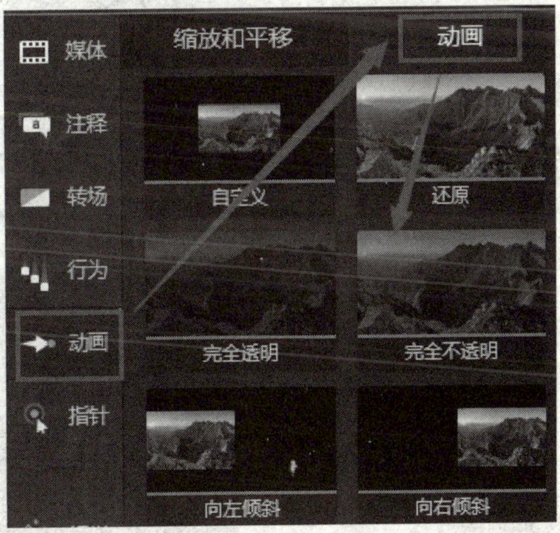
</td></tr>
<tr><td colspan="2">放置在轨道上的“图片”“标注”以及“视频”都可以看作是单独的对象，Camtasia Studio 能对这些对象的属性进行调整。对象的属性包括对象的“大小”“透明度”“位置”“旋转角度”“阴影”以及“边框”等。通过对上述属性进行设置，既可以改变对象的外观，又可以创建一些动画效果。
“缩放”动画效果。
缩放动画，是缩小和放大对象的尺寸。Camtasia Studio 允许对轨道上的对象进行缩放操作，同时以动画的形式展示对象变大或缩小的过程。
下面介绍一个实例：在视频中，前一个对象将缩小至消失，后一个对象由消失放大到满屏。</td></tr>
</table>

<table>
<tr><th>步骤或说明</th><th>截图</th></tr>
<tr><td>轨道上添加了两个独立的对象。播放头放在前面对象的结尾处，点击前面的对象。</td><td>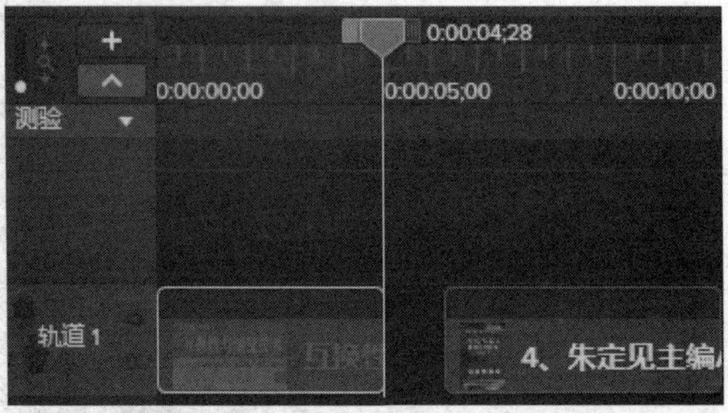
</td></tr>
<tr><td>点击“动画”→“动画”，在“按比例缩小”上方右击，点击“添加到所选媒体”。</td><td>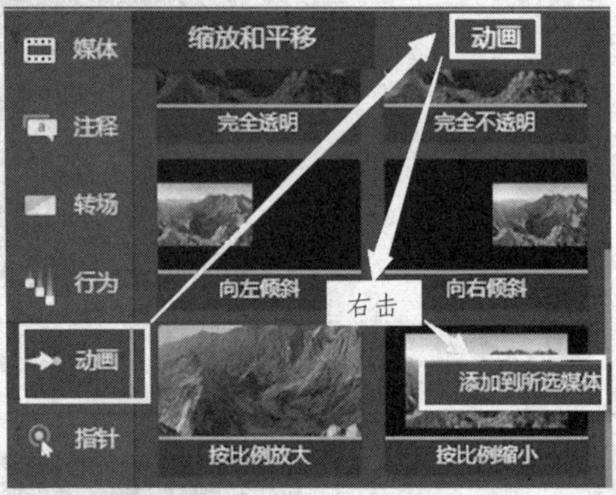
</td></tr>
<tr><td>添加成功。</td><td>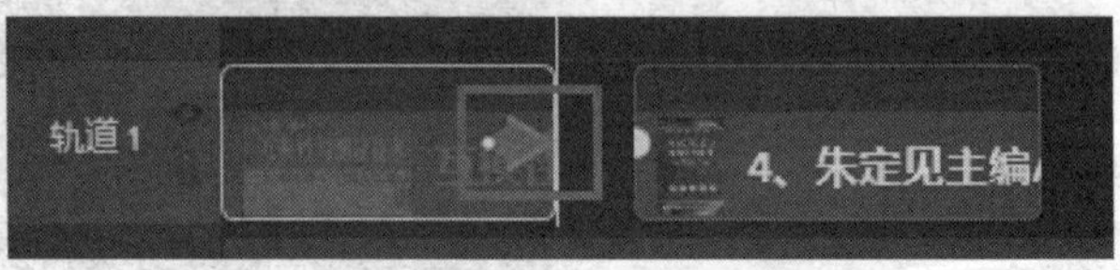
</td></tr>
<tr><td>将缩放滑块滑到最小。</td><td>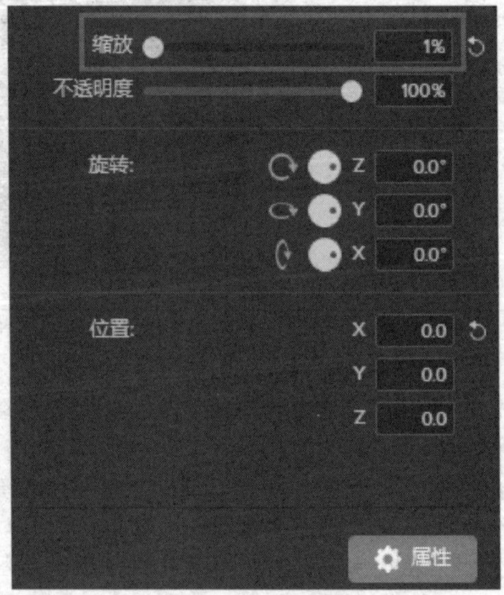
</td></tr>
</table>

<table>
<tr><th>步骤或说明</th><th>截图</th></tr>
<tr><td>播放头放在后面对象的开始处，点击后面的对象。</td><td>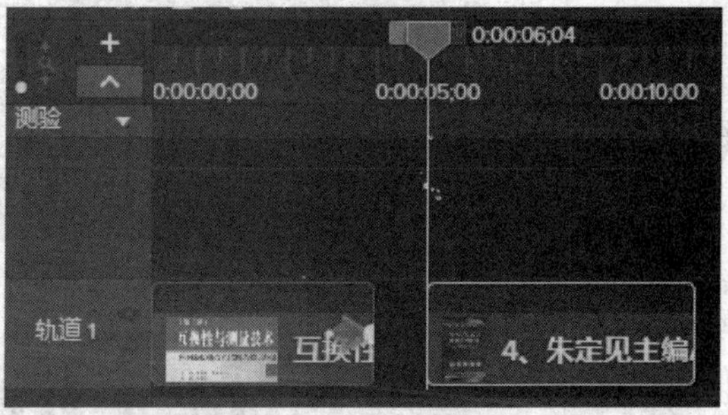
</td></tr>
<tr><td>点击“动画”→“动画”，在“按比例放大”上方右击，点击“添加到所选媒体”。</td><td>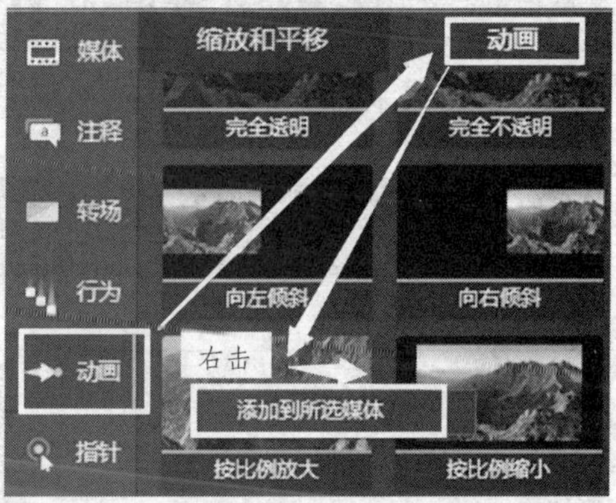
</td></tr>
<tr><td>成功被添加。</td><td>
</td></tr>
<tr><td>将缩放滑块滑到最小。</td><td>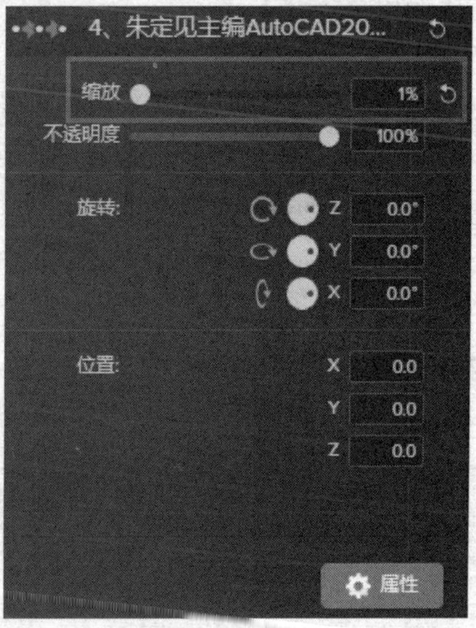
</td></tr>
</table>

步骤或说明	截图
改变缩放时间，将两对象放到一起，即可。	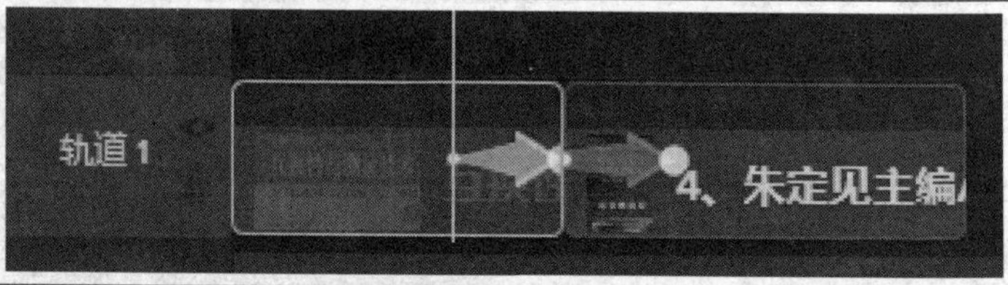
添加“旋转”动画效果。在 Camtasia Studio 中，X 轴和 Y 轴在屏幕所在的平面内，Z 轴垂直于 X 轴和 Y 轴所在的平面。在“属性”选项卡中，调整“旋转”栏中 Z、Y 和 X 值，将使对象分别绕 Z 轴、Y 轴和 X 轴旋转相应的角度。 专家提示：转动小圆点可以改变角度。	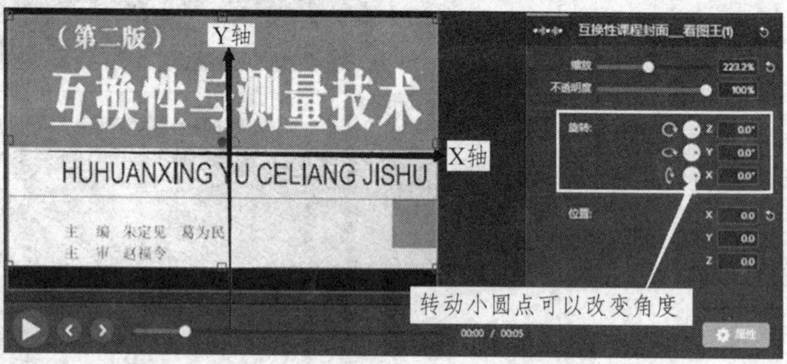
将对象绕 Z 轴旋转 45°后的效果。	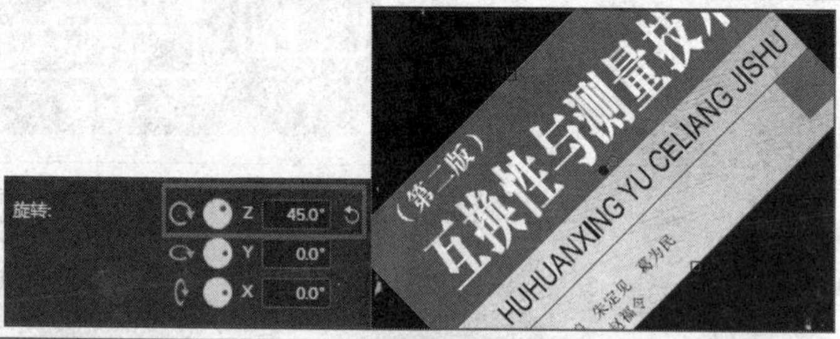
将对象绕 Y 轴旋转 45°后的效果。	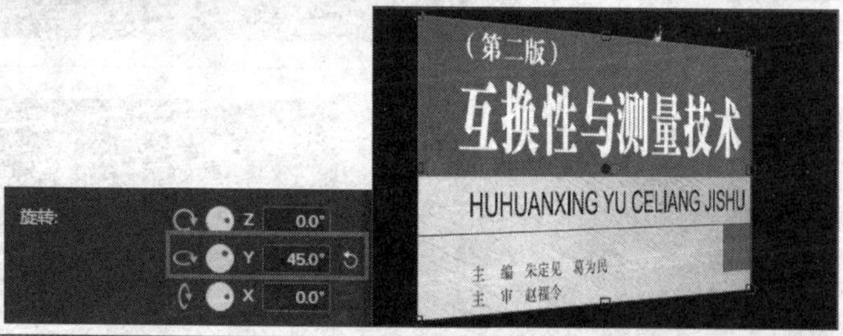
将对象绕 X 轴旋转 45°后的效果。	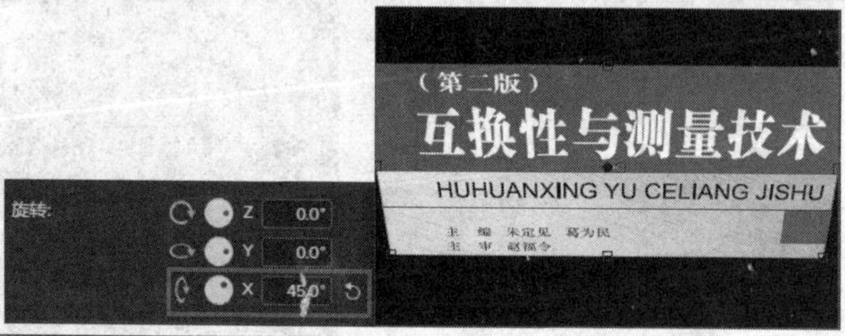
专家提示：这里输入的角度值可以是正数也可以是负数。输入正数时，对象将绕着轴逆时针旋转，输入负值时对象将绕着轴顺时针旋转。 下面接着制作前一个画面旋转飞出，后一个画面旋转飞入的动画效果。	

步骤或说明	截图
点击前面对象的动画标记的终点，使其被选中，多为红色。	
在“属性”选项卡的Z微调框中输入数值“720”。 专家提示：在播放这个对象时，画面将会在缩小消失的同时，逆时针旋转两周。	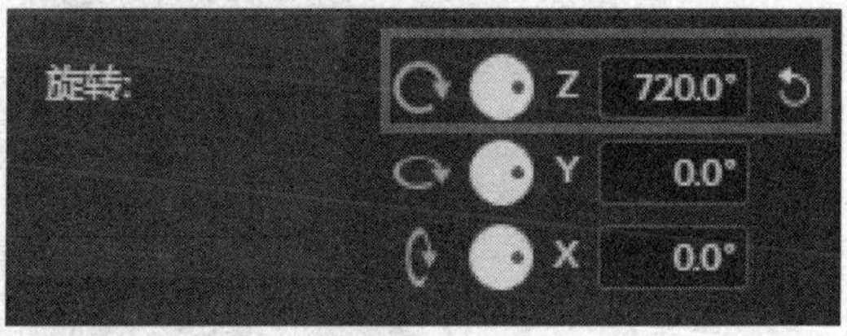
点击后面对象的动画标记的终点。	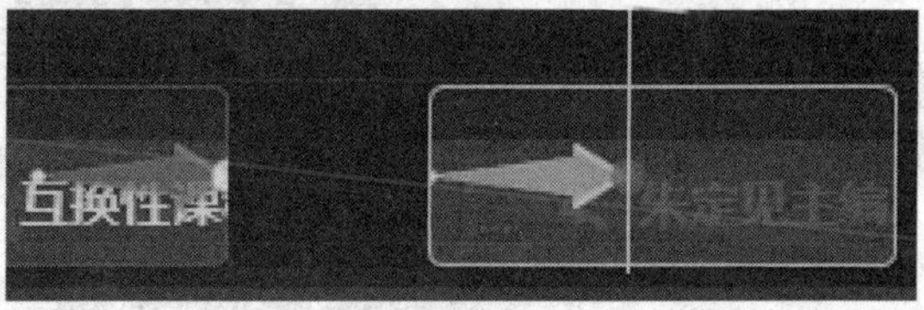
在“属性”选项卡中，将Y值设置为“-720”。 专家提示：在播放这个对象时，画面在放大渐现的同时，将绕着Y轴顺时针旋转两周。	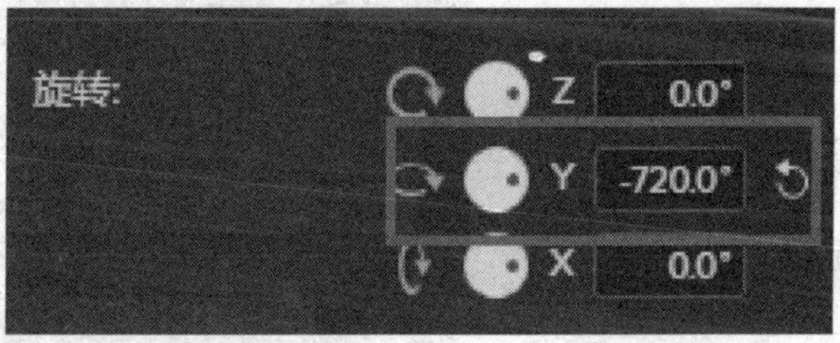
制作文字“直线飞入，直线飞出”效果。	
点击“注释”→“标注”。	

步骤或说明	截图
添加文字标注“精品资源共享课程”。	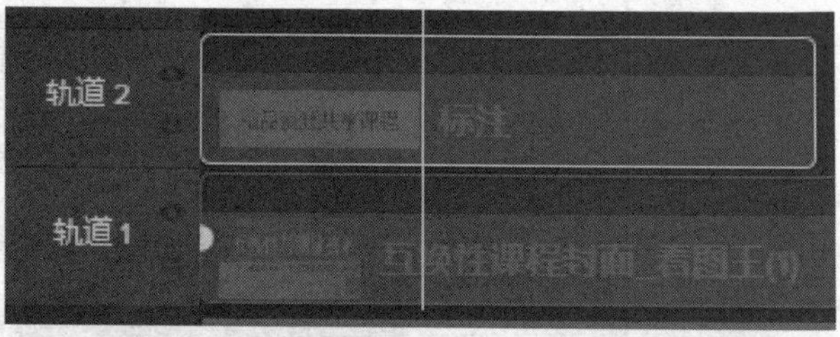
选中“标注”，将播放头放到最前面。	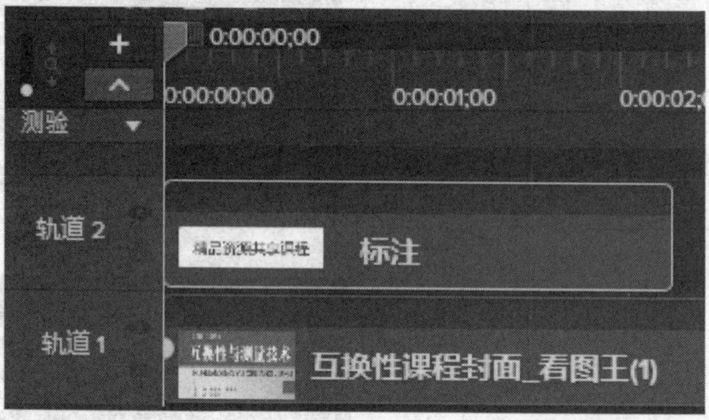
点击“动画”→“动画”，将“完全不透明”拖到文字标注上。 专家提示：此处可以添加任意动画效果。	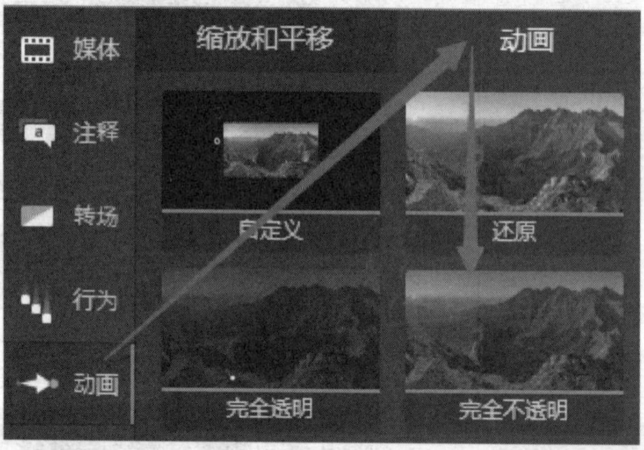
“红点”即是添加的动画效果。	
拖动“红点”到需要的时间长度。	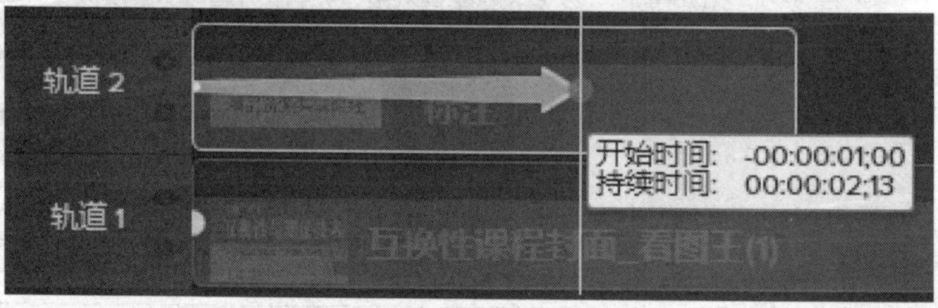

续表

步骤或说明	截图
将文字拖到视频的正中央。 提示：此时播放头在动画效果的末端。	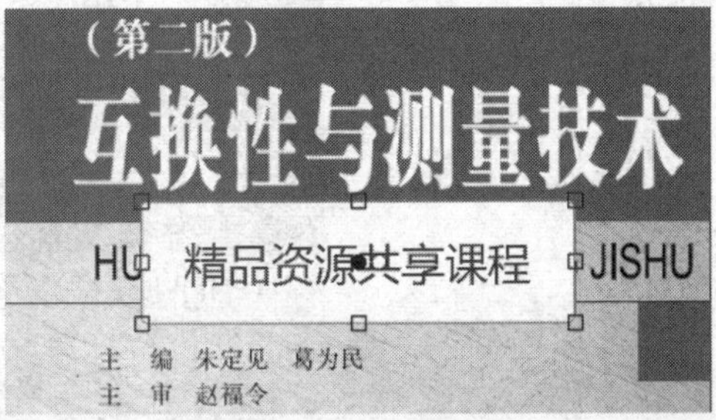
将播放头放到动画效果的起点。	
将文字向左拖出屏幕。 至此，“文字从左侧飞入到视频中心”的动画已经设置成功。	
复制并粘贴标注文字。	
将播放头放到后面标注的开头。 将文字标注拖到正中央。	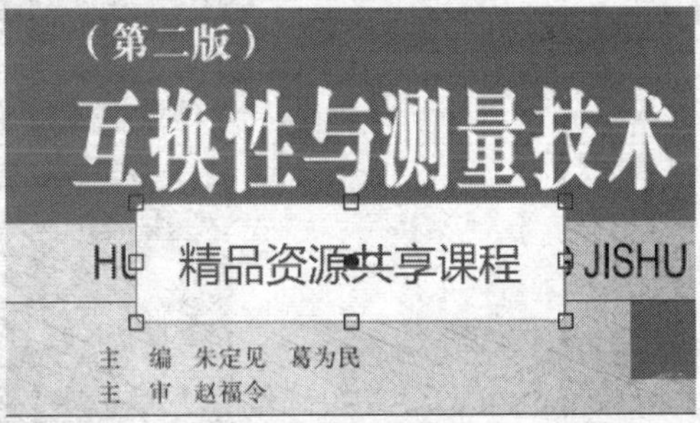
将播放头放到后面标注的末尾。	

<table>
<tr><th>步骤或说明</th><th>截图</th></tr>
<tr><td>将文字标注向上拖出屏幕。
至此实现了文字从中央向上方移出视频。
专家提示：使用坐标值会精确些，拖动会有误差。</td><td>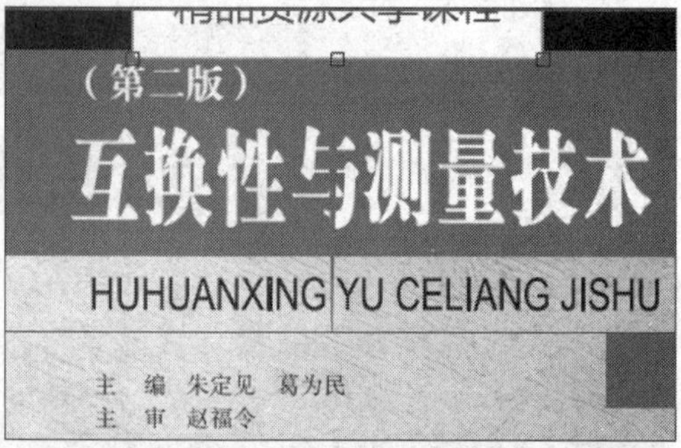
</td></tr>
<tr><td>专家提示：还可以为“文字标注”添加不同的“行为”动画，方法类似，不再赘述。</td><td>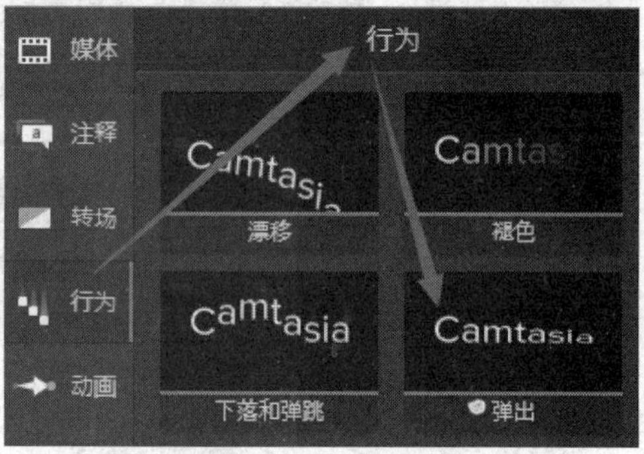
</td></tr>
<tr><td colspan="2">专家提示：沿着 X 和 Y 轴的移动是平移的效果；沿着 Z 轴就是缩放的效果。注意此方法得到的平移，是在背景不变的情况下，有一个对象在平移。而动画中的平移是摄像头平移，即整个画面平移。同样，动画中的缩放是整个画面的缩放，而改变 Z 坐标的缩放可以实现在同样的背景下，让某一对象缩放。
下面讲述制作文字脉动效果的过程。</td></tr>
<tr><td>添加“文字标注”和“动画”。</td><td>
</td></tr>
<tr><td>将播放头放置在“动画效果”的开始位置。
点击“属性”→“视觉属性”，将 Z 坐标改为最小值“-9 999”。</td><td>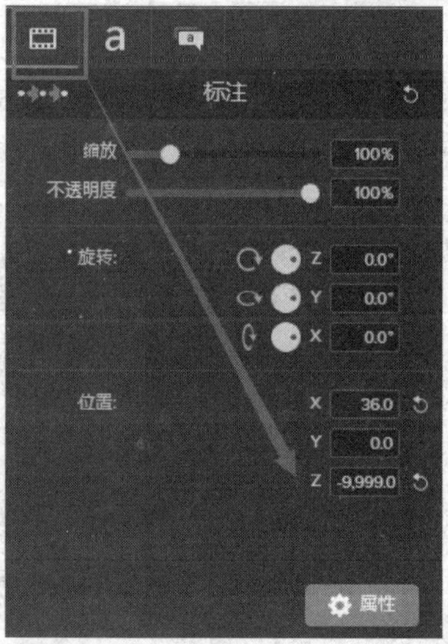
</td></tr>
</table>

<table>
<tr><th>步骤或说明</th><th>截图</th></tr>
<tr><td>将播放头放置在“动画效果”的结束位置。
将 Z 坐标改为最大值“2000”。
专家提示：至此，已经实现一次缩放。</td><td>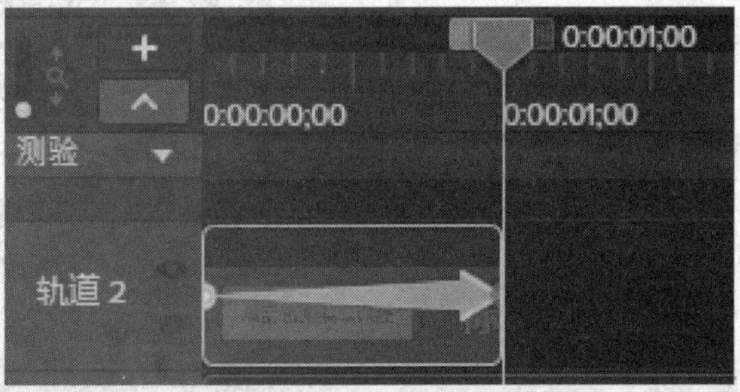</td></tr>
<tr><td>反复复制粘贴即可。</td><td>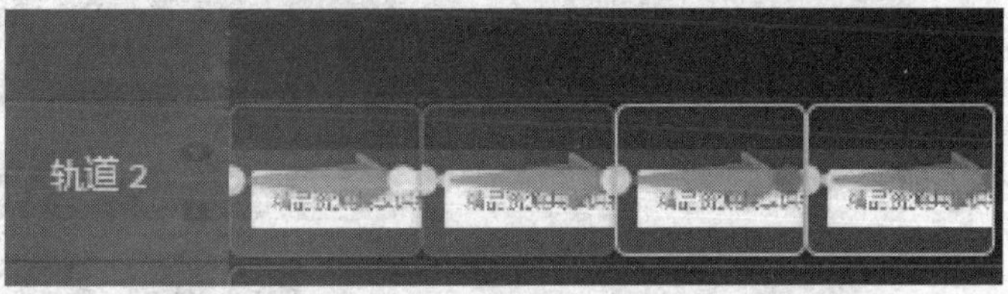</td></tr>
<tr><td>添加“淡出淡入效果”。
分别在前、后两个对象上添加“完全不透明”和“完全透明”。</td><td>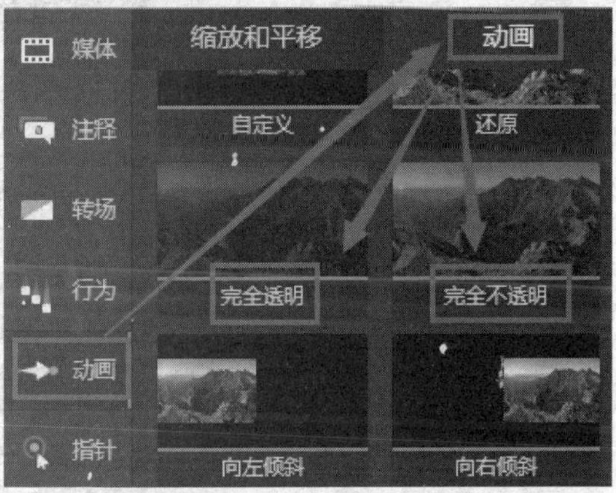</td></tr>
<tr><td>按图设置“不透明度”即可。</td><td>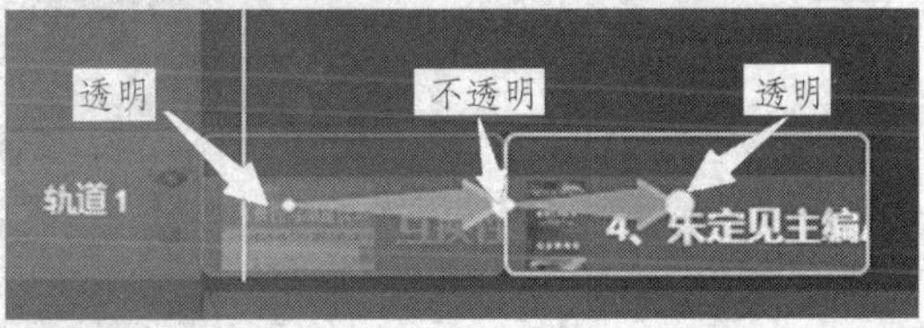</td></tr>
</table>

8.10 设置鼠标指针效果

在制作微课视频时，有时需要强化鼠标指针的存在，例如表现鼠标是左键单击还是右键单击，此时就需要为鼠标指针添加特效。Camtasia Studio 中的鼠标指针特效包括两个方面：为鼠标指针添加特殊的显示效果和为鼠标动作添加动画效果。

在使用 Camtasia Studio 录像机进行录屏时，录像机会录下鼠标的单击或右击等各种动作。在 Camtasia Studio 编辑器中对包含这类信息的视频进行编辑时，就可以为鼠标指针和动作添加特效。

步骤或说明	截图
点击“指针”选项。 专家提示：如果没有“指针”，就单击“更多”按钮，在打开的列表中选择“指针”。 可以为视频中的鼠标指针添加各种效果。	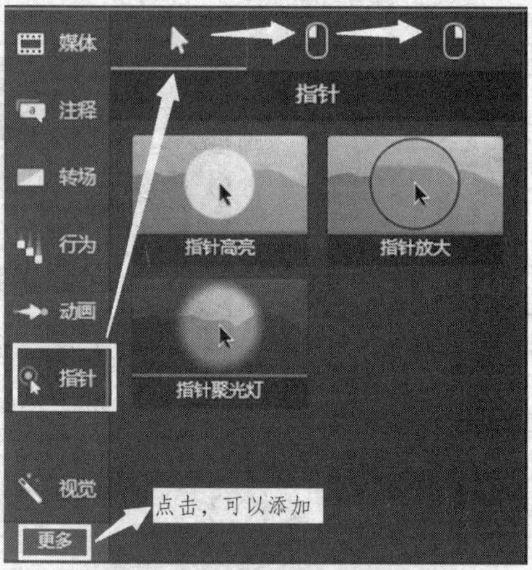
指针效果：高亮、放大和聚光灯。	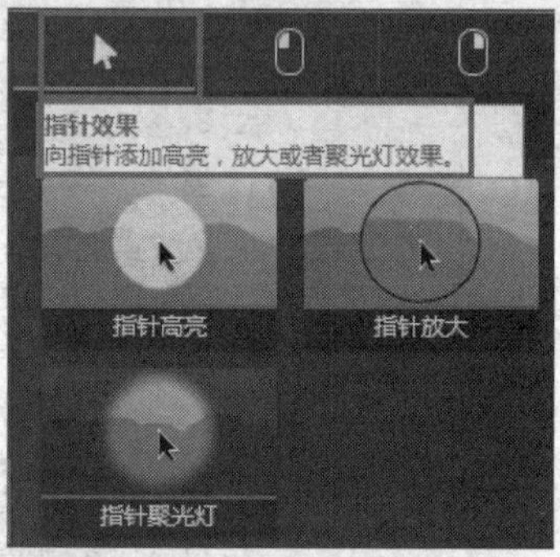
左键点击指针效果。	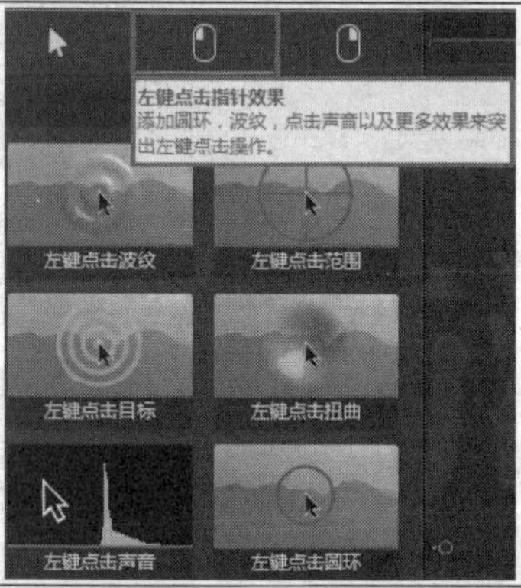
右键点击指针效果。	
添加聚光灯效果。在制作微课视频时，鼠标有时候可以起到一个指示器的作用。教师在讲解过程中，经常会利用鼠标来指引学生的视线，指示正在讲解的内容。这就需要鼠标能够在屏幕上既突出又醒目，以便引起学生的关注。要达到上述要求，常规样式的鼠标指针是不行的。因为默认的鼠标指针样式在录制完成的视频中往往显得较小，不够突出，很多时候甚至无法看清。此时，就需要为鼠标光标添加聚光灯效果。	

步骤或说明	截图
点击“指针”→“指针”。 在“指针聚光灯”效果上“右击”，点击“添加到所选媒体”。 专家提示：可以直接拖拽到媒体上，或者拖拽到预览窗口，均可以添加效果。	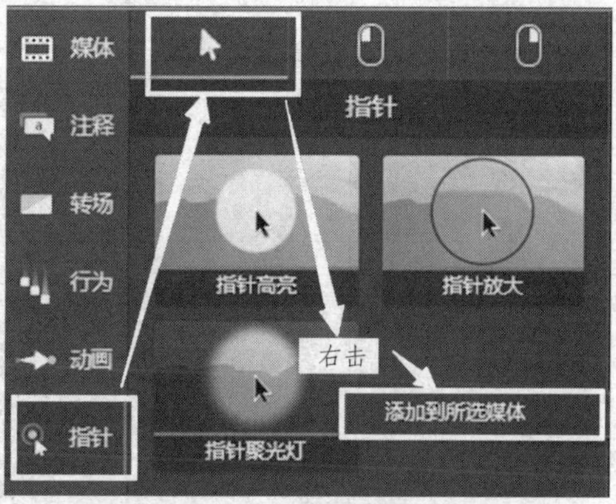
成功添加效果后，轨道视频上有显示。	
预览窗口的显示效果。	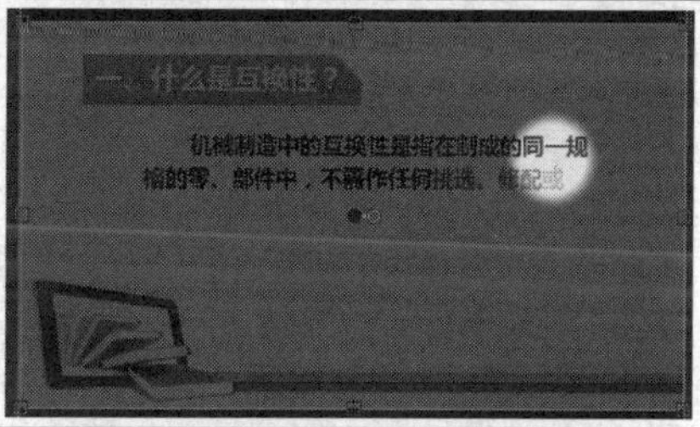
单击“属性”，设置“大小”值可以改变聚光灯区域的大小；设置“不透明度”值可以改变聚光灯区域的透明度；调整“柔软度”值可以改变聚光灯区域边界处的柔化区域的强度，其值越大则边界处显得越柔和。 单击“颜色”按钮，在打开的列表中选择相应的选项可以设置聚光灯区域以外的颜色。	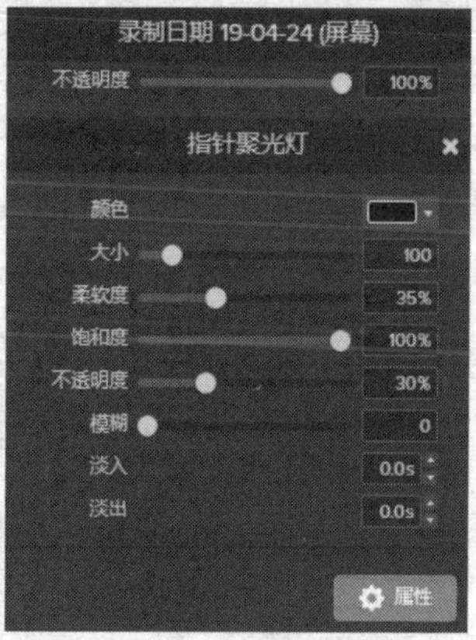
专家提示：点击“×”，效果会被删除。选择颜色时，吸管可以吸取喜欢的颜色。“属性”选项是使用频率较高的面板，使用它可以改变各种属性。	
添加鼠标点击动作效果。在制作微课视频，尤其是软件操作类的视频时，经常需要在视频中表现出鼠标的动作，如鼠标单击的是左键还是右键。 Camtasia Studio 在录制视频时，已经记录了鼠标的各种动作，在对视频进行编辑时，只需要将这些记录的动作表现出来就可以了，这就是添加鼠标点击动作效果。其添加步骤和修改属性的方法与添加鼠标指针效果一样，不再赘述。	

8.11 为对象设置“行为”效果

步骤或说明	截图
系统为对象提供了九种行为效果。	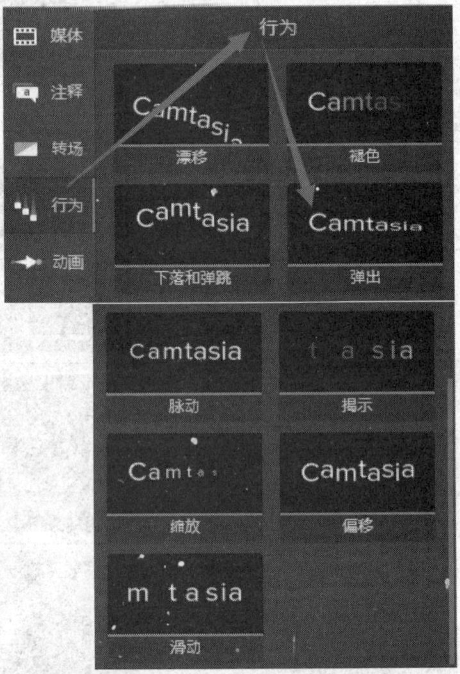
每一种行为都具有“进入”“持续”和“退出”三个属性选项。 各个选项的内容各不相同。图示为“进入”选项。可以改变“样式”“运动”“方向”和“速度”。	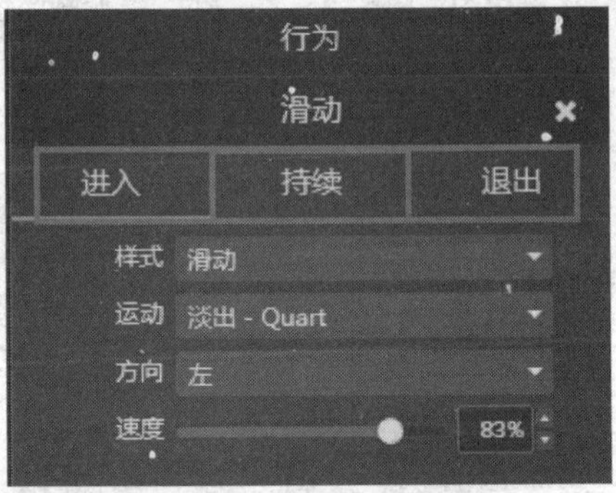
图示为“持续”选项。可以改变“样式”“运动”“不透明度”“循环时间”“延迟”和“循环次数”等。	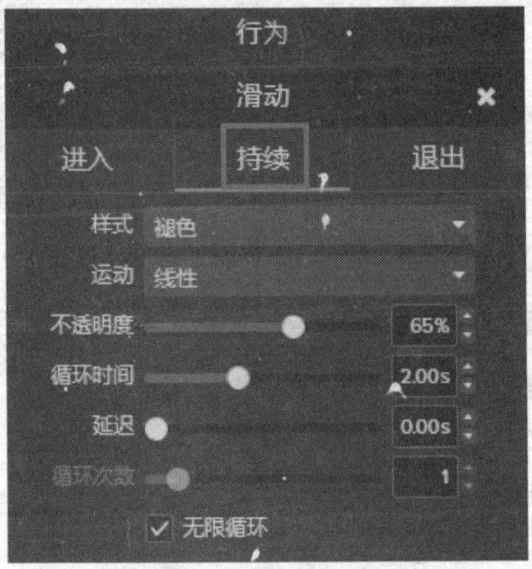

步骤或说明	截图
图示为“退出”选项。与“进入”选项一样，可以改变“样式”“运动”“方向”和“速度”。	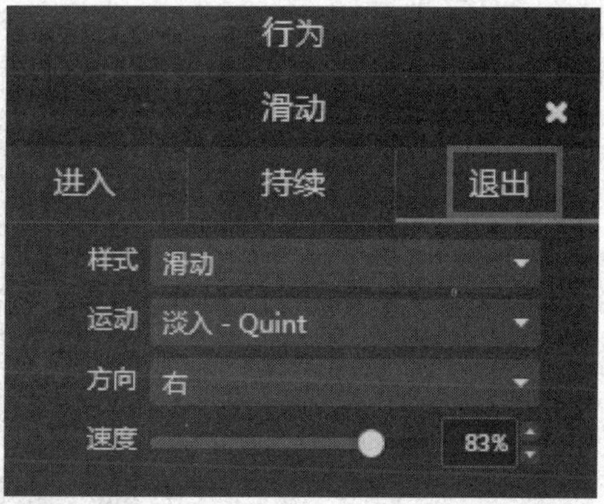

8.12 为对象设置“视觉”效果

步骤或说明	截图
系统为对象提供了八种视觉效果。	
为对象添加“阴影”效果。选中对象，点击“视觉”，右击“阴影”，选择“添加到所选媒体”。	

<table>
<tr><th>步骤或说明</th><th>截图</th></tr>
<tr><td>添加阴影效果后，在“属性”→“视觉属性”中，可以对阴影的效果进行设置。
调整“角度”的值，改变阴影相对于对象的角度。
调整“偏移”的值，更改阴影与对象之间的偏移距离。该值越大，阴影离对象就越远。
调整“不透明度”的值，设置阴影的不透明度，其值越大，阴影就越不透明，也就是显得更加浓厚。
专家提示：调整“模糊”的值，可以设置阴影的模糊程度，其值越大，阴影越模糊。</td><td>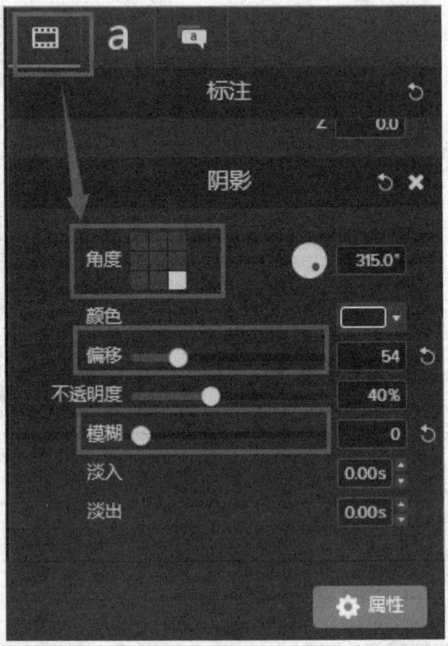
</td></tr>
<tr><td>添加阴影效果，使对象获得一种浮在背景表面的效果。</td><td>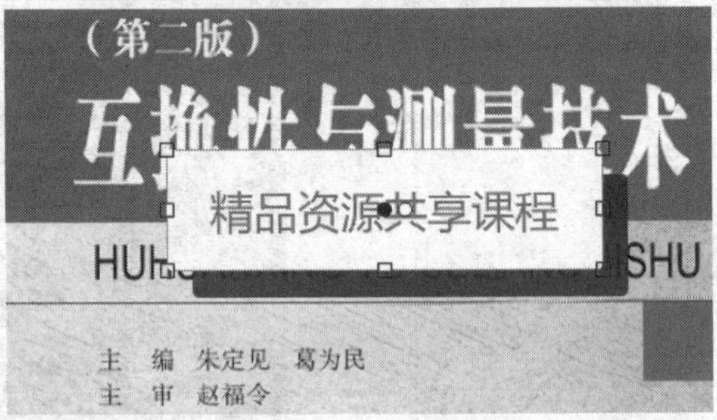
</td></tr>
<tr><td>为对象添加“边框”效果。
在轨道上选择对象，将边框效果拖到对象上。</td><td>
</td></tr>
<tr><td>为对象添加边框后，可以对边框的“颜色”和“厚度”进行设置。“厚度”值越大，边框就越宽。</td><td>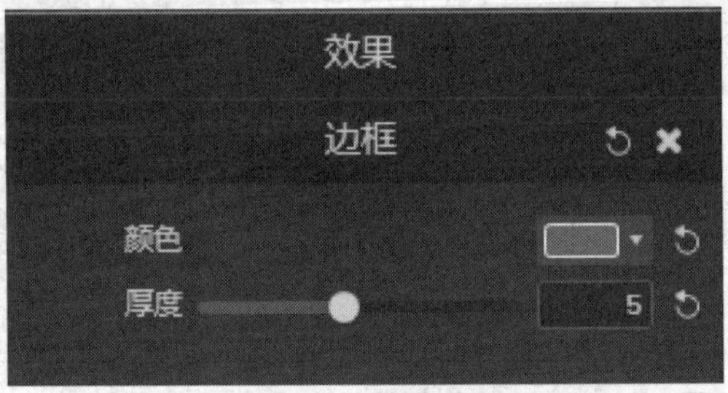
</td></tr>
</table>

步骤或说明	截图
“颜色”改为“红色”，“厚度”设置为“5”的效果。	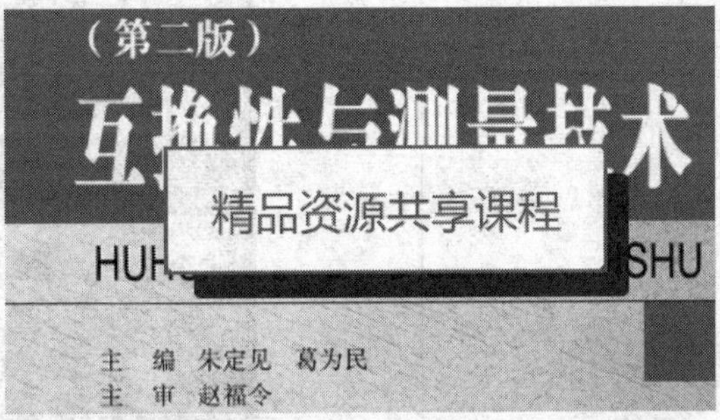
为对象添加“着色”效果。 在轨道上选择对象，将着色效果拖到对象上。 就像用某种颜色的透明纸遮盖到对象上，能够更改对象色调，获得某种特殊的色彩效果。	
可以改变“颜色”和“量”。	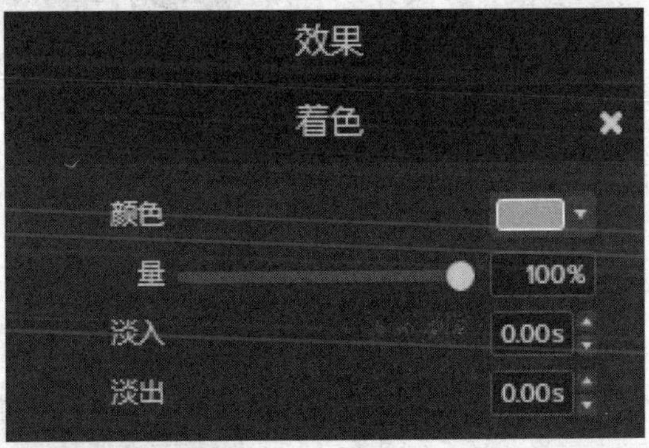
其结果是“原来的红色”与“选择的绿色”调和而成的颜色。	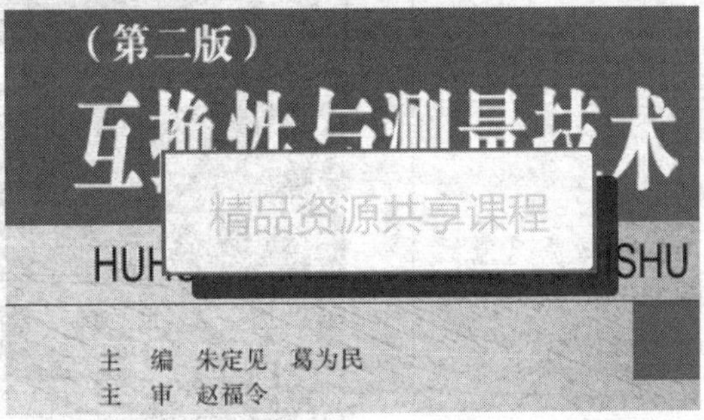

<table>
<tr><th>步骤或说明</th><th>截图</th></tr>
<tr><td>添加“色彩调整”效果。会变成黑白效果。</td><td>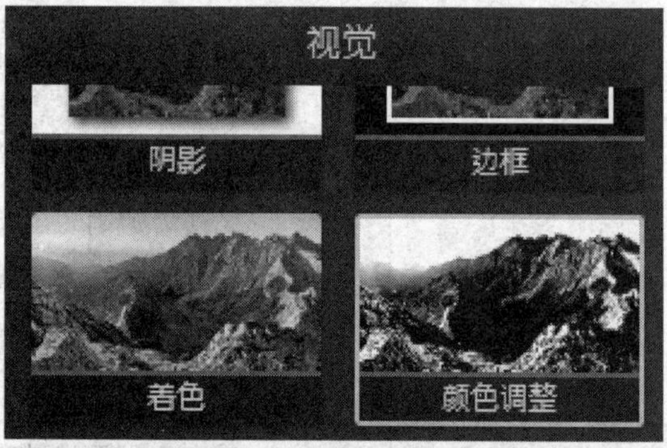
</td></tr>
<tr><td>添加“设备框架”效果。</td><td>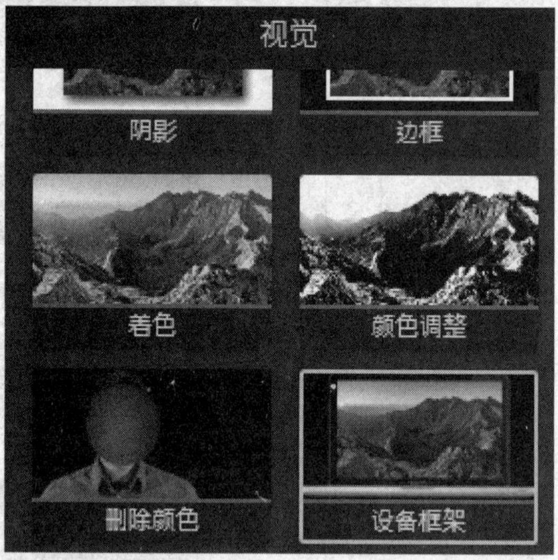
</td></tr>
<tr><td>会给背景增加了一个“设备框架”，这里是电脑屏幕。</td><td>
</td></tr>
<tr><td>专家提示：该效果只能添加在最下面的轨道上。</td><td>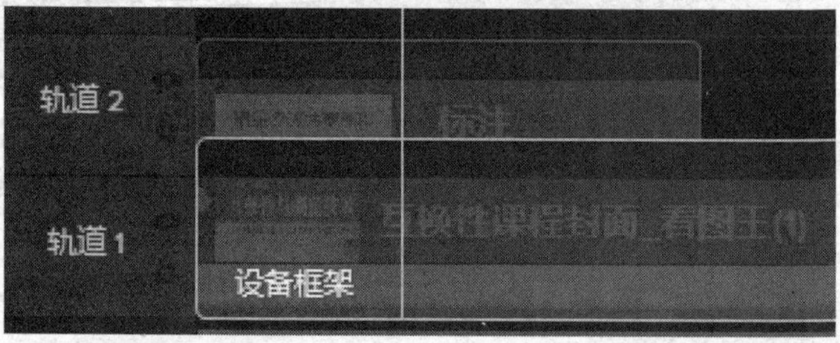
</td></tr>
</table>

步骤或说明	截图
添加“删除颜色”效果。	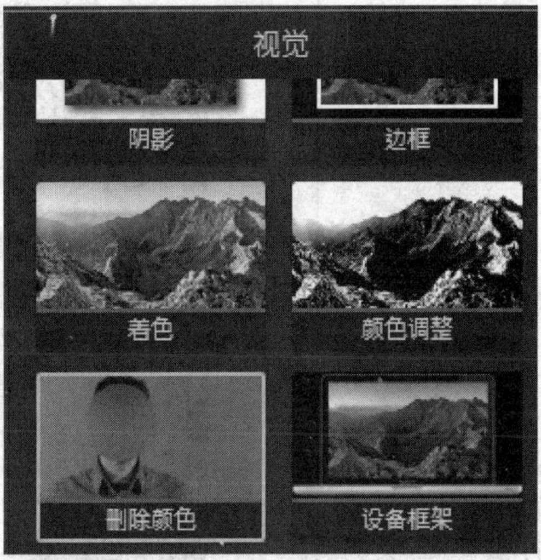
当前，文字标注的颜色是红色。 选择“文字标注”，将“删除颜色”拖放到“文字标注”上。	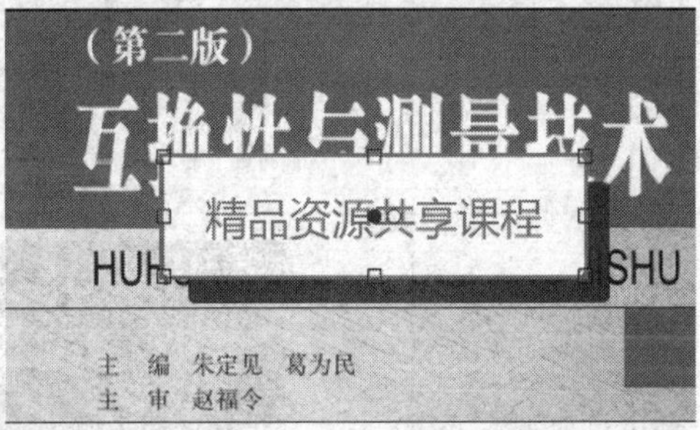
选择“删除颜色”效果。	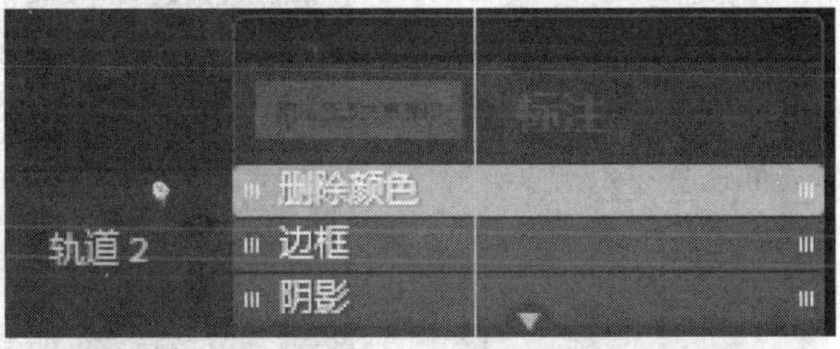
选择“红色”。	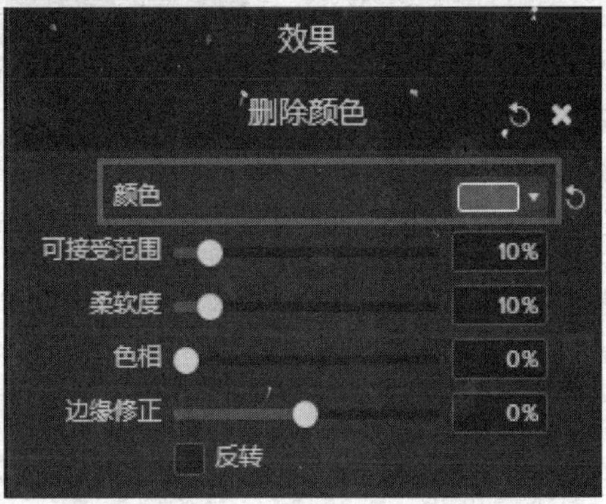

<table>
<tr><th>步骤或说明</th><th>截图</th></tr>
<tr><td>执行命令后的效果。</td><td>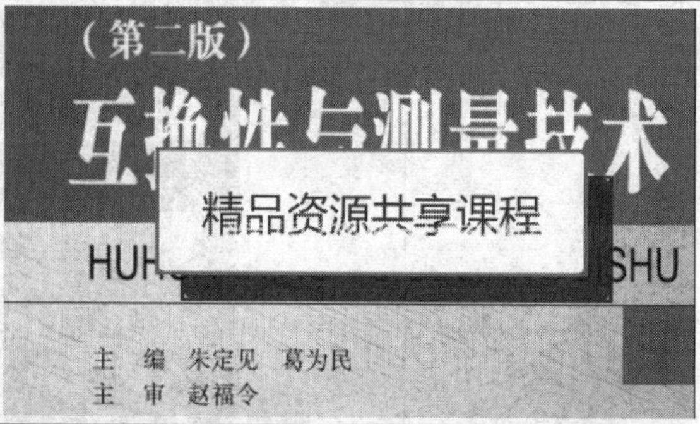
</td></tr>
<tr><td>选择删除“白色”后的效果，如右图。
可以看到，背景露出来了。
专家提示：该镂空效果，可以用于抠像。</td><td>
</td></tr>
<tr><td>很多时候，背景的颜色不会是单纯的一种颜色，“可接受范围（容差）”值决定了清除的颜色与设置颜色的相近程度。容差值设置得越大，清除的相近颜色就越多，反之去除的颜色就越少。</td><td>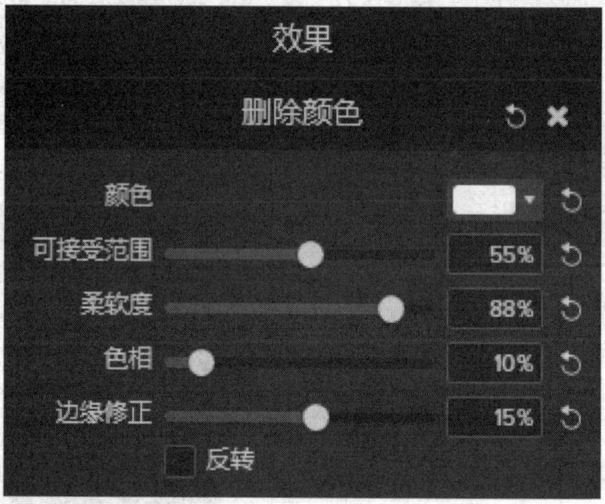
</td></tr>
<tr><td colspan="2">专家提示：很多时候，在去除背景色时，由于背景颜色不是很单纯，会出现去色后，图片中存在残留的情况，此时可以通过调整“柔软度”的值来去除这些残留。同样，如果保留下来的图像边界处出现了明显的残留颜色，就像图像边界添加了一圈边框那样。此时，可以通过调整“边缘修正”值将它们尽量去掉。
调整“色相”的值，可以对选择去除颜色的色相进行调整。选中“反转”复选框，将会把选择颜色反向后得到的颜色去除。
“删除颜色”功能对于去除比较单纯的背景颜色是比较有效的，如果背景颜色比较复杂，使用此法是无法达到满意效果的。这就要求我们在想要进行抠像时，就应该尽量使背景颜色既单一又纯粹。否则，就需要使用专业的图像处理软件来抠像，然后再应用到视频中。</td></tr>
</table>

8.13　制作实例

8.13.1　制作片头、片尾

利用库文件为微课视频添加片头、片尾的主要步骤如下。

（1）录制微课，并将其置于 Camtasia Studio 编辑器的轨道中。

（2）使用拖动的方式，将微课视频后移，以留出放置视频片头的位置。

（3）打开“库”选项卡，在列表中选择需要使用的动画片头，并将其放置到轨道上预留的位置。

（4）双击选中文字，修改文字。

（5）调整两段视频在轨道上的位置，使它们无缝对接。

（6）将播放头放到视频的尾部，打开“库”选项卡，在列表中选择需要使用的动画片尾，并将其拖放到轨道上视频的尾部。

（7）双击选中文字，修改文字。

（8）进行添加音频，修改属性等操作，直到满意为止。

由于录制微课的相关教程已经讲述，本节从第三步开始介绍。

步骤或说明	截图
打开“库”选项卡，在列表中选择需要使用的动画片头，并将其放置到轨道上预留的位置。	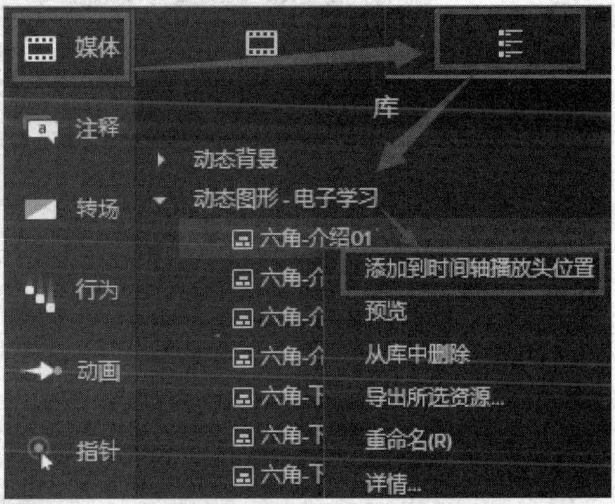
播放，找到文本所在位置。	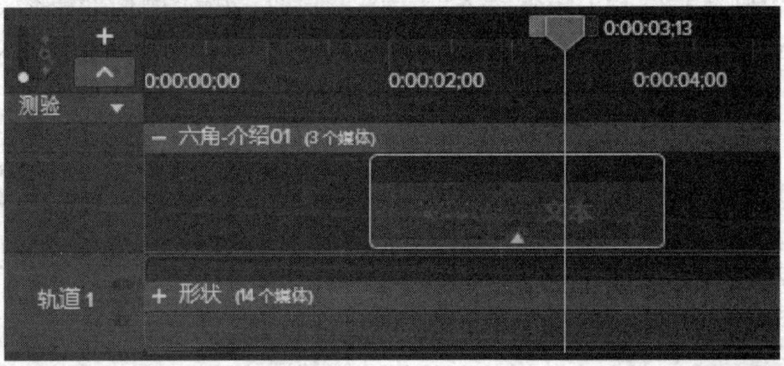

续表

步骤或说明	截图
双击选中并修改文字。	
采用同样的方法将所有文字都修改成自己想要的文字内容。 根据需要进行修剪即可。	
专家提示：如果想使用多个动画效果，可以依次添加，在两段视频之间添加转场效果即可。在轨道上还可以添加图片和音乐等对象。	

8.13.2 制作画中画

画中画就是屏幕上包含一大一小两个画面，两个画面同时播放。在制作微课时有时也需要使用这种效果，如，在屏幕的主画面以文字的形式展示主要的知识要点，小画面展示要点所对应的一些操作视频或授课老师讲解的画面等辅助内容。

在 Camtasia Studio 编辑器中，制作这种效果有两种方法。其一，对于使用外部的视频素材，将素材导入项目后放置到轨道上，在“视频预览”窗口中调整好视频的大小和位置就可以了。其二，利用 Camtasia Studio 提供的录制摄像头功能对微课视频进行编辑时，可以直接通过计算机摄像头录制相关画面，然后将摄像头录制的画面添加到项目中，整好其大小和位置。

<table>
<tr><th>步骤或说明</th><th>截图</th></tr>
<tr><td>点击“摄像头”，打开“录制摄像头”。
点击“选项”。</td><td>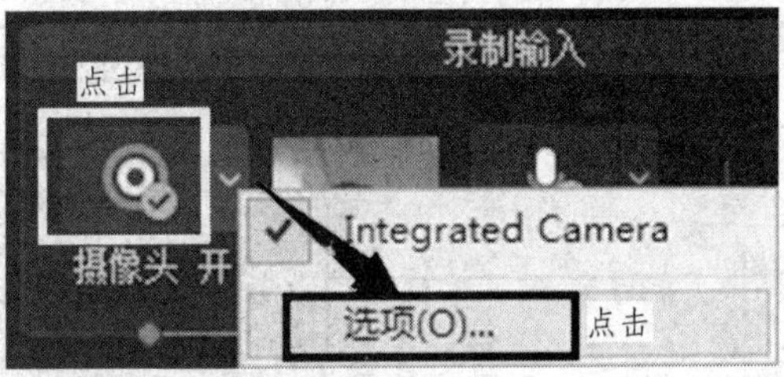
</td></tr>
<tr><td>取消“录制系统音频”。
避免系统播放声音被录下来，形成杂音。</td><td>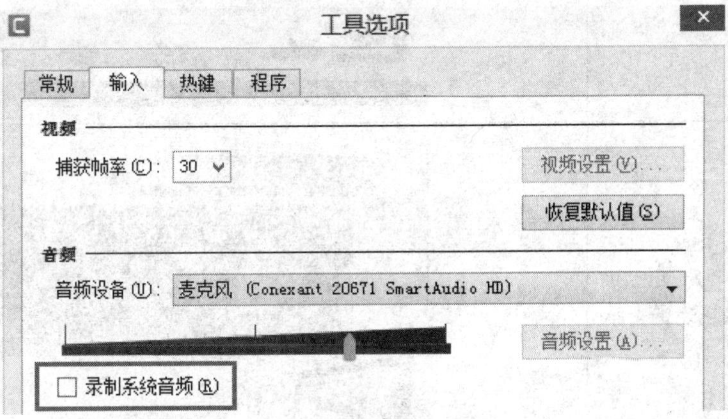
</td></tr>
<tr><td>按照右图所示，可以改变摄像头画面的大小。</td><td>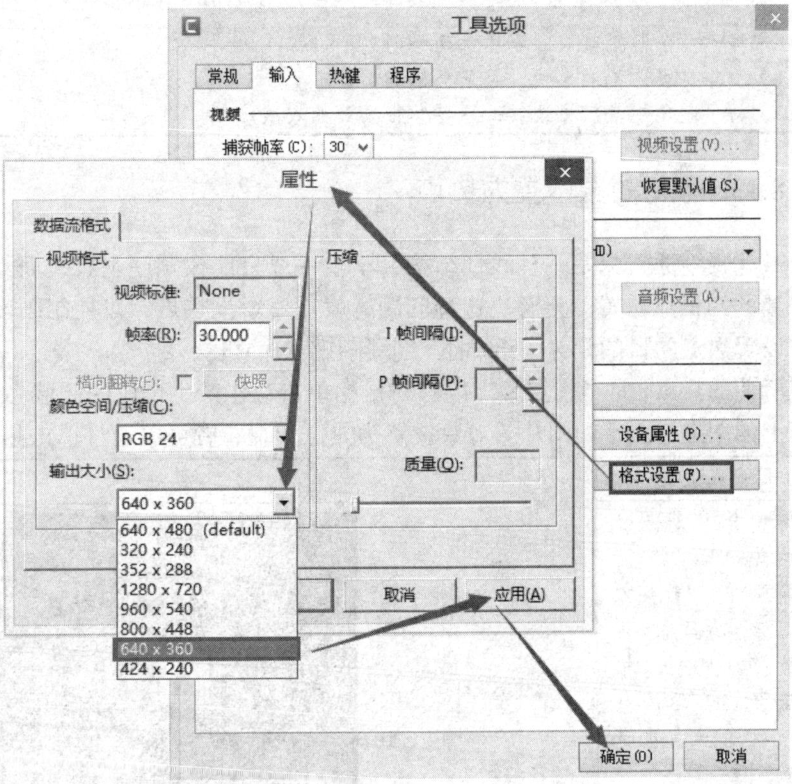
</td></tr>
</table>

步骤或说明	截图
摄像头录制视频默认放在画面右下角。	
添加到轨道后，点击进入编辑状态，即可改变大小和位置。	
专家提示：录制摄像头时要注意两个问题。 （1）动作要缓，不能太快，否则会模糊不清； （2）为了避免视频产生波纹，不要穿带条纹的衣服。	

8.13.3 将对象设置为热点

微课视频通常只是一种线性结构，学生一般只能按顺序观看，而无法快速准确地定位到感兴趣的知识点位置。要解决这种问题，就需要增设热点，以控制画面的跳转。由此可以看出，设置热点的目的是为了给学生一个自主学习的机会。

所谓的热点，是指在屏幕上能够对鼠标单击动作产生反应的区域。Camtasia Studio 能够将轨道上的图形、文字和图片等对象设置为热点，观看者可以通过单击热点来实现视频的跳转。

步骤或说明	截图
将图片对象设置为热点。 导入名为“箭头方向图标”的图片，将其放置到轨道上。根据需要其显示的时间来延长其在轨道上的长度。	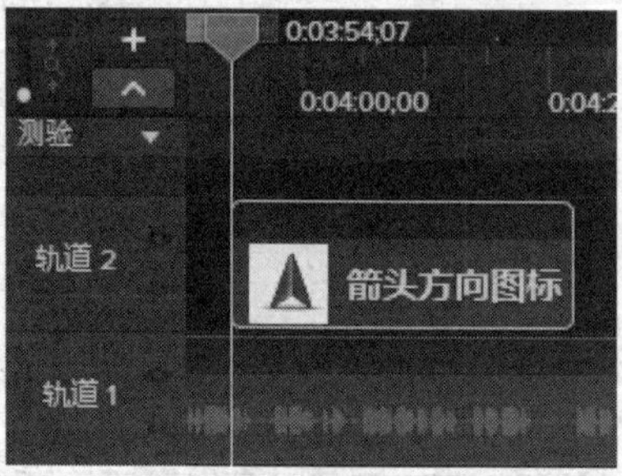

续表

步骤或说明	截图
在预览窗口中，调整图片的大小和位置。	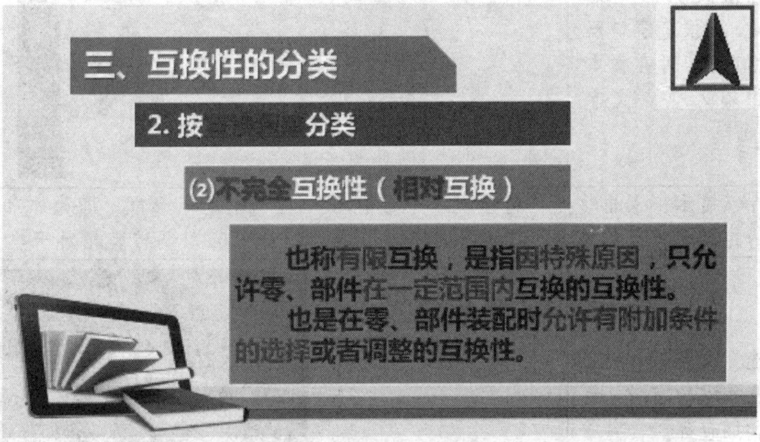
选中图片，将“注释”→“特殊”中的“交互功能/热点”，拖放到图片上。 调整其大小与图片相当。	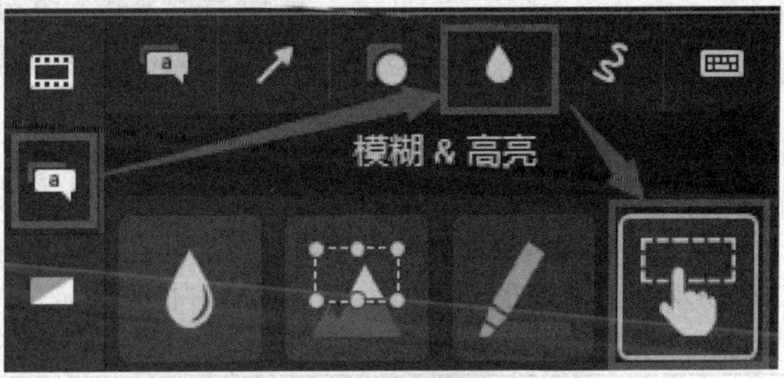 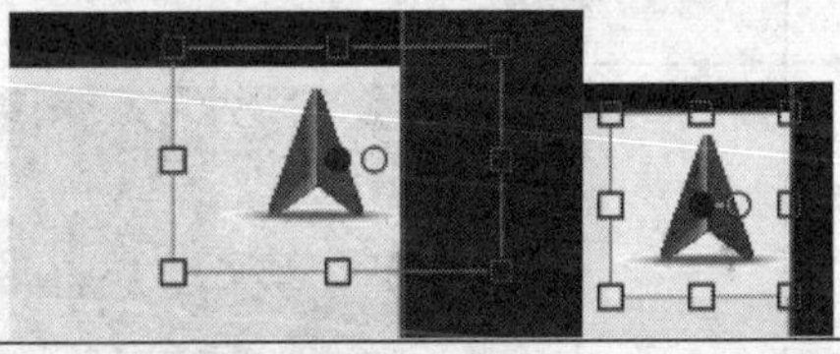
在时间轴上，调整其长度，与图片长度对齐。	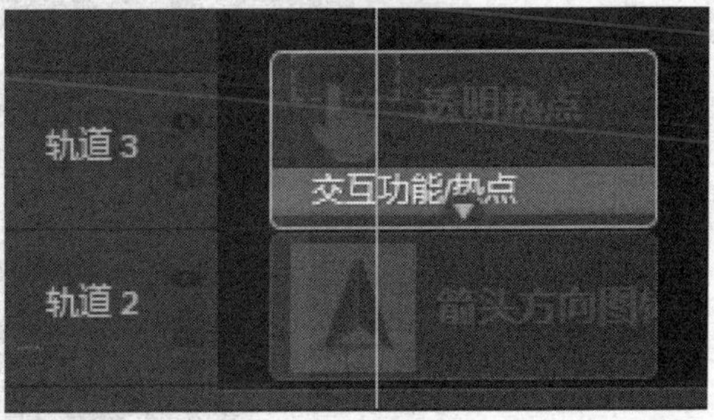

8.13.4 给热点添加文字

为了说明热点的作用，在创建热点后，可以为热点添加文字。文字会作为热点的一部分而存在，能随着热点的移动而移动。

<table>
<tr><th>步骤或说明</th><th>截图</th></tr>
<tr><td>将播放头放到热点处，在预览窗口双击热点，即可在文本框中输入热点文字“中国”。</td><td>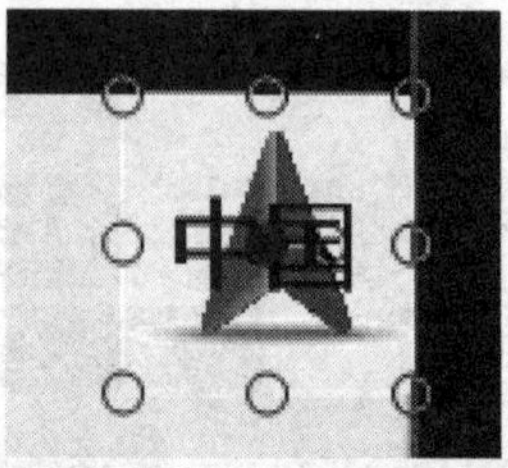
</td></tr>
<tr><td colspan="2">专家提示：双击热点，将出现一个带有 8 个控制柄的矩形框，即为添加文字的文本框。拖动边框上的控制柄可以调整这个文本框的大小，拖动文本框可以调整其相对于热点的位置。</td></tr>
<tr><td>选择文字后，可以设置文字的字体、大小和颜色等。</td><td>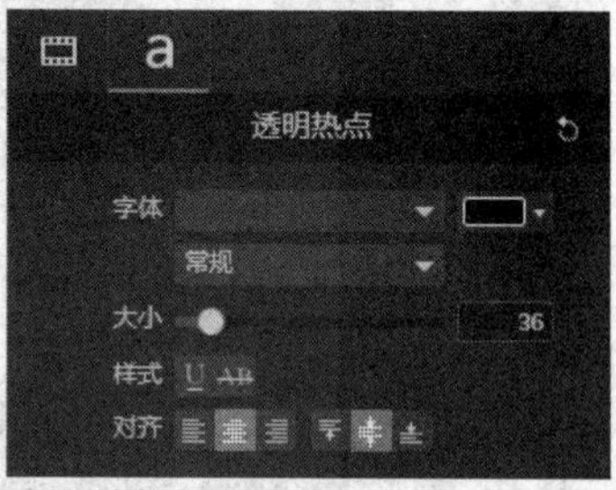
</td></tr>
</table>

8.13.5 设置热点的定位

创建热点后，就要指明单击热点后的目标地址。在 Camtasia Studio 中，既可以通过指定视频的时间点来定位跳转的目标地址，又可以通过标记来定位跳转的目标地址。下面分别介绍这两种方法。

<table>
<tr><th>步骤或说明</th><th>截图</th></tr>
<tr><td>利用时间点定位。在轨道上选中热点，选中后显示为黄色。</td><td>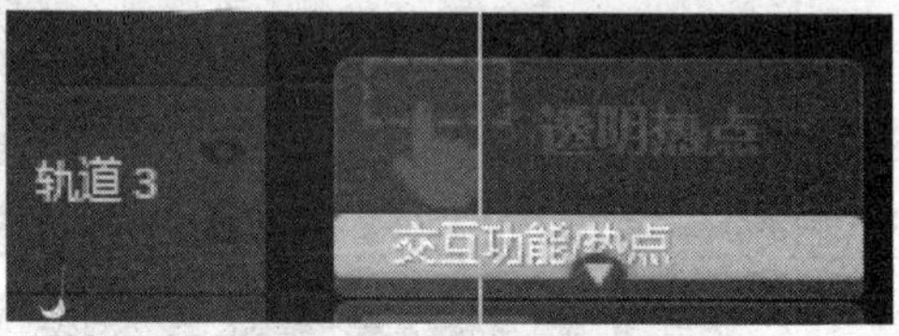
</td></tr>
<tr><td>打开“属性”对话框，单击“时间”，在其后的文本框中输入希望单击热点后能够跳转到视频的时间点。
专家提示：点击当前位置，会输入当前位置的时间；点击“测试”，播放头会调到输入的时间处。</td><td>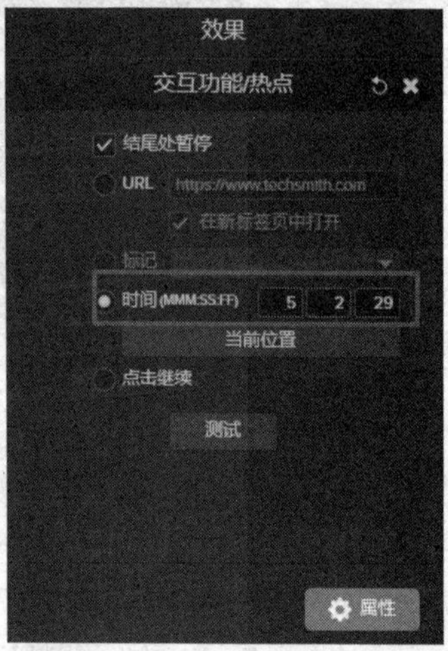
</td></tr>
</table>

步骤或说明	截图
利用标记点定位。在轨道上单击“显示或隐藏测验或标记轨道”，在打开的列表中选择“标记”。	
在标记轨道移动鼠标（显示为“+”），在需要添加标记的位置单击，即可添加一个标记。	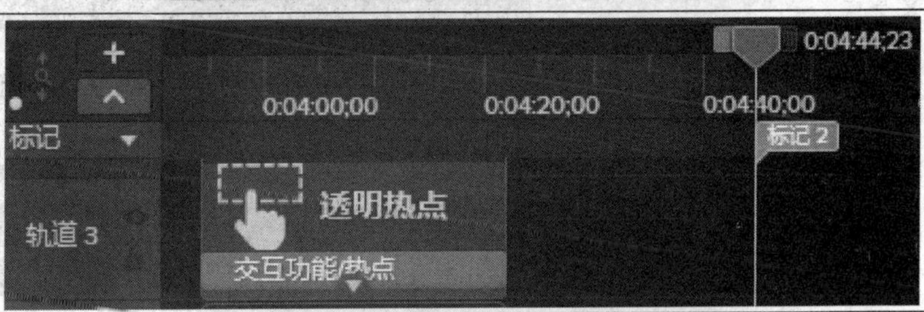
在属性中，可以修改标记的名称。	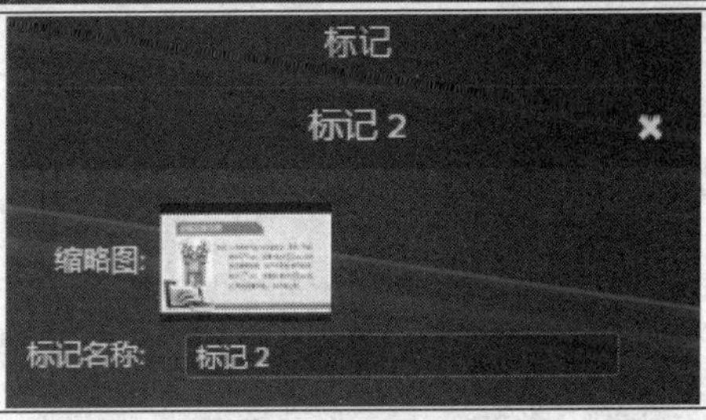
打开热点“属性”对话框，选择“标记”选项。在其后的列表中选择作为跳转目标的标记。	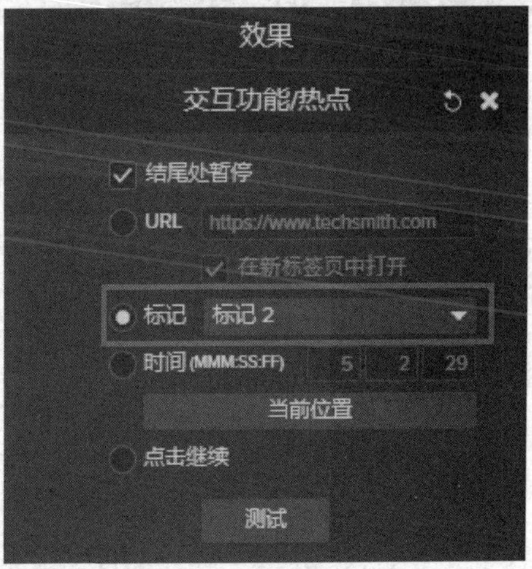

专家提示：在热点“属性”对话框中，如果选择“点击继续”选项，则可以通过单击热点使暂停的视频进行播放。选择“URL”选项，在其后的文本框中输入 URL 地址，在单击热点时将能够打开 URL 指定的网页。选中“结尾处暂停”复选框，则当视频播放到作为热点的对象在屏幕上出现时，视频播放将暂停。

热点标注的互动功能在 Camtasia Studio 的编辑环境内部是无法演示和观察的，想要观察互动功能，需要到生成的视频上面去观看。不过也可以在生成的半途中进行预览，步骤如下。

步骤或说明	截图
点击“分享”→“自定义生成”→“新建自定义生成”。	
勾选“MP4”，点击“下一步”。	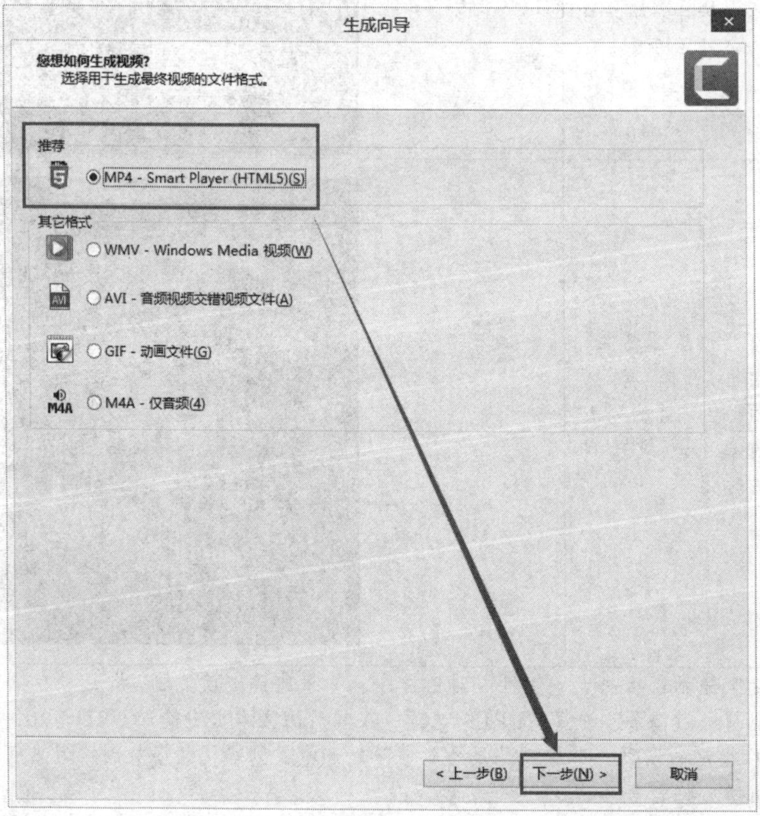

续表

步骤	说明或截图
去掉“目录”前面的勾选，然后点击“预览当前设置”，由此引出一个临时渲染，只能预览 30 s。	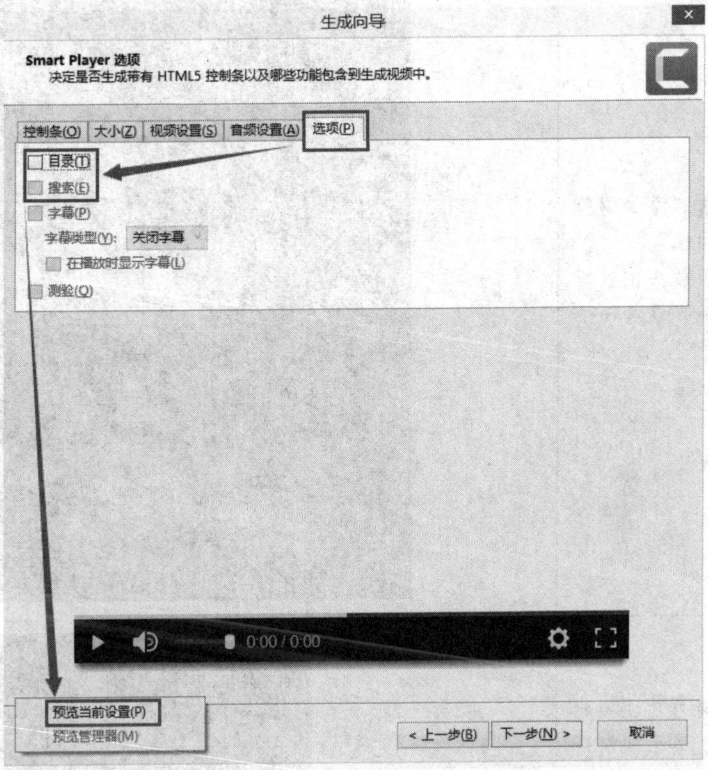
生成一个具有批量热点标注的互动视频的方法：完成上述各标注的设置之后，可以一次性地生成一个视频，让它包含着这一批热点标注。 建议使用“精准制作”方案。生成设置，必须确保以下两点：一是采用“MP4-智能播放器（Flash/HTML5）”格式；二是在智能播放器选项中去掉“目录”项的勾选。	

8.13.6 制作多项选择题

步骤或说明	截图
点击“更多”→“交互”。	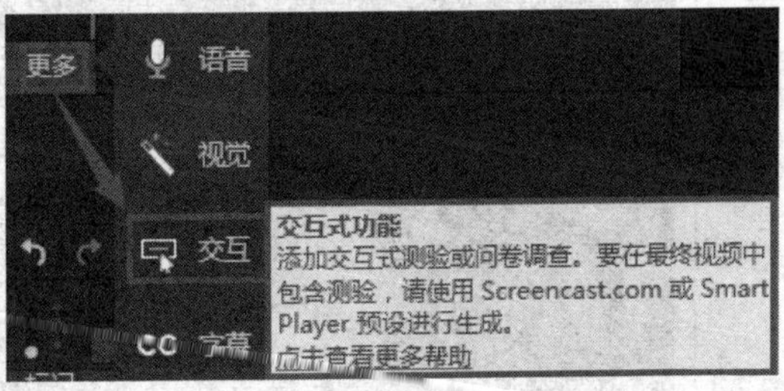

<table>
<tr><th>步骤或说明</th><th>截图</th></tr>
<tr><td>点击“添加测验到时间轴”。
在播放头位置所在的地方添加一个测验。</td><td>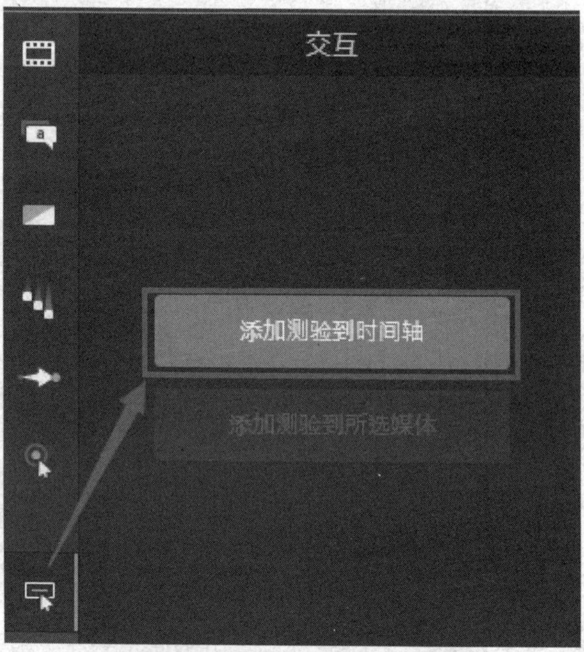
</td></tr>
<tr><td>或者在“+”处点击，在“+”所在位置添加一个测验。</td><td>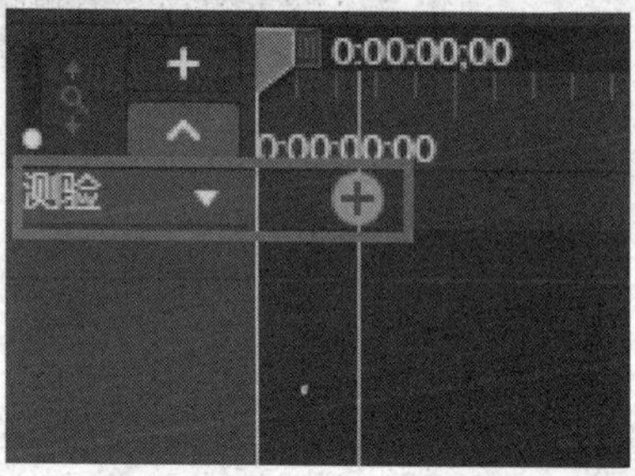
</td></tr>
<tr><td>以上两种方式均可添加测验。</td><td>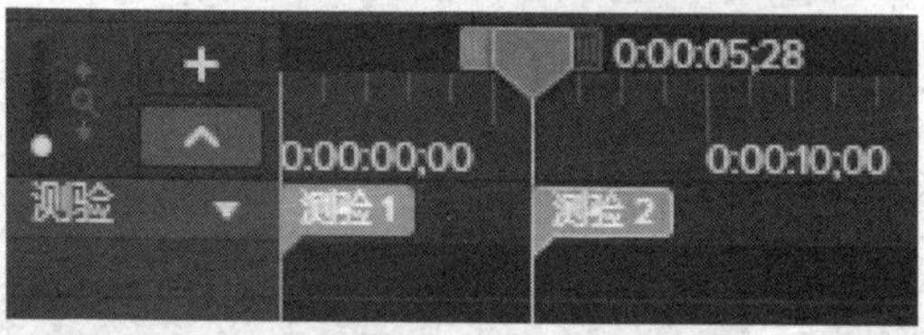
</td></tr>
<tr><td>预览窗口的中下部显示“测验占位符”。</td><td>
</td></tr>
</table>

步骤或说明	截图
属性窗口之一：测验选项。 “测验名称”可以被修改。 此处改为“多项选择题”，轨道上名称也会随之更改。	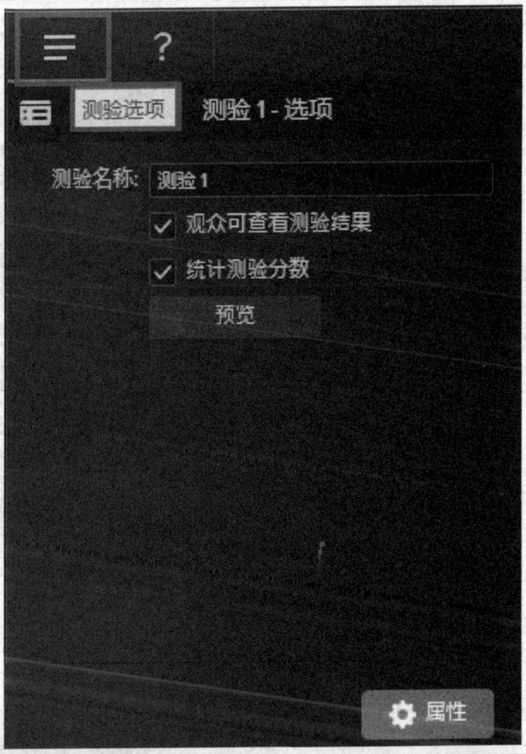
属性窗口之二：测验问题属性。 默认是多项选择题。	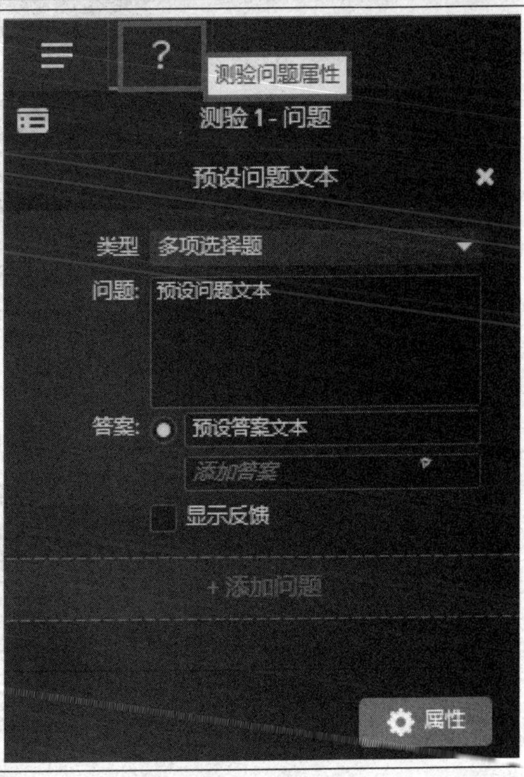

<table>
<tr><th>步骤或说明</th><th>截图</th></tr>
<tr><td>添加问题。
添加答案。
选中正确答案。
完成一个问题的创建以后，点击“添加问题”，即可添加新的问题。</td><td>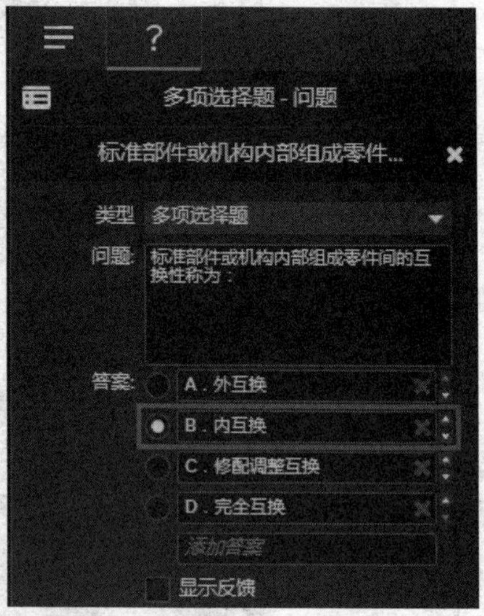
</td></tr>
<tr><td colspan="2">默认情况下，项目中添加的试题，放置在“测验”视图的轨道上。此时测验题是独立的，改变轨道上其他对象的位置或删除对象，对测验题没有影响。
有时，希望将测验题与轨道上的对象绑定，以便改变测验题或媒体对象中某个对象的位置时，它们能够一同改变，方便项目的编辑。
下面介绍将测验题与媒体对象绑定的方法。</td></tr>
<tr><td>绑定试题。
将试题拖放到需要的位置，出现“+”时点击。
图示为点击之前，试题与媒体相互独立。</td><td>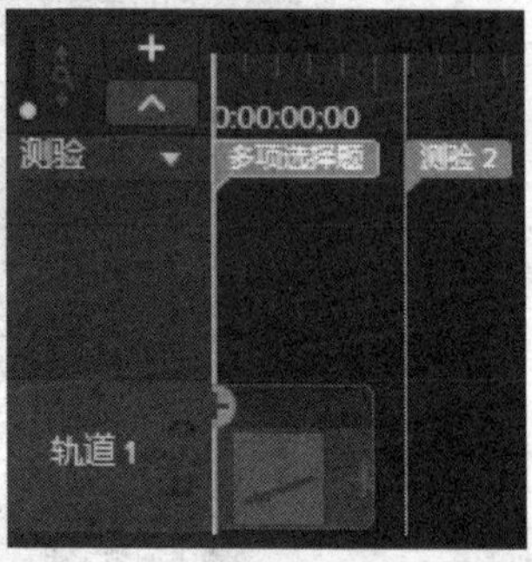
</td></tr>
<tr><td colspan="2">专家提示：媒体对象的上方会出现一个半透明区域。测验题对象的头部将会出现一条紫色参考线，该参考线标示测验题起点的位置。将鼠标指针放置到该紫色参考线与半透明区域的交叉点，就会出现“+”。</td></tr>
<tr><td>点击后，测验题标记点会移到对象上，如图所示，即为试题与媒体绑定在一起。
专家提示：直接将鼠标放置到对象的半透明区域中，出现“+”后单击，在单击点处将创建一个测验题对象，该对象将直接与媒体对象绑定。</td><td>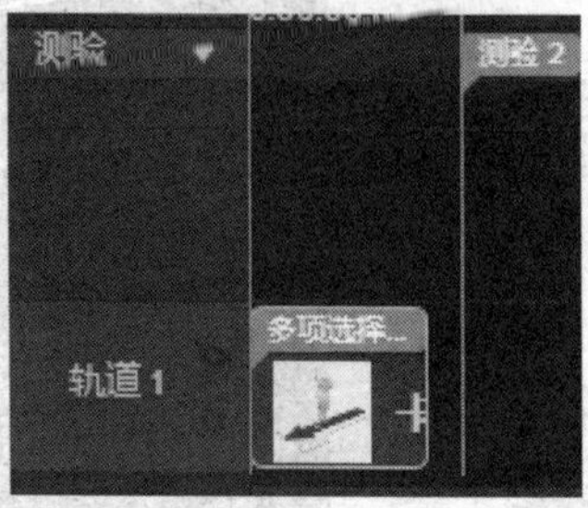
</td></tr>
</table>

步骤或说明	截图
预览试题。点击“预览测验外观”。	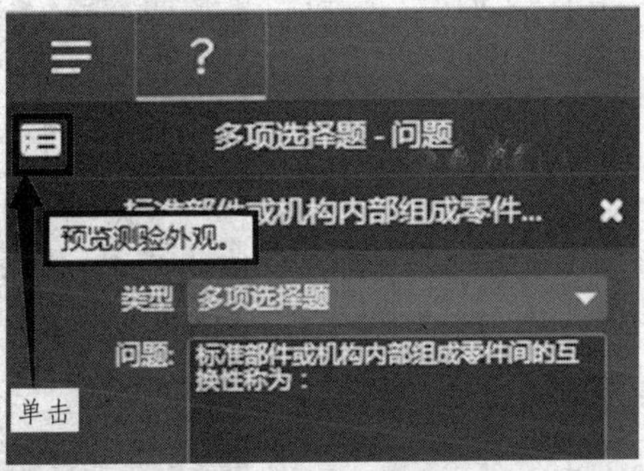
生成测试题页面，页面中显示“题目”“试题总数和当前题号”“选项”，同时还提供了“上一题”和“下一题”以及“提交答案”等按钮供用户实现翻页。	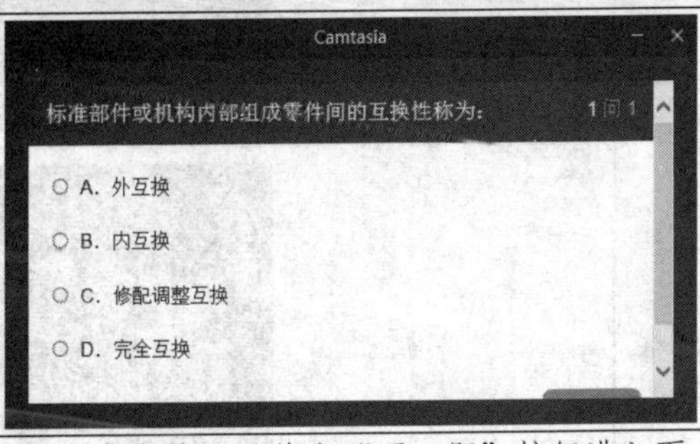
专家提示：可以在页面中选择答案答题，完成答题后单击“下一题”按钮进入下一题。依次在各个答题页面中完成答题后将获得“提交答案”按钮，单击该按钮即可提交答案并完成答题。	
勾选“显示反馈”，设置“如果正确”对应操作、“如果不正确”对应操作。	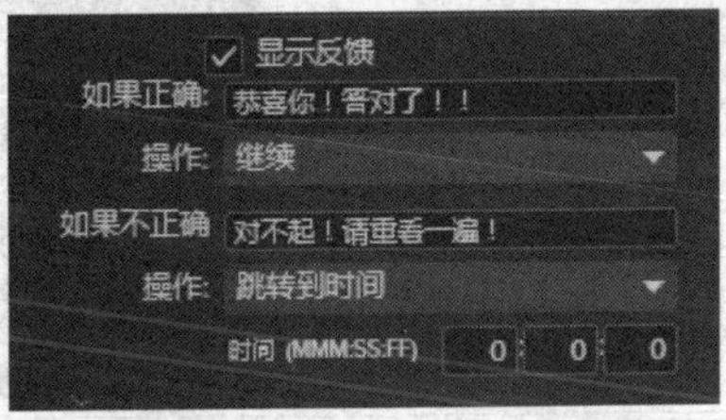
专家提示：则当学生答对题时，就会显示“恭喜你！答对了!!”，并继续播放视频；如果答错题目，就会显示“对不起！请重看一遍!”，视频会跳转到设置的时间，“0:0:0”是起点。	

8.13.7 制作填空题

步骤或说明	截图
点击“更多”→“交互”→“添加测验到时间轴”，即可在播放头位置所在的地方添加一个测验。或者在“+”处点击，将在“+”所在位置添加一个测验。	
点击“属性”→“测验选项”选项卡。在“测验名称”填写“填空题”，轨道上的名称会随之更改。	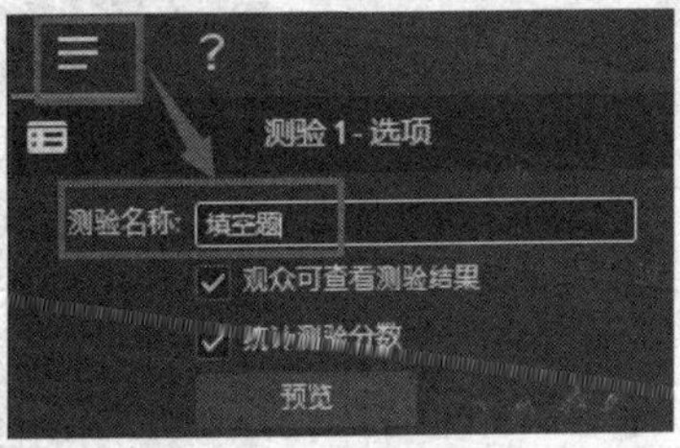

步骤或说明	截图
点击“属性”→“测验问题属性”选项卡，将“类型”选择成“填空题”。	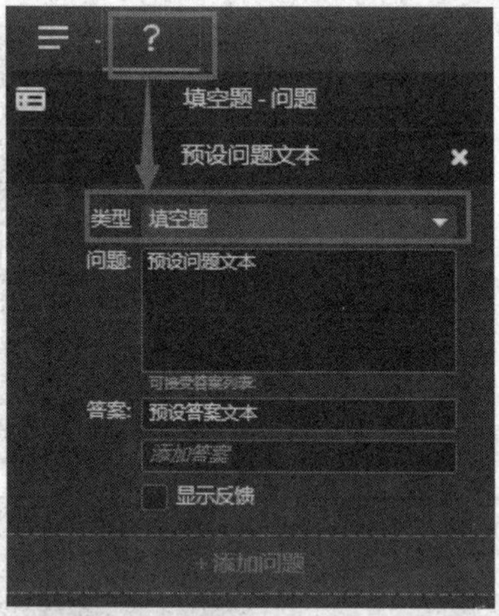
在“问题”文本框中输入问题文字。 在“答案”文本框中输入该填空题的正确答案。 多个填空，需要通过多次点击“添加答案”来完成。 单击“添加问题”，就进入添加新的填空题。	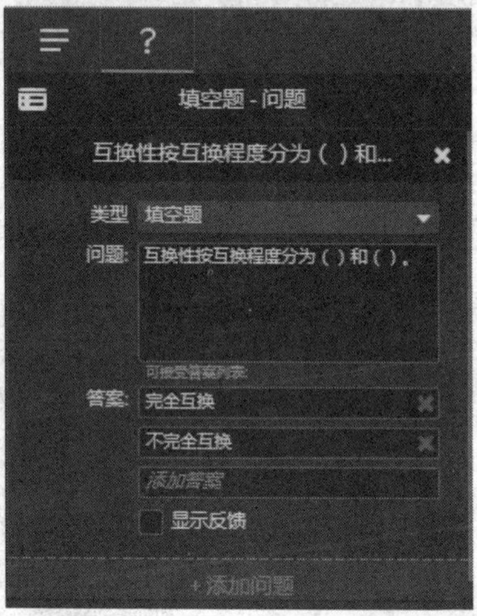
专家提示：系统无法改变文字的字体、大小和颜色等，也无法通过添加下划线的方法来制作填空题的“空位”。英文状态下，可以通过按“Shift”和主键盘区的下划线键“-”来绘制下划线。	

8.13.8 制作简答题

步骤或说明	截图
点击“更多”→“交互”→“添加测验到时间轴”，即可在播放头位置所在的地方添加一个测验。或者在“+”处点击，将在“+”所在位置添加一个测验。	
点击“属性”→“测验选项”选项卡。在“测验名称”填写“简答题”，轨道上的名称会随之更改。	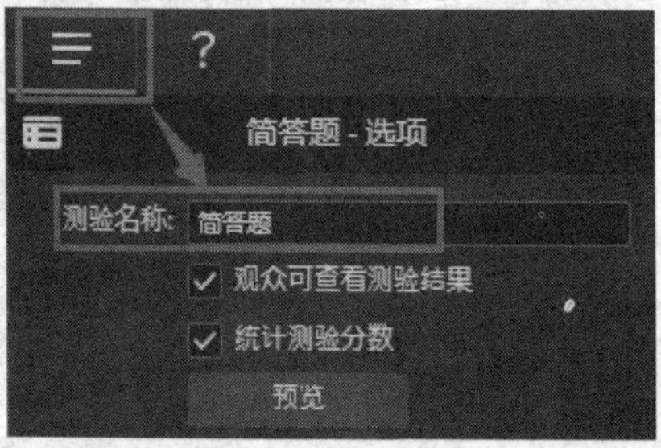

步骤或说明	截图
点击“属性”→“测验问题属性”选项卡，将“类型”选择成“简答题”。 专家提示：简答题属于主观题，因此没有要求设置正确答案。浏览器只显示答案而无法对答案进行正确与否的判断。	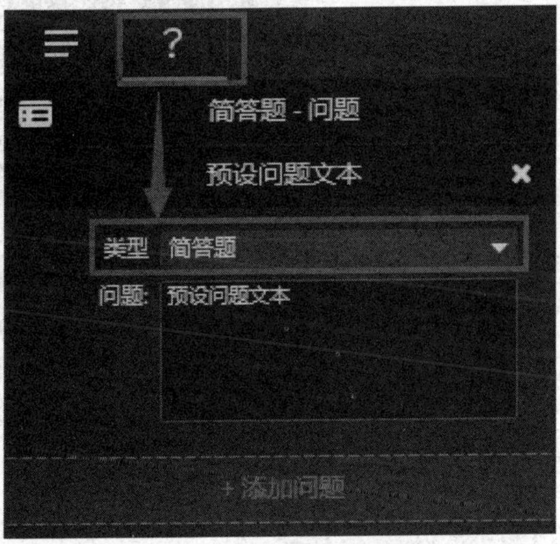

8.13.9 制作判断题

步骤或说明	截图
点击“更多”→“交互”→“添加测验到时间轴”，即可在播放头位置所在的地方添加一个测验。或者在“+”处点击，将在“+”所在位置添加一个测验。	
点击“属性”→“测验选项”选项卡。在“测验名称”填写“判断题”，轨道上的名称会随之更改。	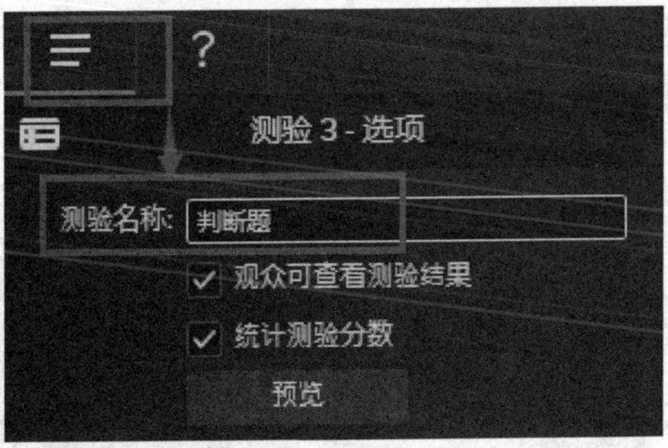
点击“属性”→“测验问题属性”选项卡，将“类型”选择成“判断题”。	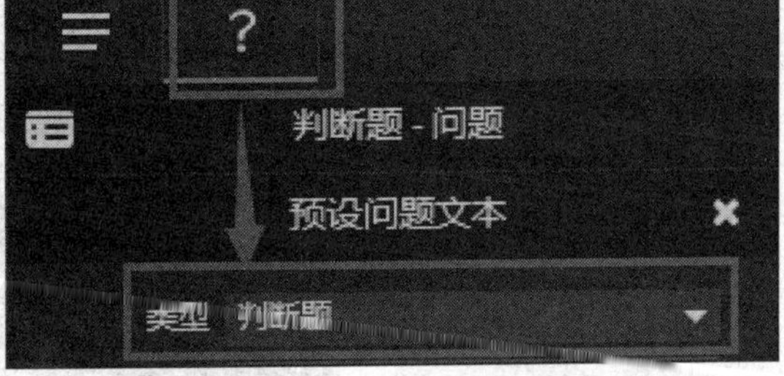

步骤或说明	截图
在“问题”文本框填写“预设问题文本”的文字内容。 点击答案，设置正确答案。 点击“添加问题”，设置下一题。	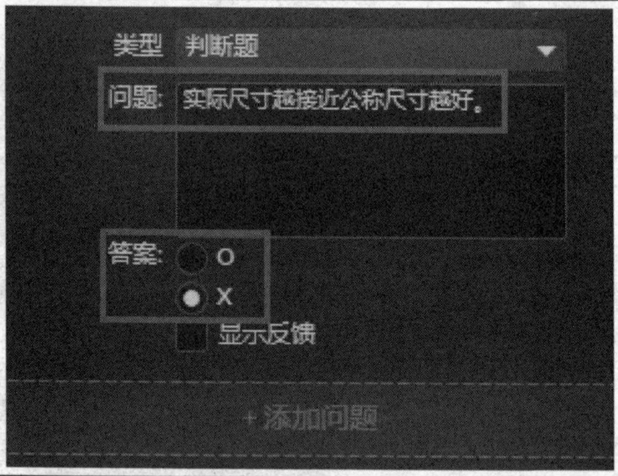

8.14 分享媒体

项目在完成编辑、修改后，需要将其分享为视频或音频文件。Camtasia Studio 可以将项目文件分享成各种常见的视频或音频格式的文件，由于不同格式文件的参数各不相同，因此项目分享的过程实际上就是对分享参数进行设置的过程。

8.14.1 分享为 MP4 格式

MP4 格式是当前使用较为广泛的一种多媒体文件格式，其文件小、品质高，同时具有较好的兼容性，主流的浏览器都能很好地支持该格式，因此该格式的文件特别适合在网络上传播，广泛用于互联网上的流媒体、光盘、网络语音发送以及电视广播等领域。

步骤或说明	截图
点击“菜单栏”中的“分享”。 选择“本地文件”。	

续表

步骤或说明	截图
或者点击程序右上角的“分享”。 选择“本地文件”。	
打开“生成向导”对话框。 如果需要对输出进行设置，点击“下一步”。	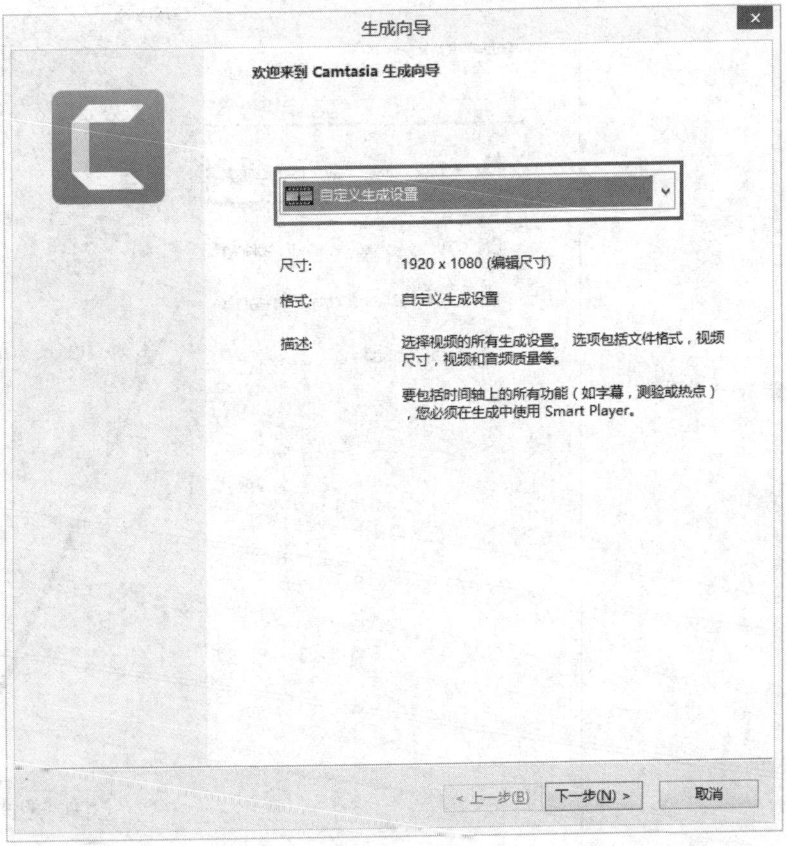

步骤或说明	截图
专家提示：展开“自定义生成设置”列表，可以看到，系统可以提供 6 种 MP4 格式的视频输出方案，可以根据需要选择使用。 专家提示：微课视频建议选择 720p 和 1080p。	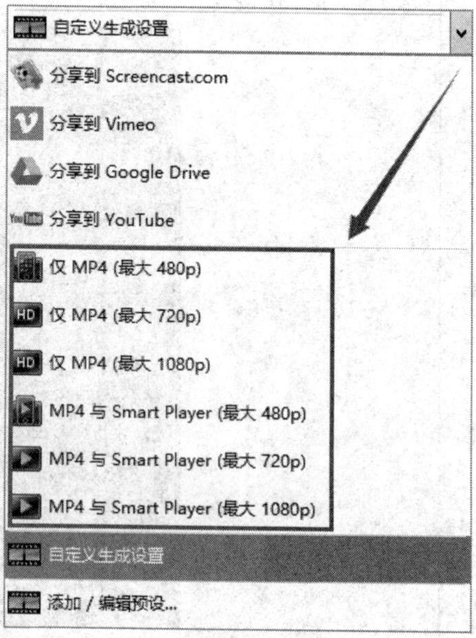
选择“默认”，点击“下一步”。	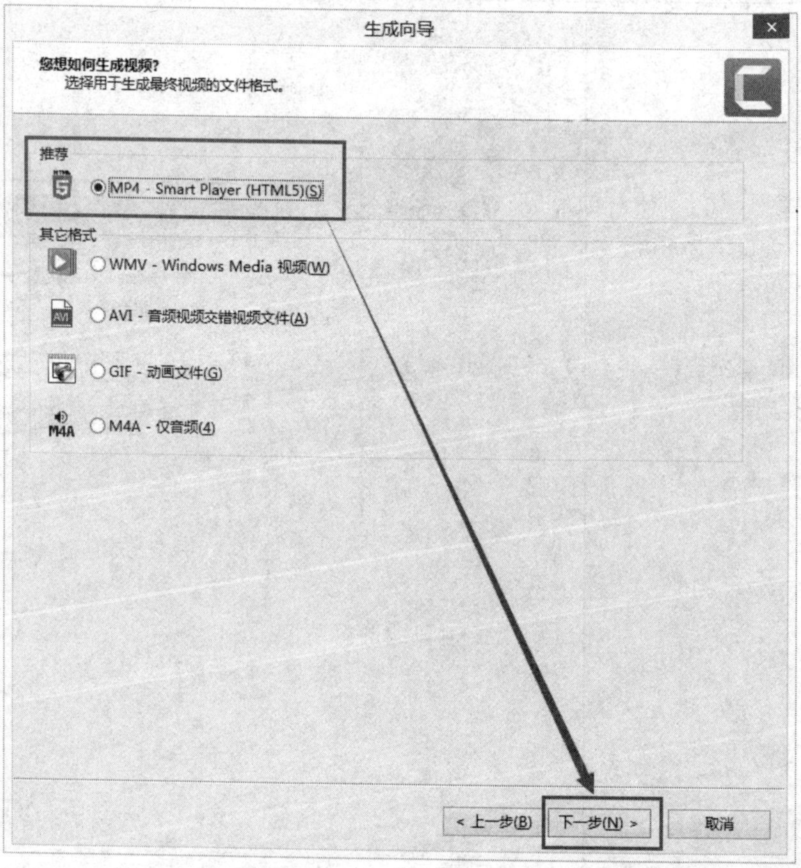

<table>
<tr><th>步骤或说明</th><th>截图</th></tr>
<tr><td>如果需要在生成MP4文件的同时生成控制条，可以选中“生成控制条”复选框。
选中“自动隐藏控制条”复选框，在视频播放时将隐藏控制条，当鼠标指针移动到控制条所在位置上时，控制条将显示。如果取消选中该复选框，控制条将一直显示。
在“视频播放完成后”列表中选择相应的选项，设置视频播放完成后进行的操作。</td><td>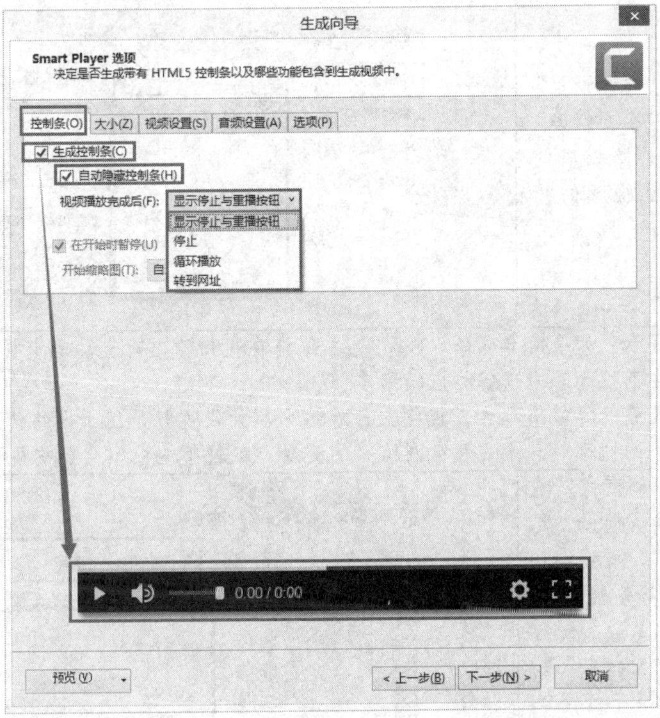
</td></tr>
<tr><td colspan="2">专家提示：默认选中“在开始时暂停”复选框，在“开始缩略图”列表中选择“自动”选项。视频开始播放时将停止在第一帧并给出“播放”按钮，单击该按钮视频开始播放。</td></tr>
<tr><td colspan="2">专家提示：在“视频播放完成后”列表中，选择“显示停止重播按钮”选项时，视频播放完后将停止在最后一帧，并显示一个“重播”按钮。如果选择“停止”选项，视频播放完成后将停止在视频的最后一帧，只有单击播放控制器上的“播放”按钮才能使视频从头开始播放。选择“循环播放”选项，当视频播放完成后，视频将自动从头开始播放。选择“转到网址”选项，在其下的文本框中输入URL地址，视频播放完成后将使用默认浏览器跳转到指定的网址。</td></tr>
<tr><td>点击“大小”选项卡，在“嵌入大小”和“视频大小”栏的“宽度”和“高度”文本框中输入数值，设置视频的嵌入大小和视频的大小。
专家提示：“嵌入大小”是指视频在嵌入到浏览器中的大小，“视频大小”则指生成视频文件的播放大小。</td><td>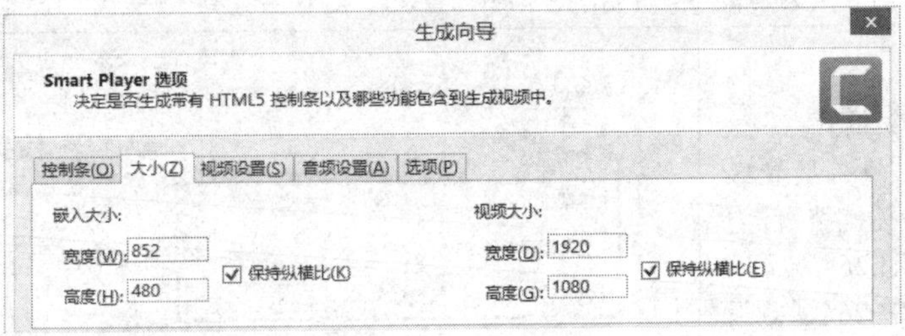
</td></tr>
<tr><td colspan="2">专家提示：如果“嵌入大小”和“视频大小”相同，在网络中使用浏览器播放视频时，视频的效果与原始视频效果相同。
最好不要将“视频大小”设置得小于“嵌入大小”。
如果选中了“保持纵横比”复选框，则调整视频的“宽度”或“高度”中的任意一个值时，将能够根据其原来的纵横比自动获得另一个参数的值。</td></tr>
</table>

续表

<table>
<tr><th>步骤或说明</th><th>截图</th></tr>
<tr><td>点击“视频设置”选项卡，在“帧率”列表中选择相应的选项设置视频的帧率。</td><td>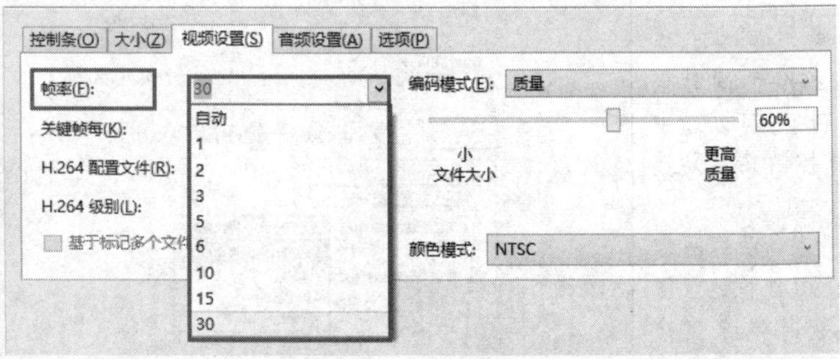
</td></tr>
<tr><td colspan="2">专家提示：如果帧率选择“自动”，系统将在视频输出时自动确定视频的帧率，用户可以根据具体的情况在下拉列表中选择相应帧率。
需要提醒的是帧率越大，视频文件就越大。如果视频是用于网络传播，应该根据网络带宽进行设置，较小的帧率有利于视频在网络上的传播，但较小的帧率会影响视频播放效果。</td></tr>
<tr><td>在“编码模式”列表中，默认选择“质量”选项，拖动其下的滑块调整视频质量。
选择“比特率”选项，拖动其下的滑块或在其后文本框中输入数值设置视频的比特率。</td><td>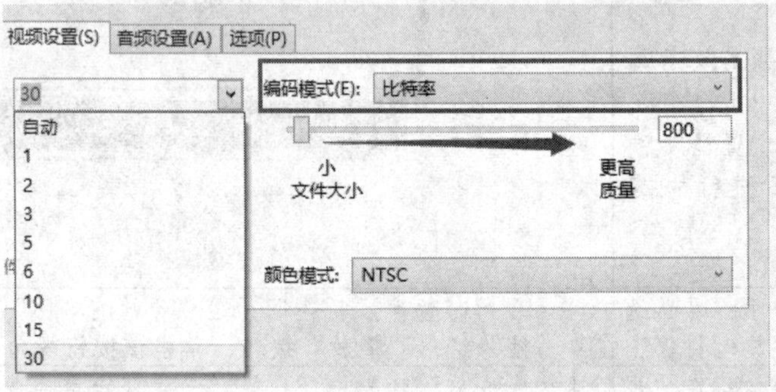
</td></tr>
<tr><td colspan="2">专家提示：比特率表示经过编码（压缩）后的音、视频数据每秒需要用多少个比特来表示。比特率与音、视频压缩有关，简单地说，比特率越高，音、视频的质量就越好，但编码后的文件就越大；如果比特率越少，则情况刚好相反。</td></tr>
<tr><td colspan="2">专家提示：默认将“编码模式”设置为“质量”，将以质量优先的原则设置视频的比特率，使视频获得需要的播放质量但不会造成文件尺寸的过度增加。而将“编码模式”设置为“比特率”，用户就可以根据需要对输出视频的比特率进行设置。建议将“编码模式”设置为“质量”。</td></tr>
<tr><td>在“关键帧每”文本框中输入数值设置每秒关键帧数，再设置“H.264 配置文件”和“H.264 级别”。</td><td>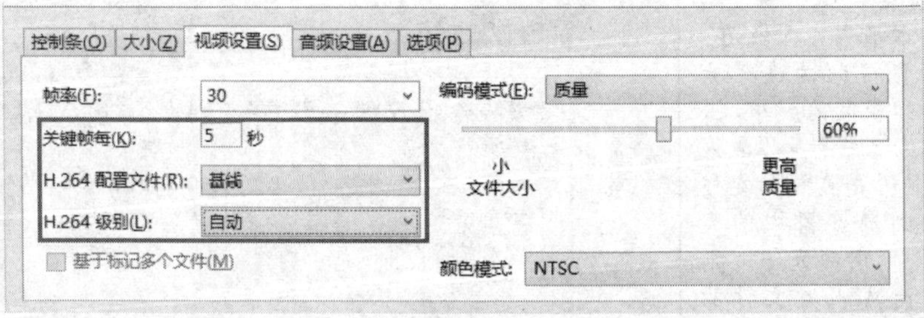
</td></tr>
<tr><td colspan="2">专家提示：动画的每一帧实际上就是一个静态图像，连续的帧就显示为动画。这里，“关键帧每”文本框用于设置每秒显示的帧数，其值越大显示的动画就越流畅、越真实。H.264 是一种高性能的视频编解码技术，它可以在尽可能低的存储情况下，获得好的图像质量和低带宽图像快速传输。这里建议一般用户，“H.264 配置文件”和“H.264 级别”这两个设置项使用系统的默认值。</td></tr>
</table>

续表

<table>
<tr><th>步骤或说明</th><th>截图</th></tr>
<tr><td>点击“音频设置”选项卡，选中“音频编码”复选框，在其下的“比特率”列表中选择相应的选项设置音频编码的比特率。
专家提示：如果在输出项目时不希望视频中包含声音，在这里就取消对“音频编码”复选框的勾选。</td><td>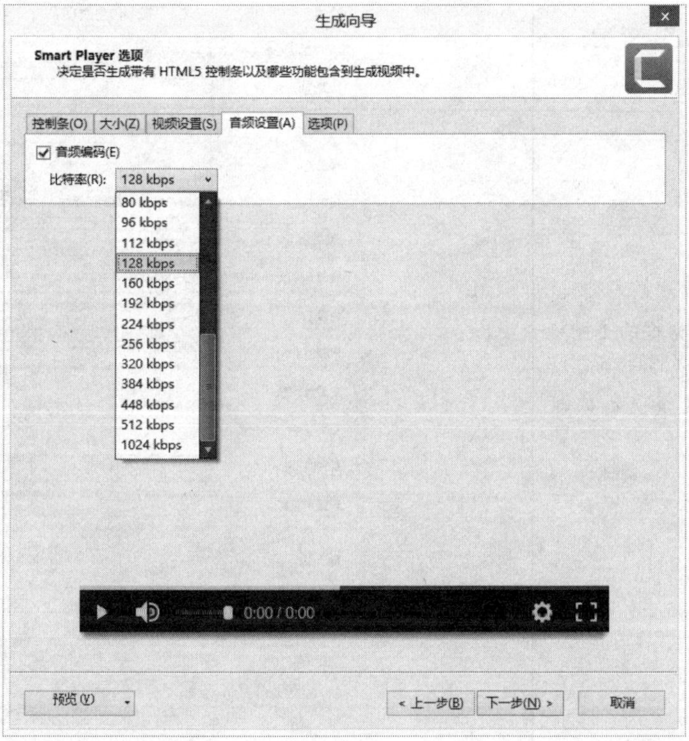
</td></tr>
<tr><td>点击“下一步”，进入“视频选项”设置。
点击“视频信息”栏中的“选项”按钮，打开“视频信息选项”对话框。</td><td>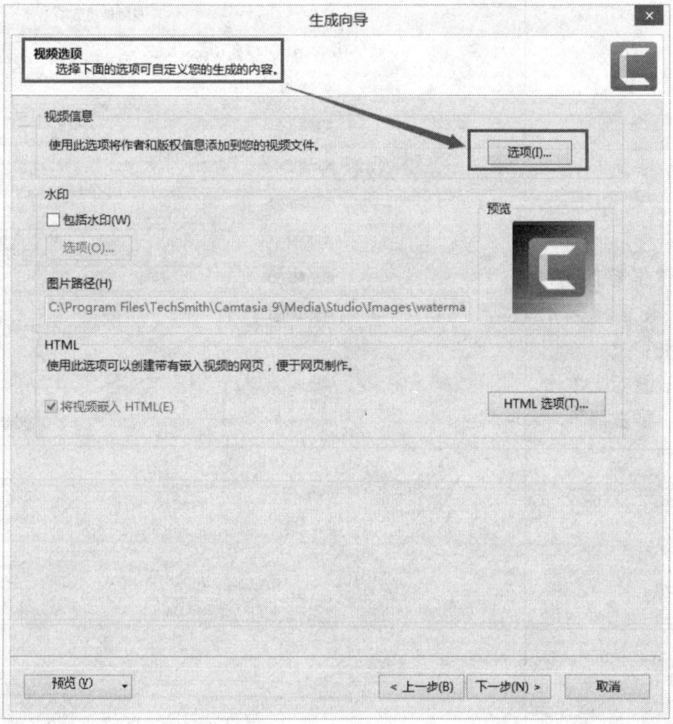
</td></tr>
</table>

续表

<table>
<tr><th>步骤或说明</th><th>截图</th></tr>
<tr><td>在“视频信息选项”对话框的“视频信息”选项卡中可以输入视频项目的相关信息。</td><td>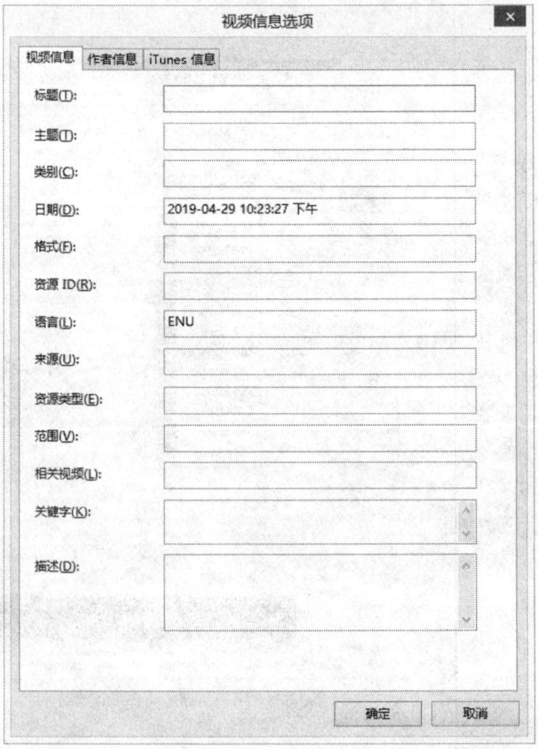
</td></tr>
<tr><td>打开“作者信息”选项卡，设置视频作者的有关信息。
完成设置后，单击“确定”，单击“下一步”按钮。</td><td>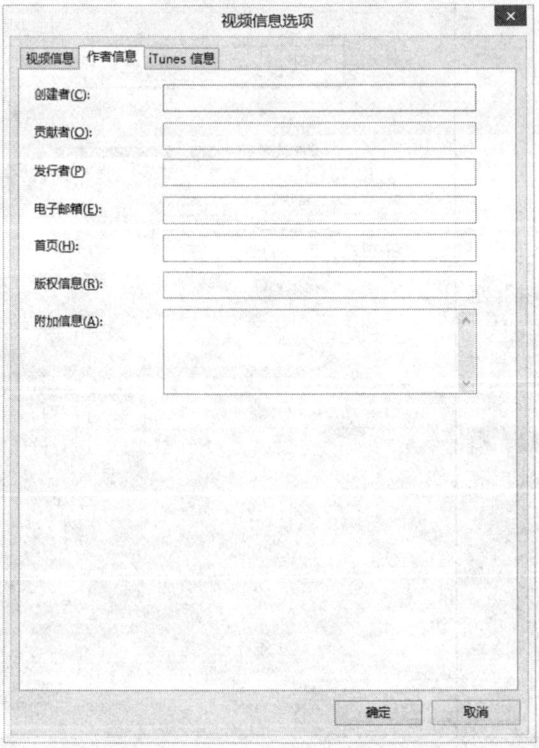
</td></tr>
</table>

<table>
<tr><th>步骤或说明</th><th>截图</th></tr>
<tr><td>弹出“测验报告”选项。
单击“下一步”按钮。</td><td>
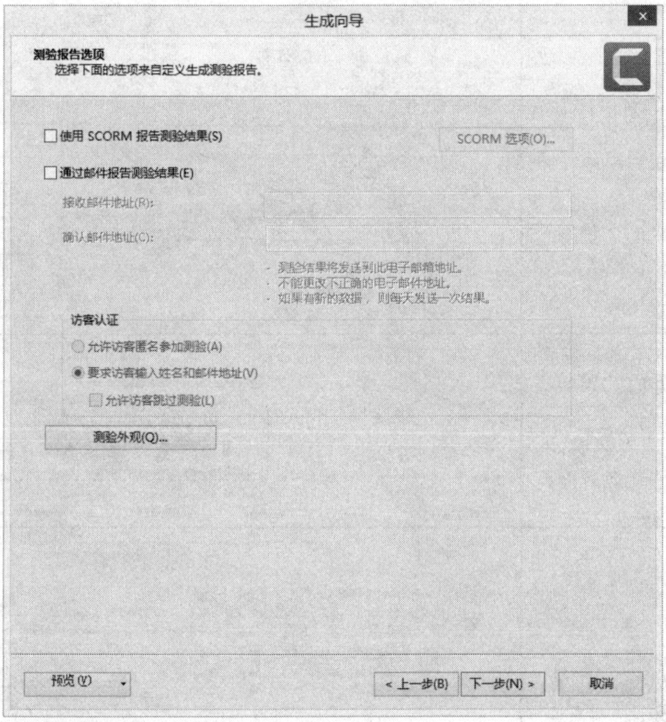

</td></tr>
<tr><td>弹出“生成视频”选项。
在对话框的“项目名称”文本框中设置项目名称。
单击“文件夹”文本框右侧的按钮，打开“另存为”对话框。
专家提示：默认勾选“将生成的文件组织到子文件夹中”，则生成的文件将放置到指定文件夹内的一个子文件夹中，该文件夹名称为项目名称。
专家提示：默认勾选“生成后播放视频（上传之前）”，在生成视频后将会播放视频，在对话框的下方将显示生成的文件夹以及生成的文件列表。</td><td>
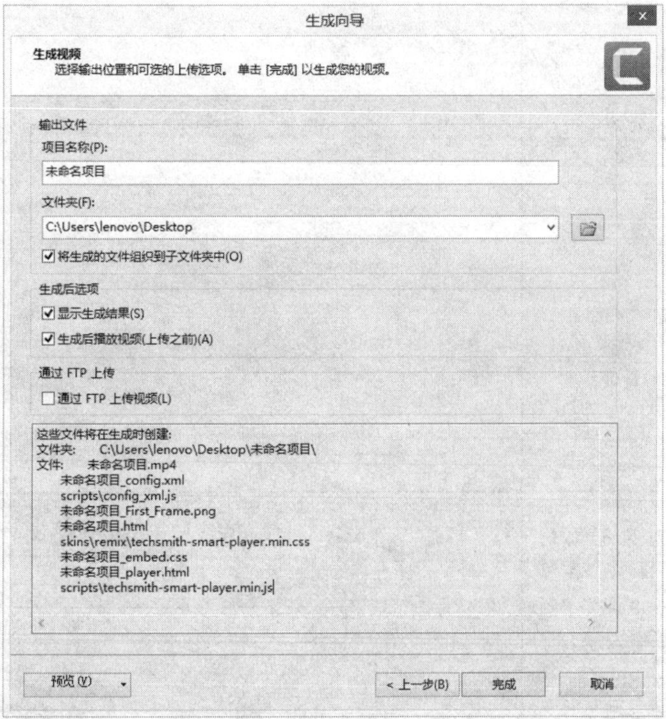

</td></tr>
</table>

步骤或说明	截图
在“另存为”对话框中选择保存的文件夹并设置文件名。完成设置后单击“保存”按钮。 返回“生成视频”选项。	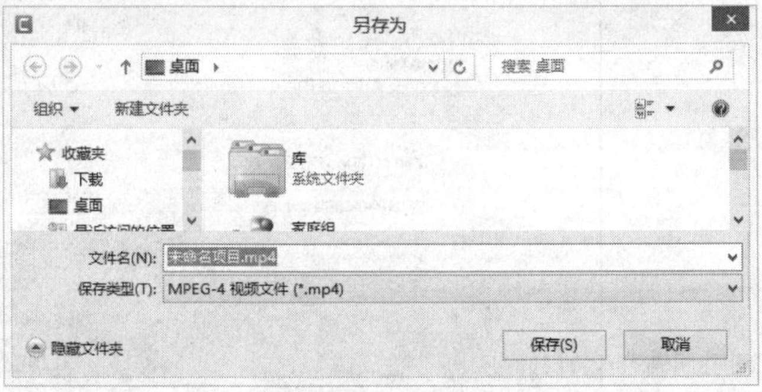
完成设置后，单击对话框下的“预览”按钮。 在打开的列表中选择“预览管理器”选项。	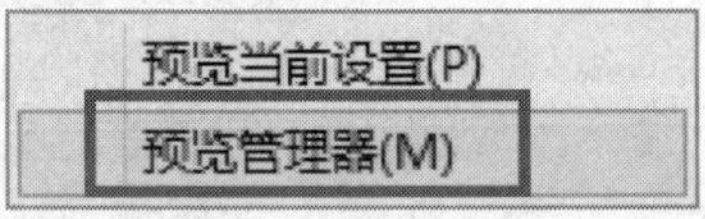
点击“关闭”。	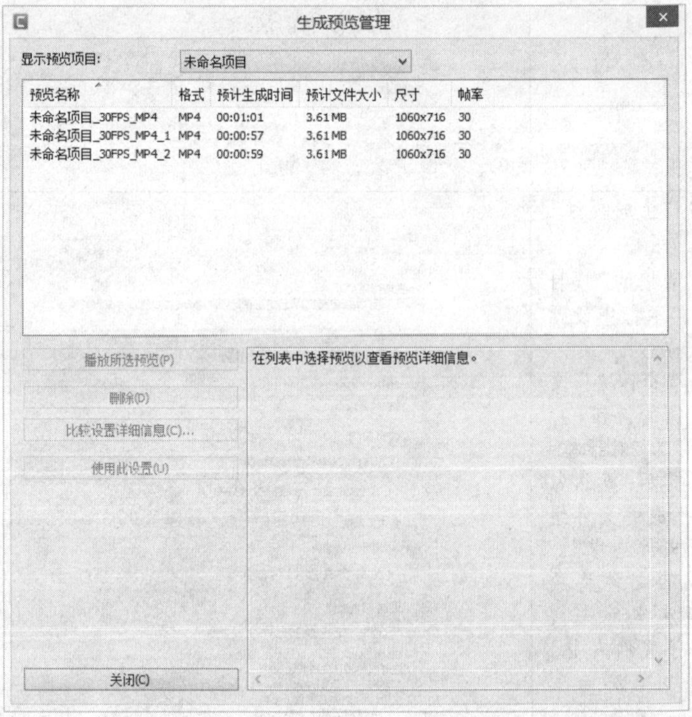
单击对话框下的“预览”按钮，在打开的列表中选择“预览当前设置”选项，Camtasia Studio 将开始“渲染预览”。	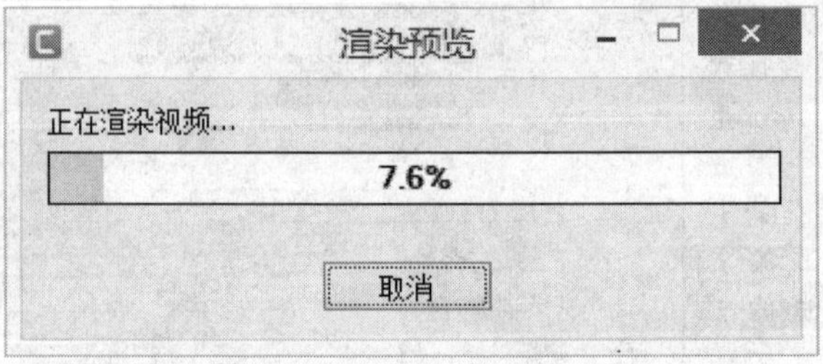

<table>
<tr><th>步骤或说明</th><th>截图</th></tr>
<tr><td colspan="2">专家提示："渲染预览"结束后，系统会自动打开系统默认的浏览器，用户可以在浏览器中预览视频效果。</td></tr>
<tr><td>单击"完成"按钮，系统将按照设置进行视频的生成，开始渲染项目。</td><td>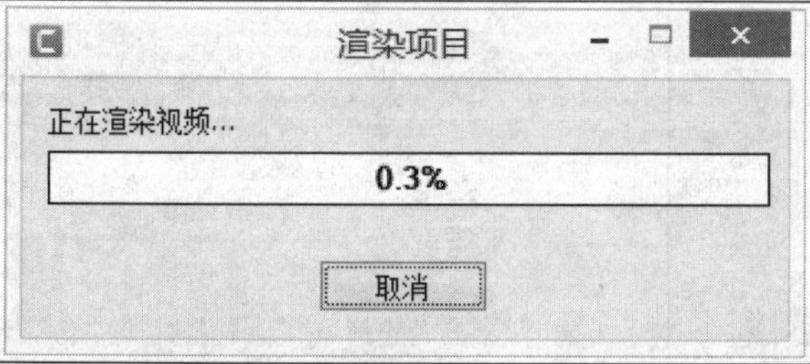
</td></tr>
<tr><td>渲染结束后，默认浏览器会打开视频。</td><td>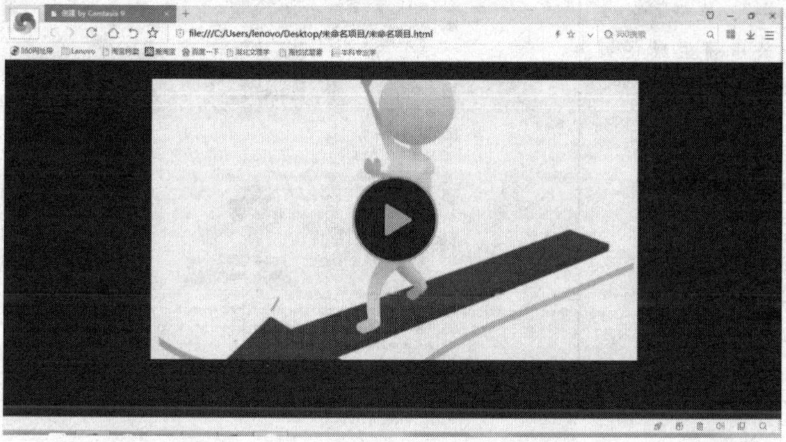</td></tr>
<tr><td>弹出"生成结果"。
单击"完成"按钮完成项目的生成。</td><td>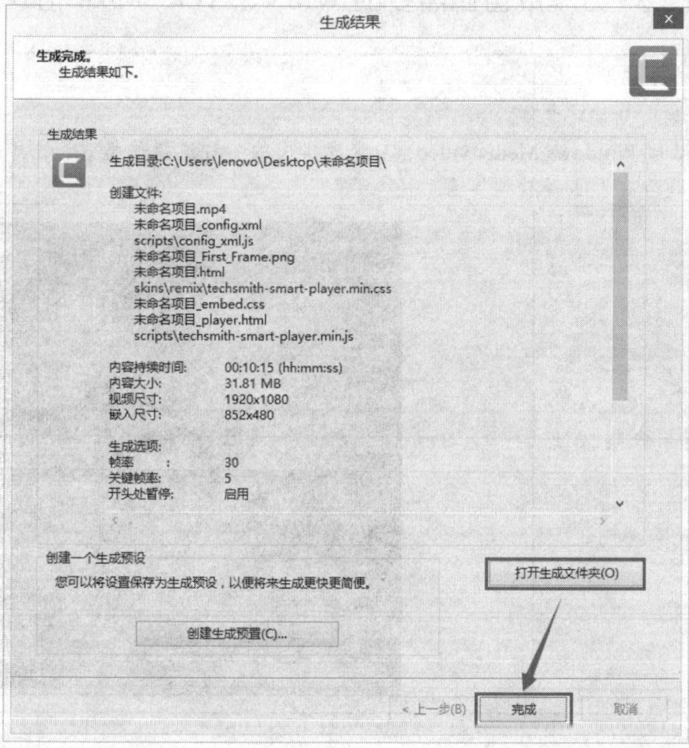
</td></tr>
</table>

步骤或说明	截图
点击“打开生成文件夹”，在设置的文件夹中将生成视频文件和相关的文件。	

8.14.2 分享成自己需要的 WMV、AVI、M4A 格式

步骤或说明	截图
（1）生成 WMV 文件。 WMV 即 Windows Media video，是微软推出的一种流媒体格式，该格式的文件可以边下载边播放，因此很适合在网上播放和传输。	
按图示步骤依次点击。	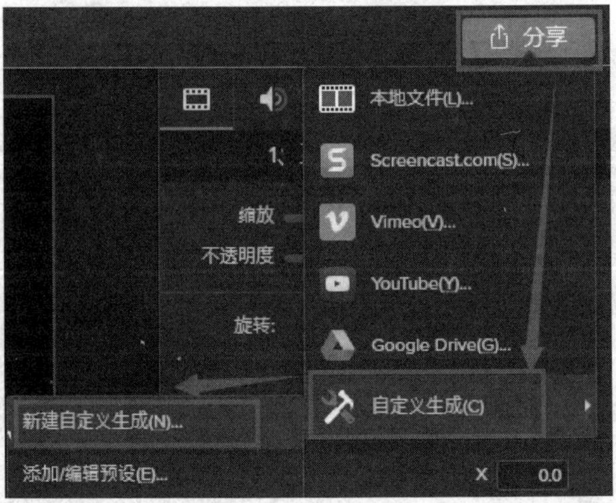

步骤或说明	截图
选择“WMV”，点击“下一步”。	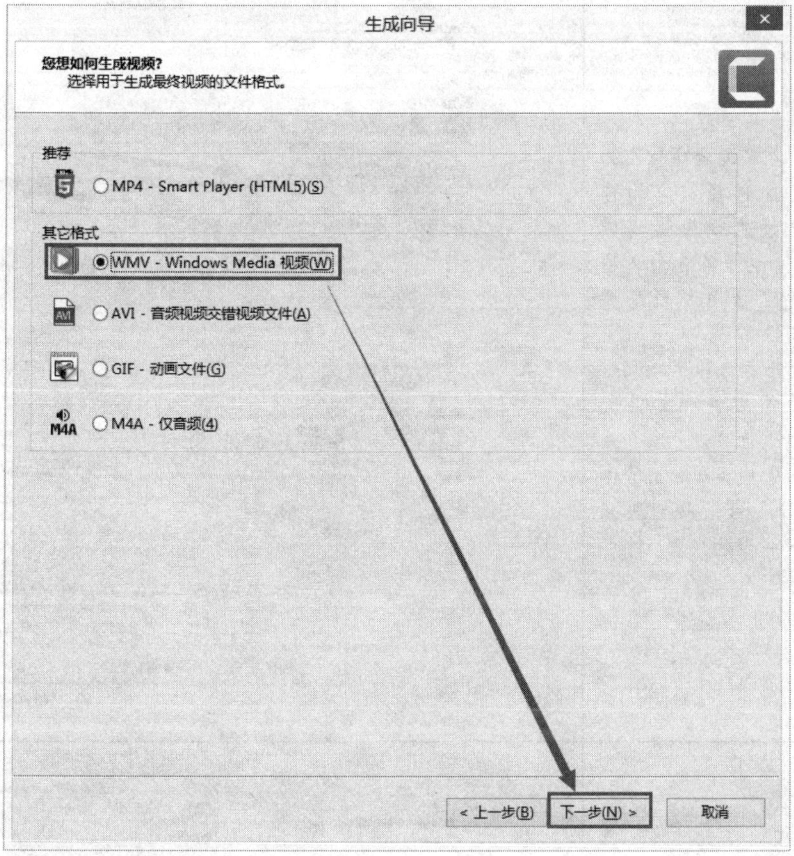
弹出“警示”，点击“确定”。	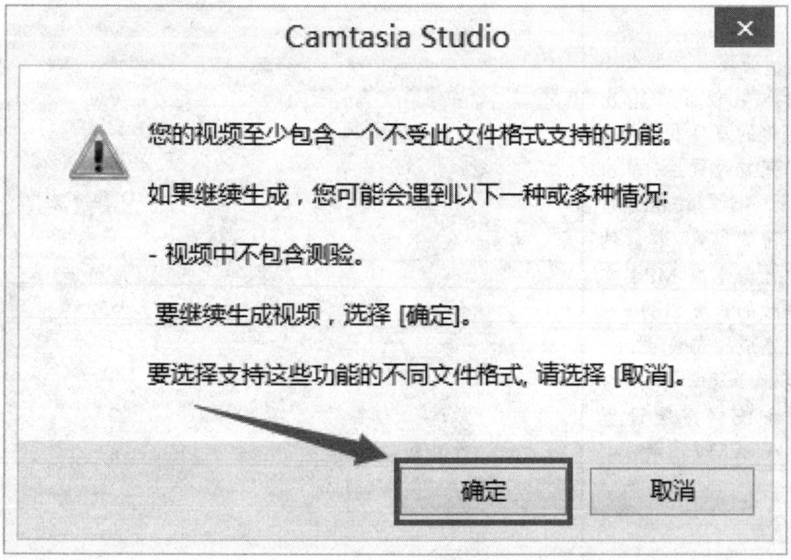

<table>
<tr><th>步骤或说明</th><th>截图</th></tr>
<tr><td>在“配置文件”列表中选择相应的选项设置视频编码方式。这里的3个选项对应3个编码配置文件。
推荐选择“Camtasia最佳质量和文件大小”选项。
完成设置后，单击“下一步”按钮进入下一步的设置。</td><td>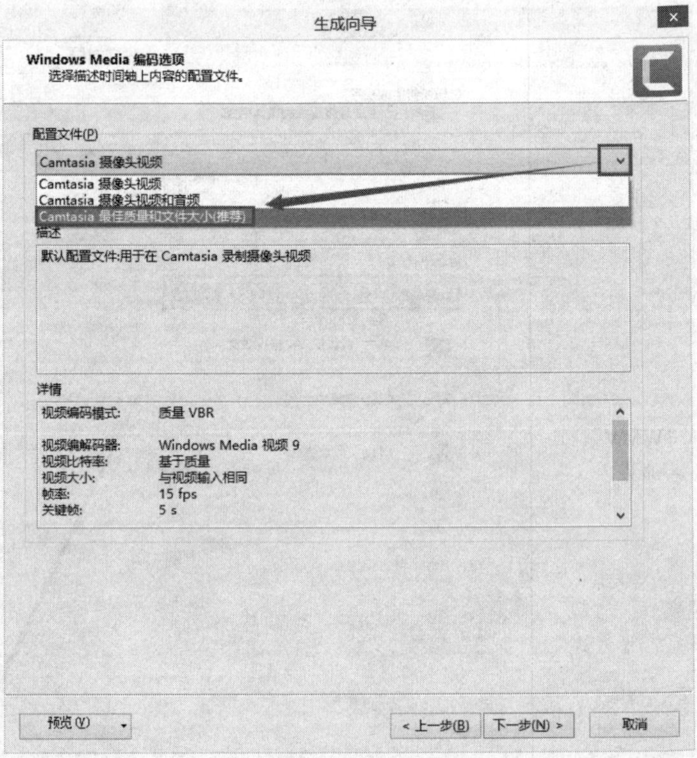
</td></tr>
<tr><td>选择“自定义大小”选项，在“宽度”和“高度”文本框中输入数值设置输出视频的宽度和高度。
完成设置后，单击“下一步”按钮进行下面的设置，其后的设置与生成MP4文件时的设置相同。
完成全部设置后，单击“完成”按钮。
系统将按照设置生成WMV文件。</td><td>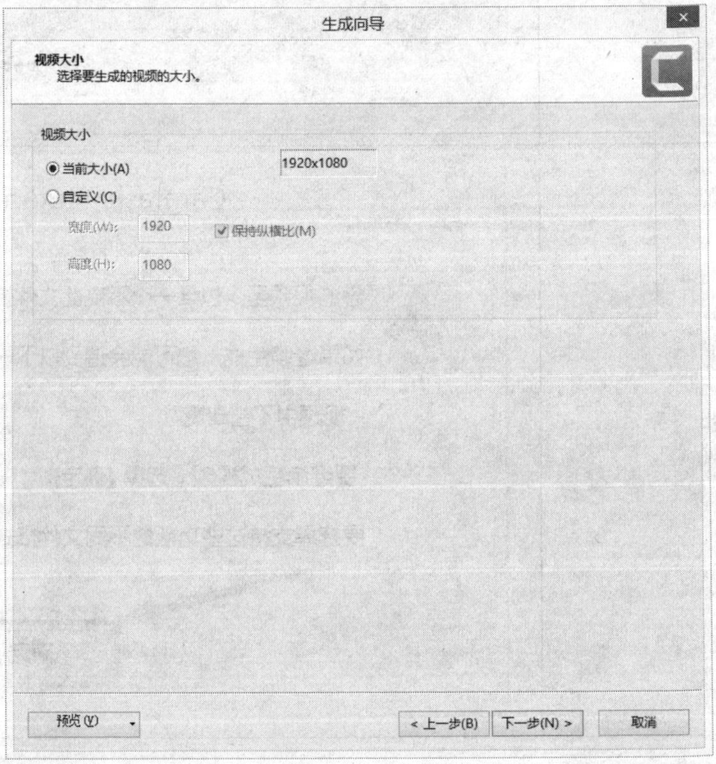
</td></tr>
</table>

续表

<table>
<tr><th>步骤或说明</th><th>截图</th></tr>
<tr><td colspan="2">（2）生成 AVI 文件。
AVI 的全称是 Audio Video Interleaved，即音频视频交错格式。它是 Microsoft 公司推出的一种视频格式。该格式的文件可以将视频和音频交织在一起同步播放，其优点是可以跨多个平台使用，视频具有较高的质量，缺点是文件体积较大。</td></tr>
<tr><td>在“生成向导”对话框，中选择“AVI-音频视频交错视频文件”选项。
单击“下一步”按钮进入下一步设置。</td><td>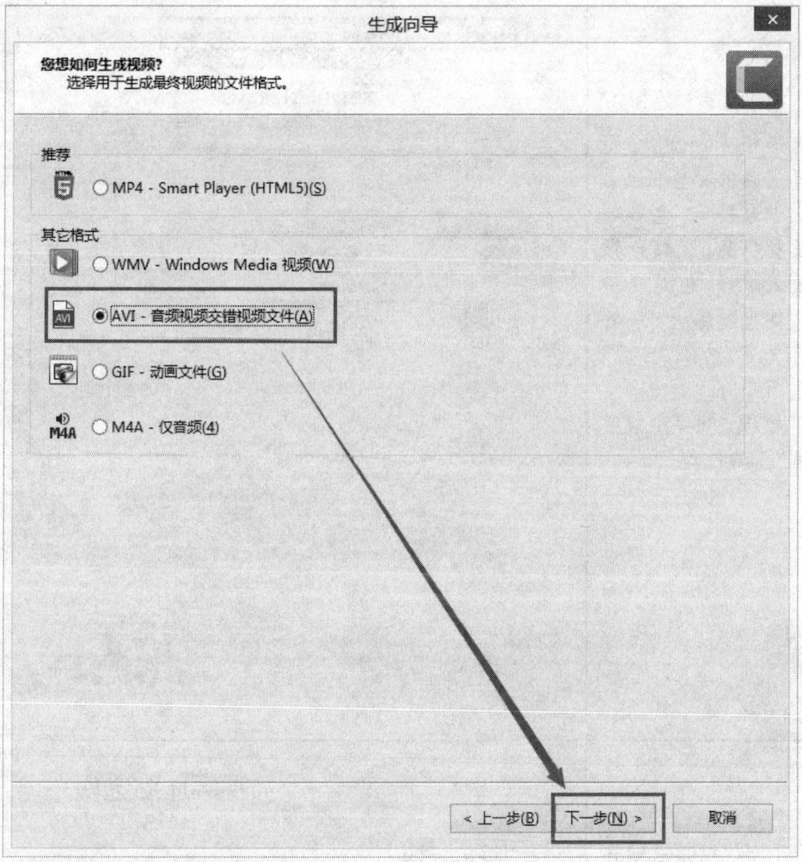
</td></tr>
<tr><td>有时会弹出“警示”。
点击“确定”。</td><td>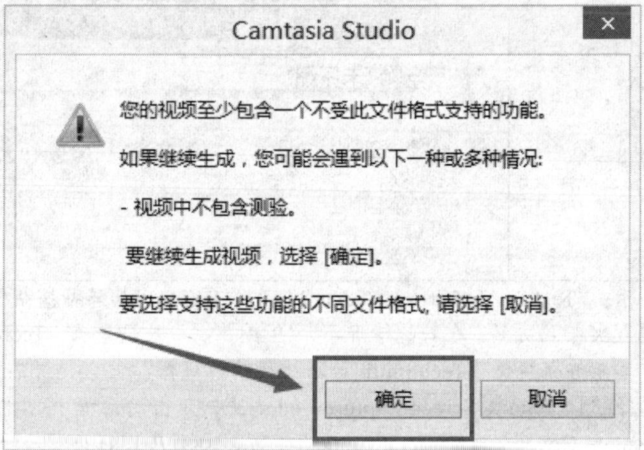
</td></tr>
</table>

<table>
<tr><th>步骤或说明</th><th>截图</th></tr>
<tr><td>在“色彩”列表中选择相应的选项，设置视频的颜色位数。
专家提示：色彩数设置越高，视频色彩效果越好，但是视频文件也就越大。一般情况下，选择“自动”选项即可。
然后点击“视频压缩”按钮。</td><td>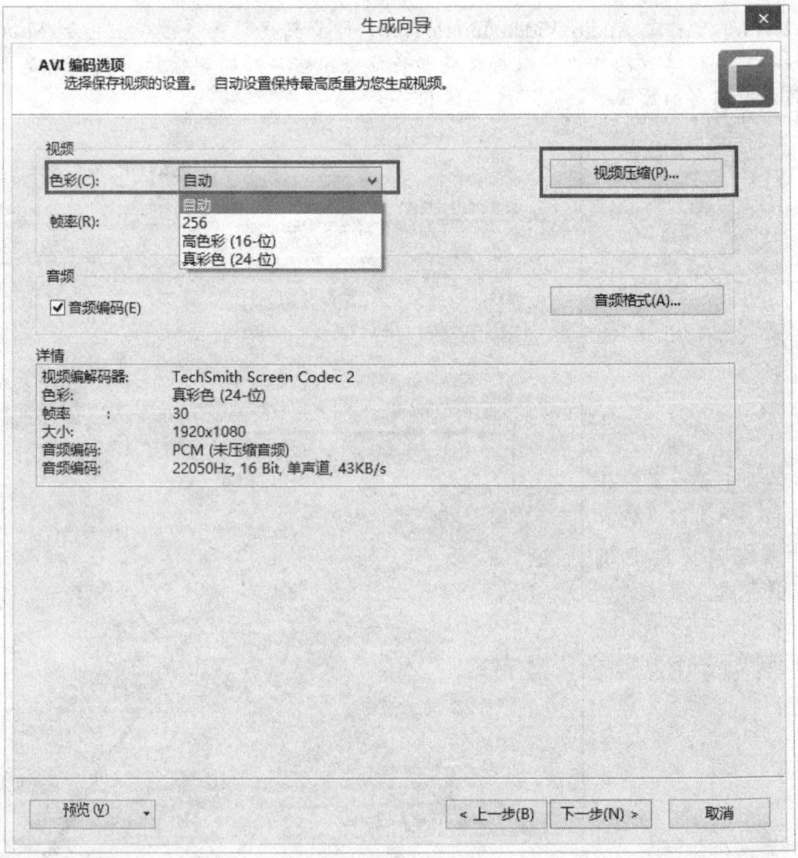
</td></tr>
<tr><td>打开“视频压缩选项”对话框，在“压缩工具”列表中选择相应的选项指定视频压缩方案，如图所示。
点击“确定”。</td><td>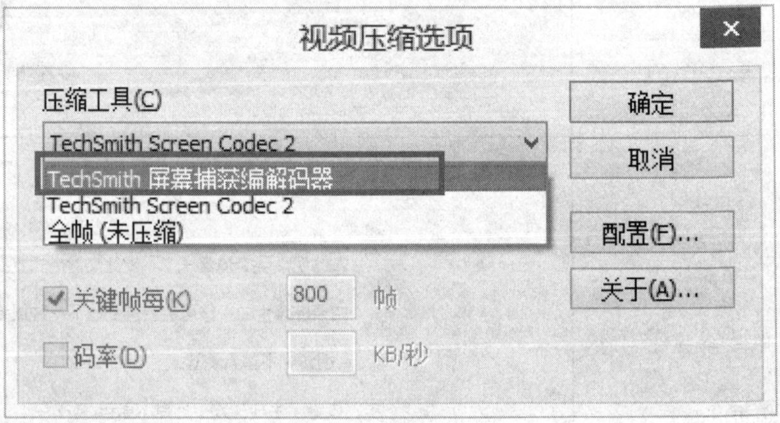
</td></tr>
<tr><td colspan="2">专家提示：“TechSmith Screen Codec 2”和“TechSmith 屏幕捕获编解码器”是 TechSmith 提供的两种 AVI 视频编码方案。在默认情况下，“压缩工具”被设置为“TechSmith Screen Capture Codec 2”，使用该方案能够获得比“TechSmith 屏幕捕获编解码器”方案更好的视频品质，且文件大小也小些。
如果选择“TechSmith Screen Capture Codec 2”，单击对话框中的“配置”按钮，将打开 Techsmith Screen Capture Codec 2 对话框，在对话框中可以对画质进行设置。</td></tr>
</table>

<table>
<tr><th>步骤或说明</th><th>截图</th></tr>
<tr><td>在“帧率”列表框中选择相应的选项可以对帧率进行设置。
专家提示：选择较小的帧率将能够减小 AVI 文件的大小。默认情况下，帧率设置为“自动”。</td><td>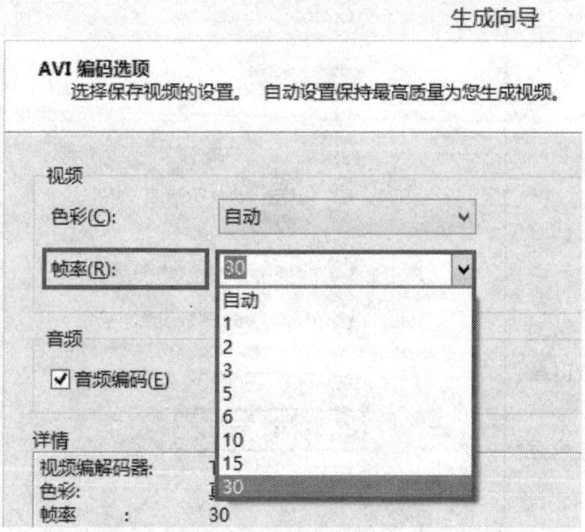
</td></tr>
<tr><td>选中“音频编码”，单击“音频格式”按钮，打开“音频格式”对话框，即可对音频的格式进行设置。如果要去除所得 AVI 视频中的声音，取消选中“音频编码”即可。
完成设置后，单击“确定”→“下一步”，按照前面的介绍的步骤完成剩下的设置后，即可将视频导出为 AVI 文件。</td><td>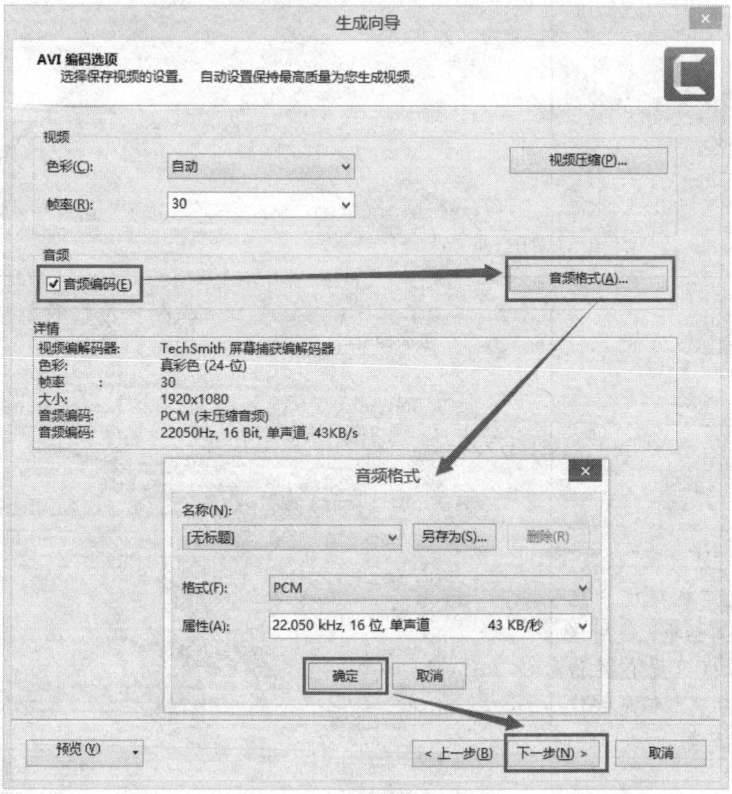
</td></tr>
<tr><td colspan="2">（3）生成 M4A 文件。
M4A 是 MPEG-4 音频标准的文件的扩展名。在 MPEG4 标准中提到，普通的 MPEG4 文件扩展名是“.mp4”。自从 Apple 开始在它的 iTunes 以及 iPod 中使用“.m4a”以区别 MPEG4 的视频和音频文件以来，“.m4a”这个扩展名就变得流行了。目前，几乎所有支持 MPEG4 音频的软件都支持“.m4a”。
在制作微课时，如果只需要获得项目中声音或者使用 Camtasia Studio 录音，就需要将项目导出为 M4A 声音文件。</td></tr>
</table>

续表

<table>
<tr><th>步骤或说明</th><th>截图</th></tr>
<tr><td>在“生成向导”对话框中选择“M4A-仅音频”选项。
单击“下一步”按钮进入下一步的设置。</td><td>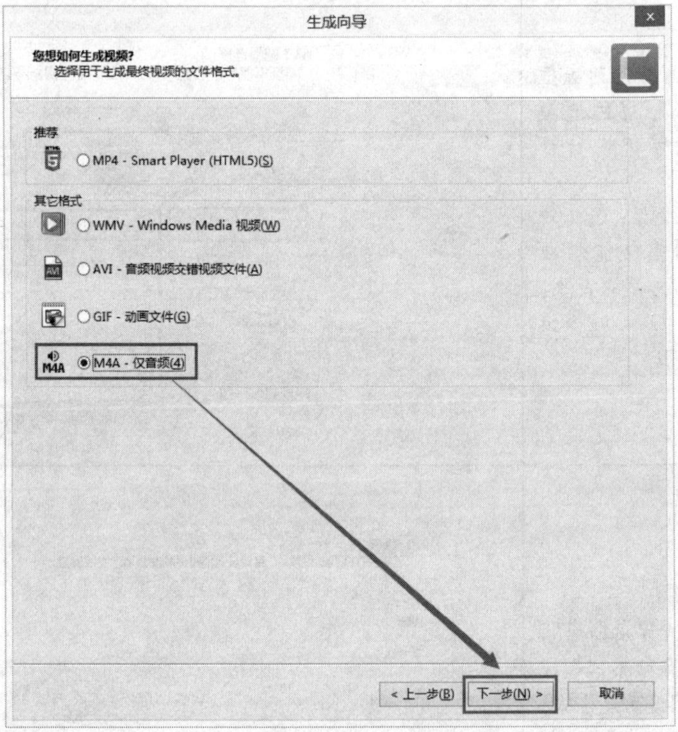
</td></tr>
<tr><td>单击“选项”按钮，打开“视频信息选项”对话框，使用该对话框设置有关信息，如视频信息和作者信息等。</td><td>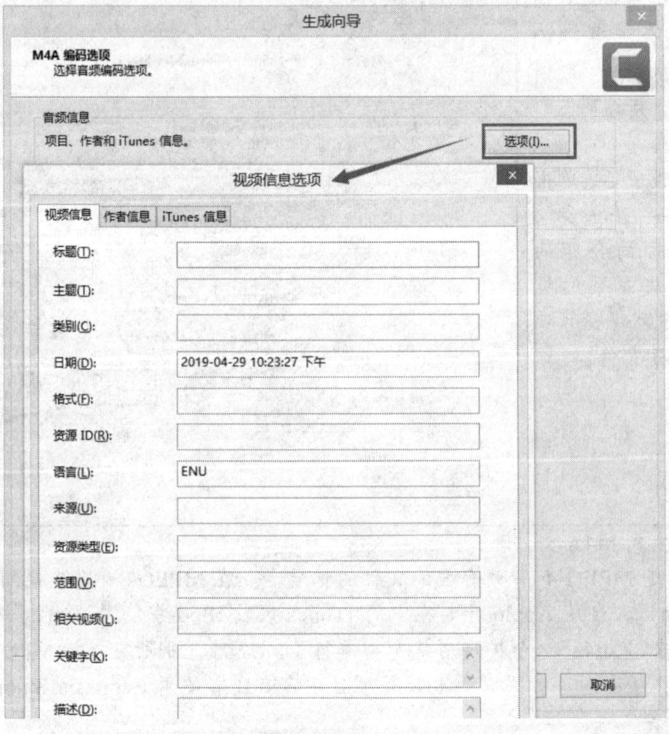
</td></tr>
</table>

续表

步骤或说明	截图
根据需要在“比特率”列表中选择相应的比特率。 完成设置后，单击“下一步”按钮，按照前面的介绍，完成剩下的设置后，即可将视频导出为 M4A 文件。	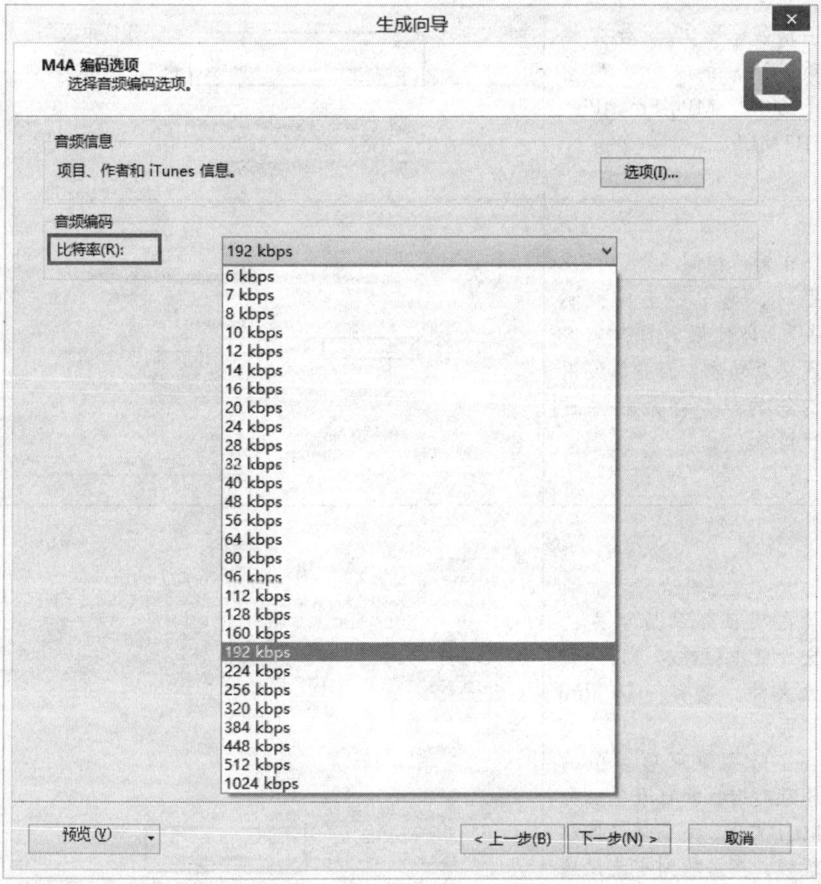
专家提示：系统还支持导出 GIF 格式。该格式的文件能在一个文件中保存多幅图像，将这些图像读出，并显示到屏幕上，就可以获得动画效果。 GIF 格式的文件采用的是一种有损压缩技术，因此其文件体积较小，但是画质较差，该格式的动画文件还存在无法保存音频数据问题，因此适合于网速较慢的互联网，不适合微课视频的输出。 老版本的 Camtasia 还支持输出 MOV 和 M4V 格式的文件，要输出上述这两种视频格式，系统中必须安装 QucikTime 播放器。	

8.14.3　分享时如何保留交互

一般的视频文件只是一种包含了音频和视频信息的文件，只能利用播放器来实现对播放的控制，而无法实现人机交互。所以，如果在 Camtasia Studio 编辑器的项目中添加了测试题或跳转功能后，再将项目分享成 WMV、AVI 这类视频文件时，控制视频跳转的热点对象在视频中会失去功能，而添加到“测验”视图中的测试题在视频中也将不显示。

<table>
<tr><th>步骤或说明</th><th>截图</th></tr>
<tr><td>在输出带有热点功能和测试题的项目时，要保证功能能够实现，必须将项目生成的文件类型指定为“MP4-SmartPlay（HTML5）”。</td><td>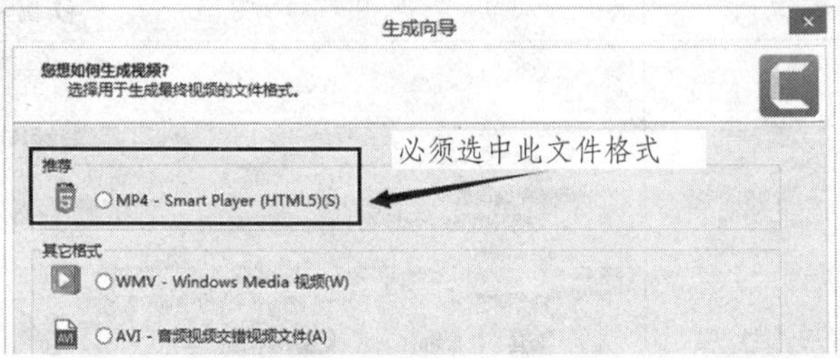
</td></tr>
<tr><td>在对“控制条”进行设置时，选中“生成控制条”，即使用浏览器来实现交互功能，而并非使用传统的视频播放软件进行播放。</td><td>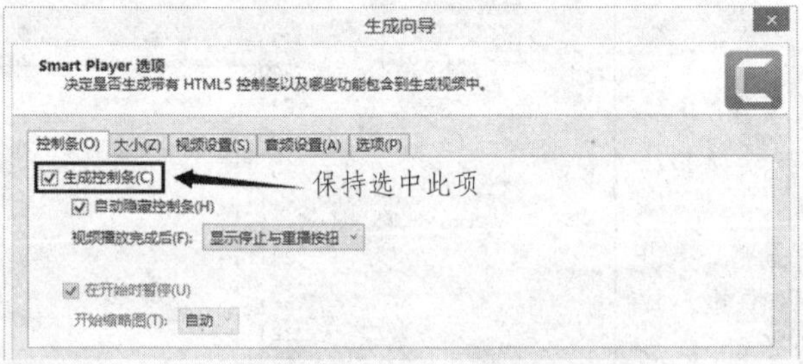
</td></tr>
<tr><td>在项目分享后生成的文件夹中，既有 MP4、视频文件，也有一个 html 页面文件。
当需要使用项目中的测试题时，就打开生成的 html 文件，浏览器将播放视频，当播放到有测试题的位置时，即可开始答题。</td><td>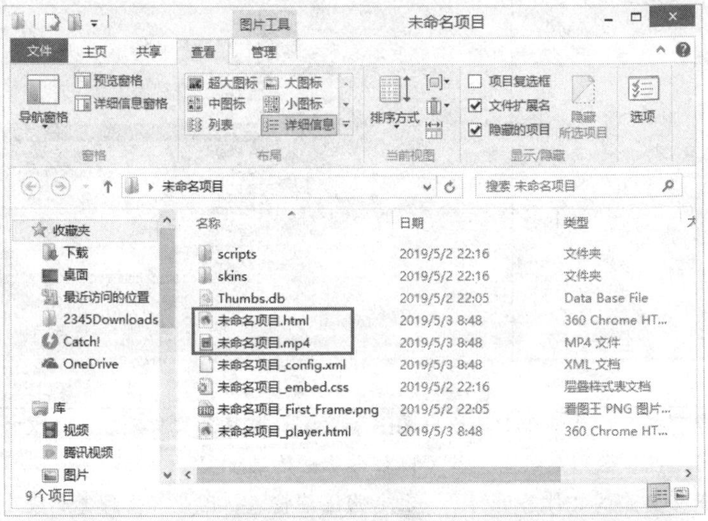
</td></tr>
<tr><td>填写或者选择答案后，点击“提交答案”。</td><td>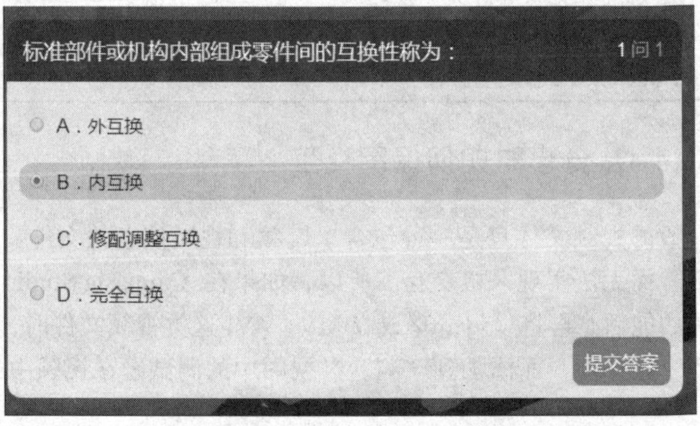
</td></tr>
</table>

续表

步骤或说明	截图
答对后，可以点击“继续”。	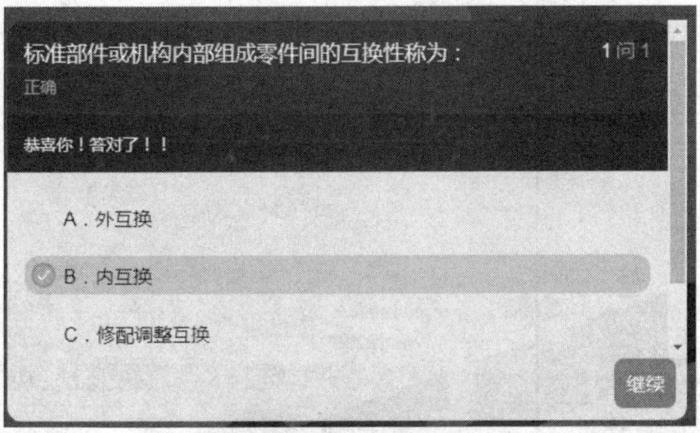
可以点击“查看答案”或者“继续”。	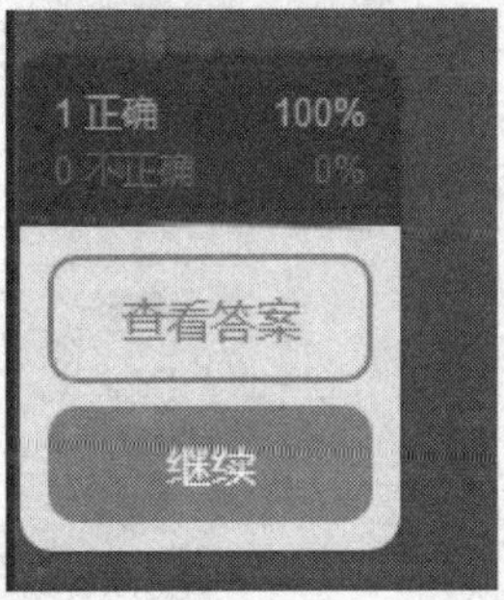
点击“开始测验”选项，即可开始测试，点击“重播最后一节”，即可开始重播。	

8.14.4 分享时如何得到测试报告

如果项目中包含有测试题，在将项目分享为带有控制器的 MP4 视频格式时，“生成向导”会给出“测试报告选项”，要求用户对是否获得测试报告以及如何获得测试报告进行设置。

步骤或说明	截图
在“生成向导”的“测试报告选项”页面，选中“使用 SCORM 报告测试结果”。 单击“SCORM 选项”按钮。	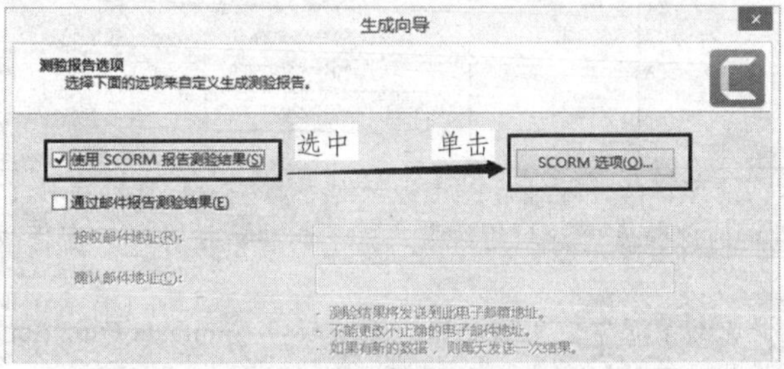

<table>
<tr><th>步骤或说明</th><th>截图</th></tr>
<tr><td>打开“清单选项”对话框，在对话框中对报告清单进行设置，包括“标题”“主题”“及格分数”等。</td><td>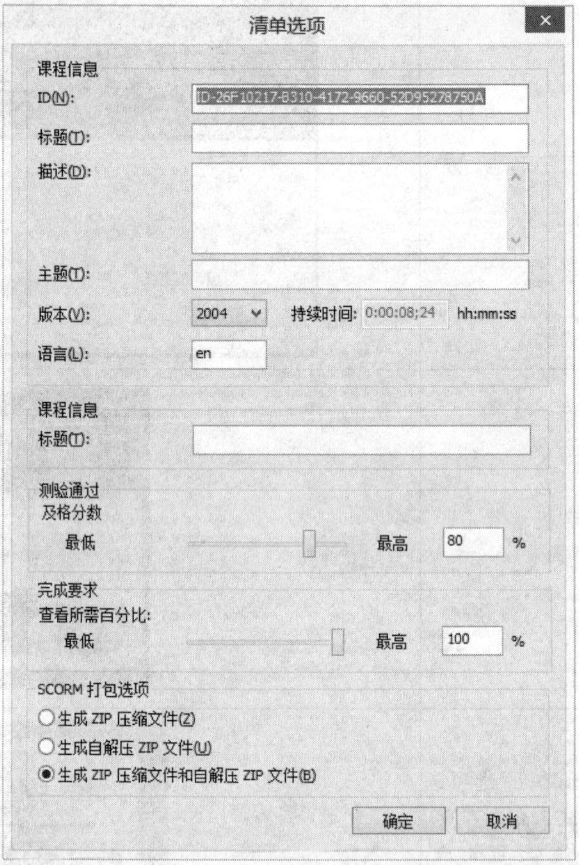
</td></tr>
<tr><td>选中“通过邮件报告测验结果”，在其下的“接收邮件地址”和“确认邮件地址”文本框中输入 Email 地址。</td><td>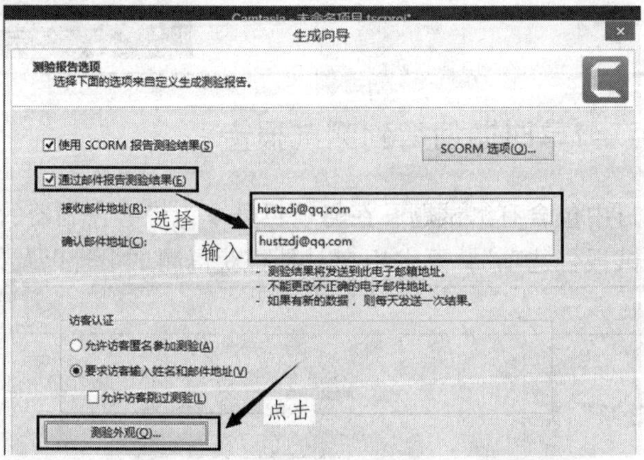
</td></tr>
<tr><td colspan="2">专家提示：设置好邮件地址后，在进行网上测验时，可以通过 Camtasia Studio 的 Camtasia Quiz Service 向设定的邮箱发送测验的结果，这个测验结果会每天发送一次，如果没有新数据，报告将不发送。
要注意的是，想要正常使用该功能，必须获得 Camtasia Quiz Service 的支持，如果无法获得支持，则无须进行设置。</td></tr>
</table>

续表

<table>
<tr><th>步骤或说明</th><th>截图</th></tr>
<tr><td>单击“测验外观”按钮，在打开的“测验外观”对话框中，可以设置各个控制按钮上显示的文字。
专家提示：这里可以对控制按钮上的文字进行个性化设置。</td><td>

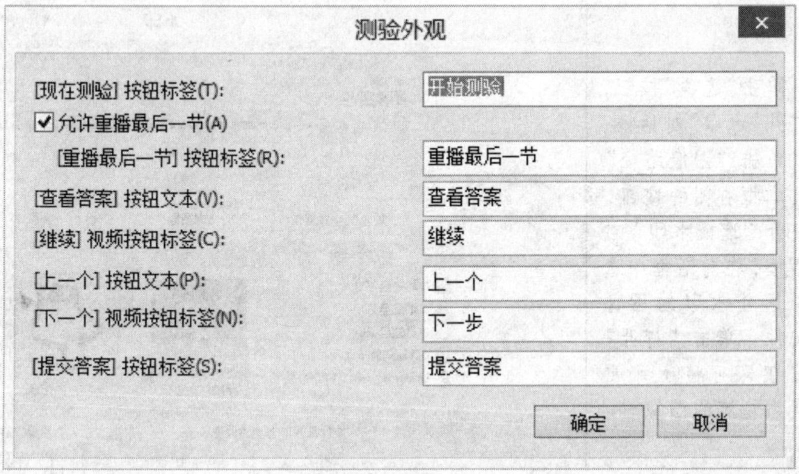

</td></tr>
</table>

8.14.5 分享时如何添加水印

用于网络传播的微课视频常常需要在视频中添加学校、教师或制作单位的信息，这些信息既要让观众看到，又不能遮盖视频内容和影响视频的播放效果，使用水印就是解决上述问题的一个很好的方法。

水印是视频上出现的一种半透明的文字或图像。

在 Camtasia Studio 中，可以通过在项目中添加图像对象或标注，然后调整它们的位置和透明度的方法来制作水印。实际上，在将项目分享为视频文件时，Camtasia Studio 允许用户向视频中添加图像水印，这种方法操作起来更加方便和快捷，下面介绍具体的操作方法。

<table>
<tr><th>步骤或说明</th><th>截图</th></tr>
<tr><td>打开“生成向导”对话框，选中“包括水印”。此时，生成的视频中包括水印，水印为默认的 Camtasia Studio 图标，该图标样式可以在对话框的预览框中看到。</td><td>

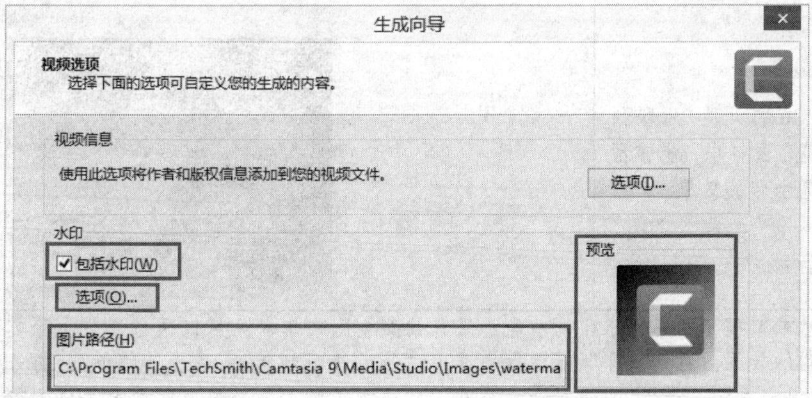

</td></tr>
</table>

步骤或说明	截图
单击“选项”按钮，打开“水印”对话框。 单击“图像路径”文本框右侧的按钮，打开“选择水印”对话框，在对话框中选择用作水印的图像文件。单击“打开”按钮即可将水印更换为指定的图像。	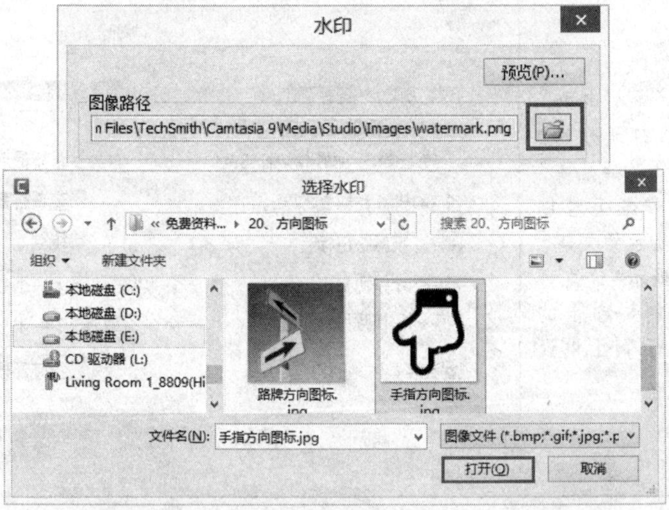
在效果栏中选中“浮雕”，对水印图像应用浮雕效果。 在“方向”列表中选择相应的选项设置浮雕的方向；拖动“深度”滑块调整浮雕效果的深度，拖动“不透明度”滑块调整水印在视频中的不透明度。	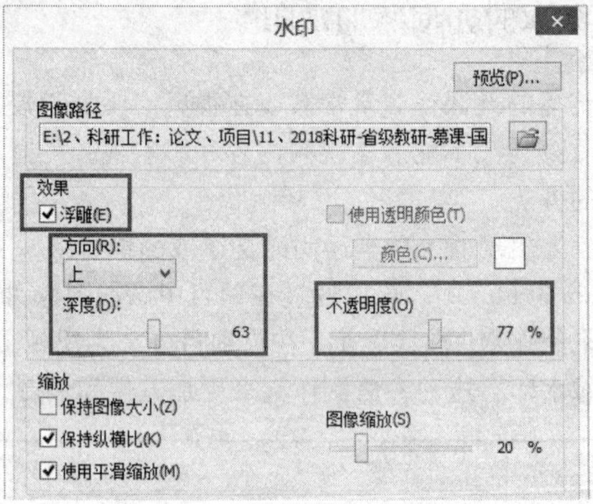
在打开的“水印预览”窗口中，能够预览水印的效果。	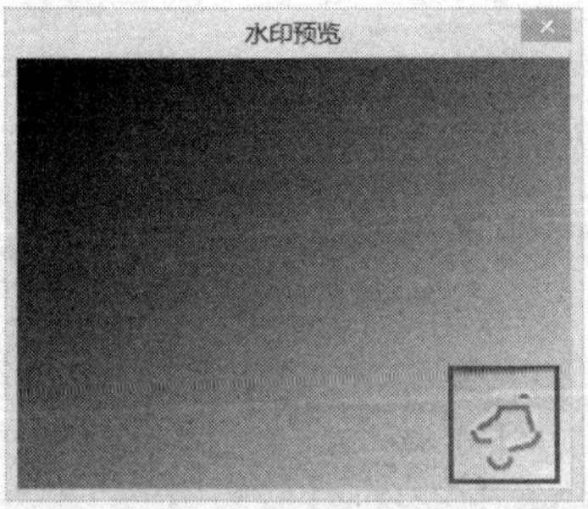

专家提示：用作水印的图像如果背景颜色比较单一，可以通过设置去除其背景颜色，获得背景透明的效果。在“水印”对话框中选中“使用透明颜色”，单击“颜色”，打开“颜色”对话框，单击“规定自定义颜色”，将对话框展开。在该对话框中的颜色区域中单击指定颜色（背景颜色）或者是在“红”“绿”和“蓝”文本框中输入颜色值来指定颜色（背景颜色）。设置好颜色后。单击“确定”按钮关闭“颜色”对话框，在“水印预览”窗口可以看到，水印图片的背景颜色被去除，水印背景透明显示。

续表

<table>
<tr><th>步骤或说明</th><th>截图</th></tr>
<tr><td>还可以调整水印图像在视频中放置的位置和大小。
完成设置后单击“确定”按钮。
将项目分享后，视频中将带有水印。</td><td>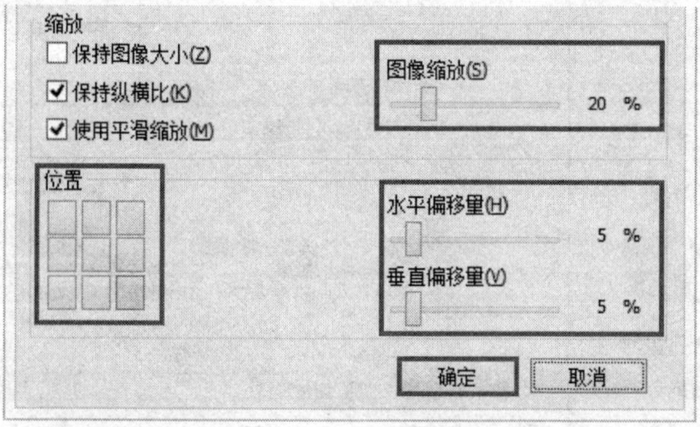
</td></tr>
</table>

8.14.6 分享时如何创建和使用预设方案

在将项目分享为自己需要的格式文件时，通常都需要进行许多设置，在制作同一门课程的微课时，分享时的要求几乎是一样的，如果每一次分享都要进行设置，就会影响制作效率，实际上也没有必要。

在 Camtasia Studio 中，正确的做法应该是创建预设设置，对于相同的分享需求，直接使用预设方案就可以了。下面介绍创建和使用预设输出方案的具体操作方法。

<table>
<tr><th>步骤或说明</th><th>截图</th></tr>
<tr><td>打开“生成向导”对话框，在对话框的列表中选择“添加/编辑预设”选项。</td><td>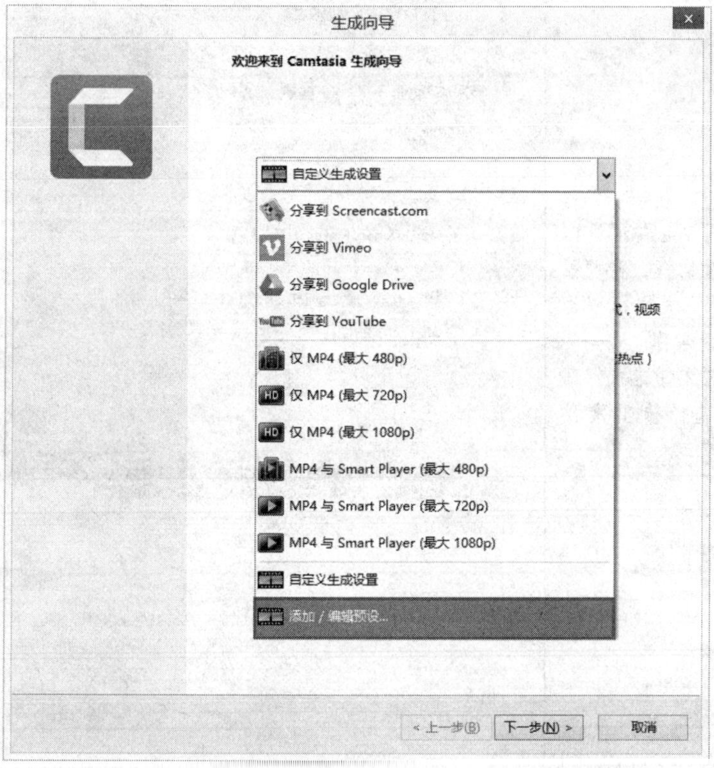
</td></tr>
</table>

<table>
<tr><th>步骤或说明</th><th>截图</th></tr>
<tr><td>在打开的“管理生成预设”对话框中单击“新建”按钮。</td><td>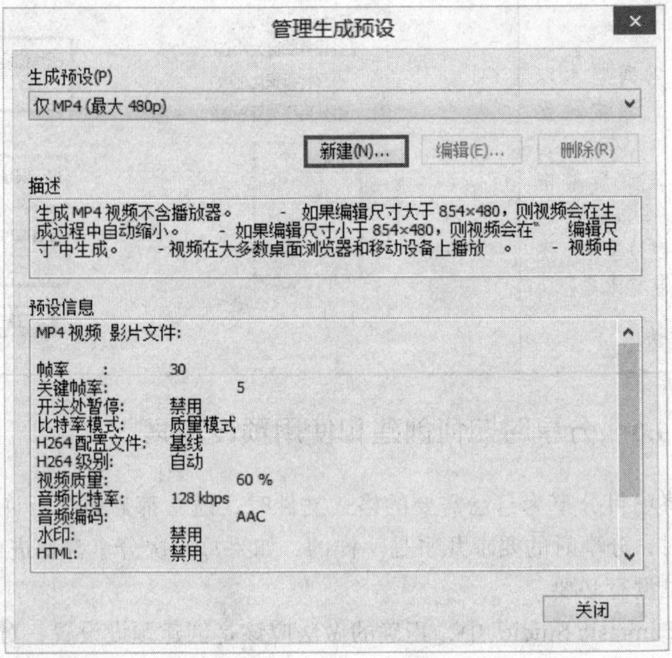
</td></tr>
<tr><td>打开“生成预设向导”对话框，在“预设名称”文本框中输入预设名称。
在“文件格式”列表中选择输出文件的格式。</td><td>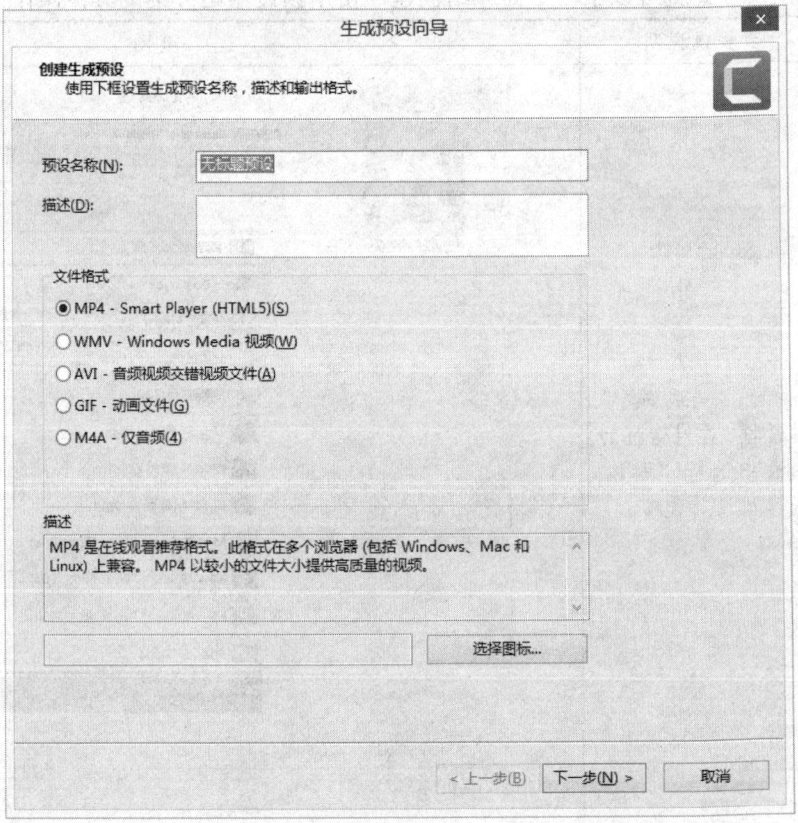
</td></tr>
</table>

步骤或说明	截图
依次单击“下一步”按钮进行设置。 完成设置后，单击“完成”按钮。	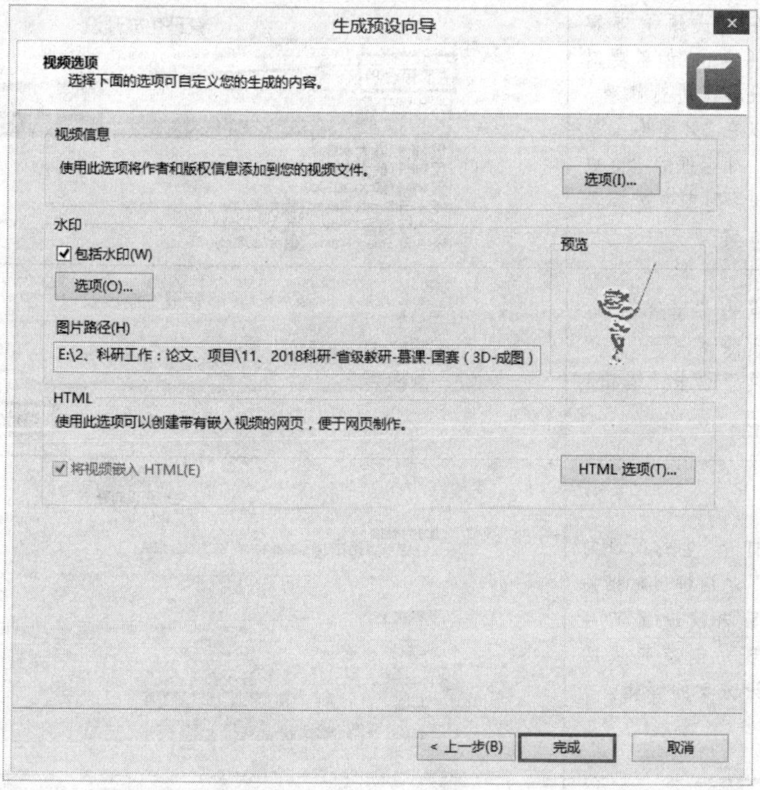
回到“管理生成预设”对话框。 在对话框的“预设信息”框中将显示视频文件的设置信息。 单击“关闭”按钮完成预设方案的创建。	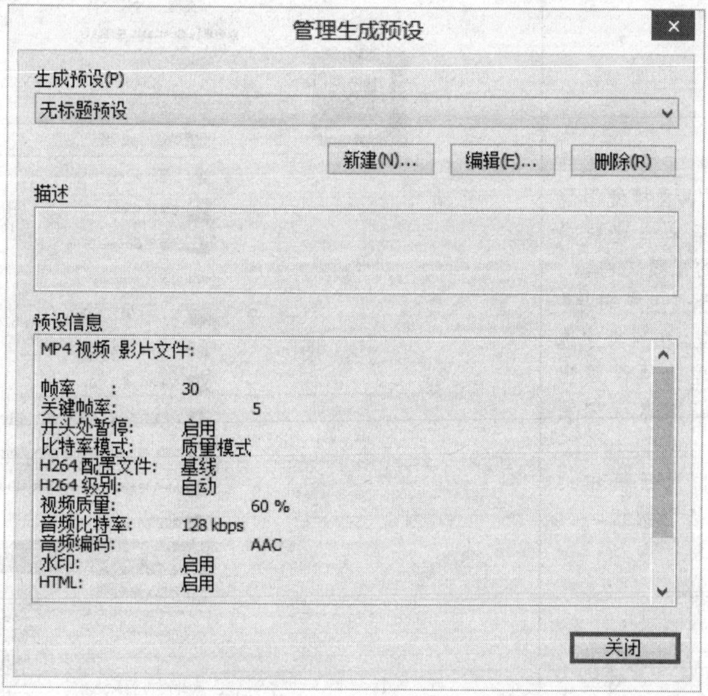

<table>
<tr><th>步骤或说明</th><th>截图</th></tr>
<tr><td>在完成预设方案的创建后，如果要对预设方案进行修改，可以在“管理生成预设”对话框的“生成预设”列表中选择预设方案。</td><td>
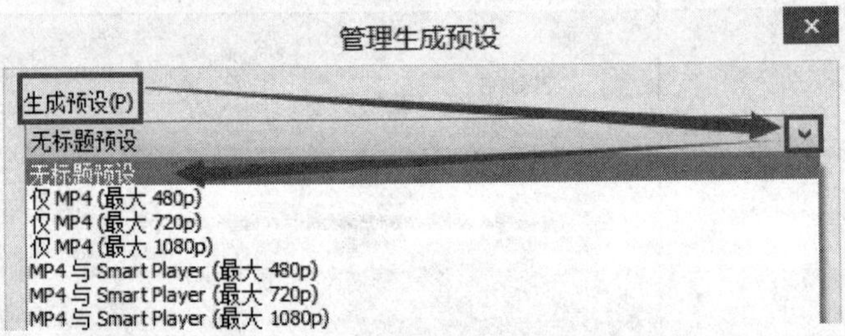

</td></tr>
<tr><td>点击“删除”，即可删除预设。
这里单击“编辑”按钮。</td><td>

</td></tr>
<tr><td>打开“生成预设向导”对话框，对相关参数再次设置即可实现对创建完成的预设方案的编辑。</td><td>
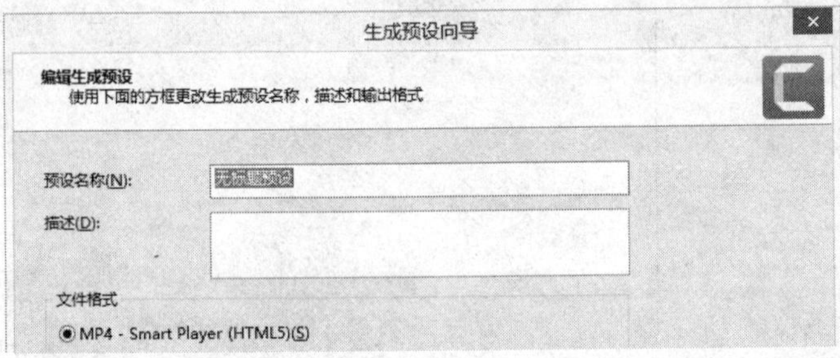

</td></tr>
<tr><td>在生成视频文件时，可以直接使用预设方案来快速获得需要的视频文件。
打开“生成向导”对话框，在列表中选择创建的预设输出方案“微课视频制作”。
单击对话框中的“下一步”按钮。</td><td>
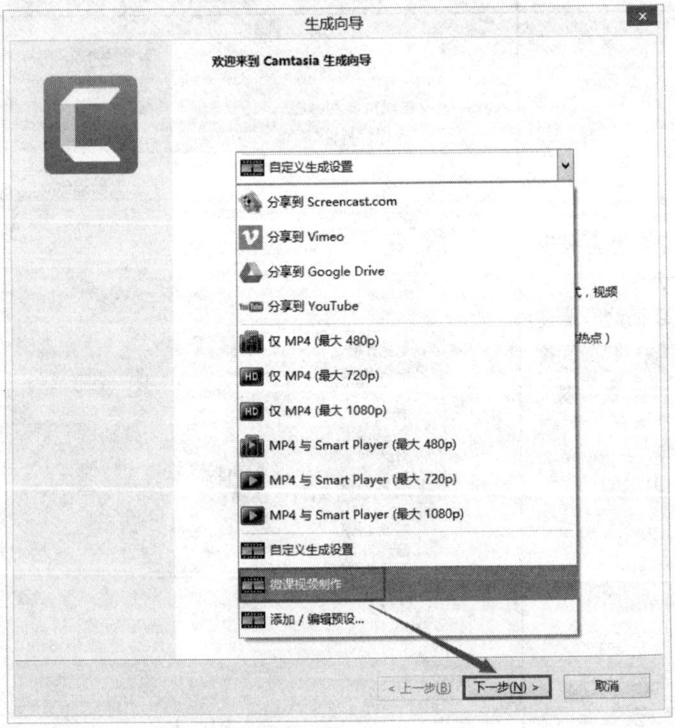

</td></tr>
</table>

<table>
<tr><th>步骤或说明</th><th>截图</th></tr>
<tr><td>此时不会再出现参数设置步骤。
向导直接要求设置分享时使用的项目名称、文件夹以及输出完成后是否播放视频等。
单击“完成”按钮即可按照预设方案生成视频。</td><td>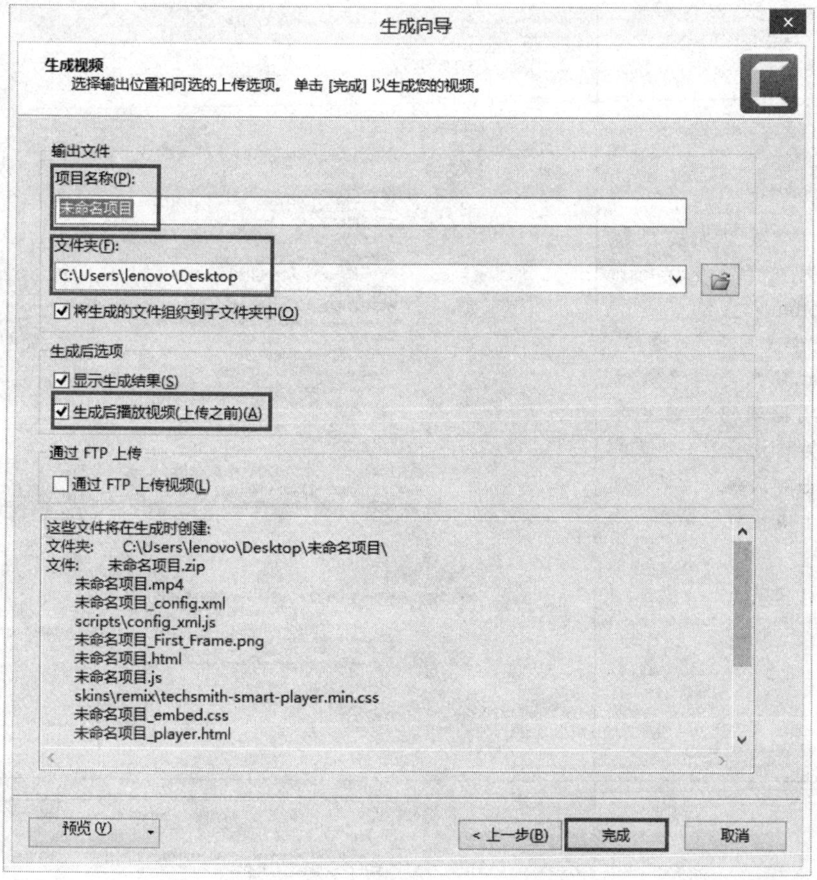
</td></tr>
<tr><td>专家提示:在第一次对项目进行分享时,可以按步骤依次设置,在设置完成的对话框中选中“显示生成结果”复选框。</td><td>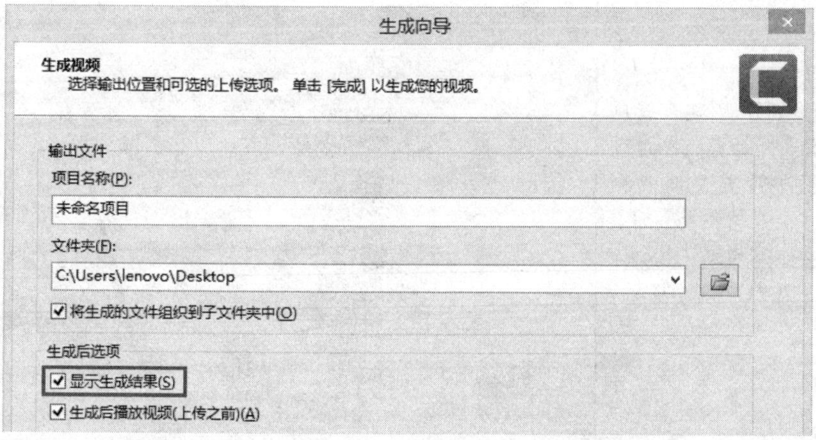
</td></tr>
</table>

<table>
<tr><th>步骤或说明</th><th>截图</th></tr>
<tr><td>在项目生成视频完成后，Camtasia Studio 会给出一个“生成结果”对话框，如果想要将当前的项目输出设置保存为预设设置，可以单击对话框中的“创建生成预置”按钮。</td><td>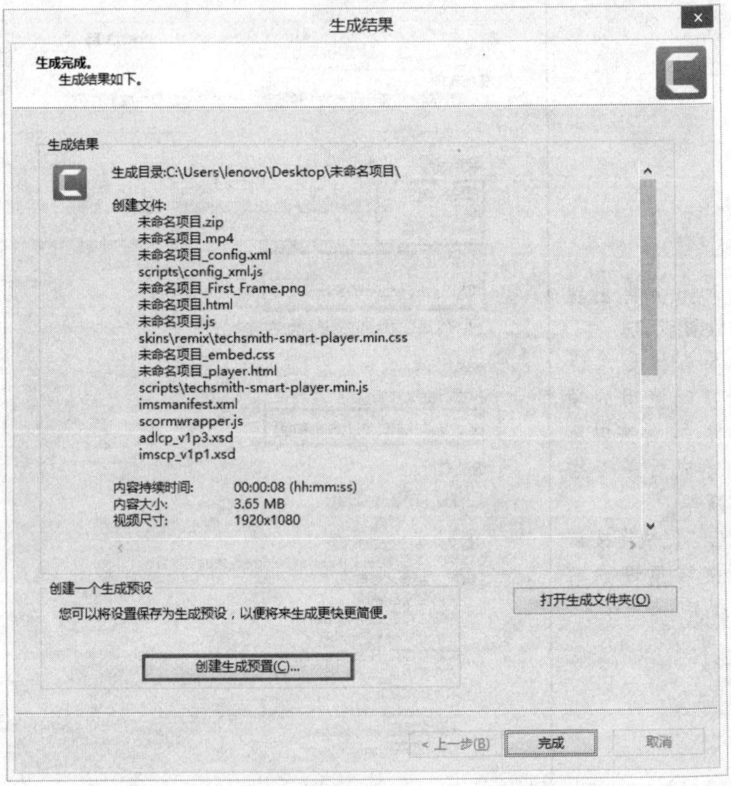
</td></tr>
<tr><td>打开“创建生成预设”对话框，在对话框中设置预设名称为“我的预设”后，单击“确定”按钮。
点击“完成”按钮。</td><td>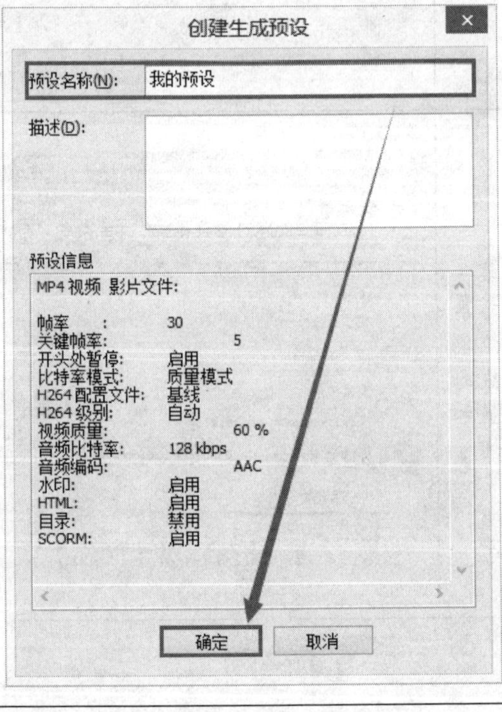
</td></tr>
</table>

续表

<table>
<tr><th>步骤或说明</th><th>截图</th></tr>
<tr><td>当前使用的输出方案将以“我的预设”被保存，当再次进行视频输出操作时，可以在“生成向导”对话框中选择使用该输出方案。</td><td>
</td></tr>
</table>

9　Photoshop 让你的图片更专业

Photoshop 是一个功能强大的图像处理软件，它不仅可以提供颜色校正、颜色润饰、瑕疵修复等各种工具，给图片添加无限的艺术魅力；还可以为平面广告、建筑及装饰装潢等各个行业提供许多种图像处理手段，设计出广告、招贴画、宣传画和包装设计等各类平面作品。

9.1　Photoshop 的界面介绍

Photoshop 的界面如图 9-1 所示。下面介绍各个组成部分的操作。

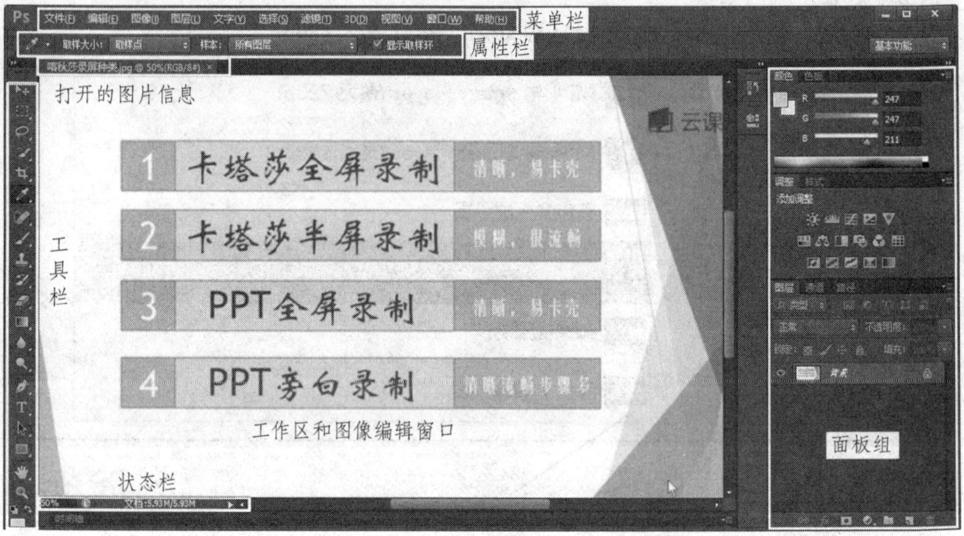

图 9-1　Photoshop 界面

9.1.1　标题栏的操作

步骤或说明	截图
点击“Ps”→“最小化”，可以将程序最小化。	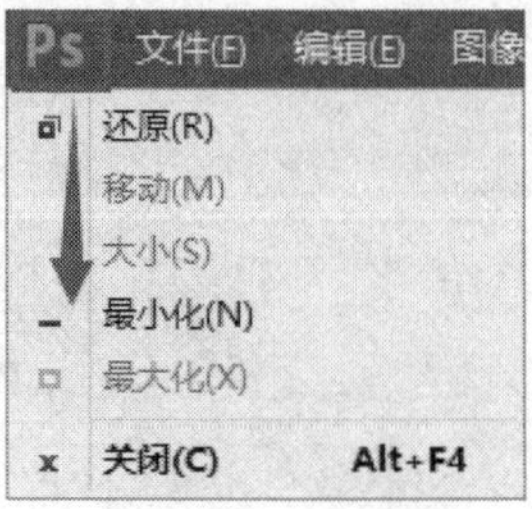

9.1.2 菜单栏的操作

步骤或说明	截图
单击菜单栏中任意一项，都会弹出下拉菜单。	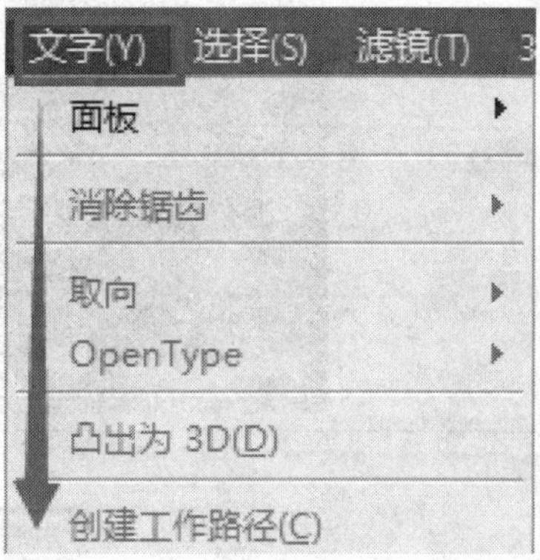

9.1.3 工具栏的操作

步骤或说明	截图
工具栏主要提供各种图像绘制和处理工具。 单击每个工具选项即可选中；按住右下角带有黑色三角的工具即可看到该工具组的其他工具选项。 专家提示：鼠标在工具上停留，即可显示工具名称。	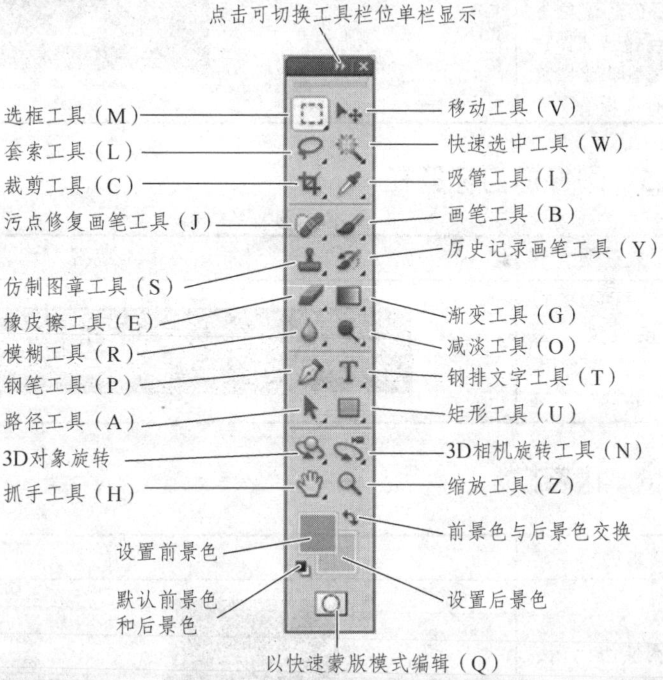
选择工具后，菜单栏下方的工具属性栏就会显示当前工具的相应属性和参数，方便用户进行相关编辑。	

9.1.4 面板组的操作

面板组具有伸缩、拆分、组合功能，这些功能有助于用户便捷地进行面板选项的操作。

步骤或说明	截图
伸缩面板：面板可以进行伸缩操作，对于已展开的面板，单击其顶部的扩展按钮，可以将其收缩为图标状态。	
拆分面板：选中对应的卷标，按住鼠标左键，将它拖至工作区中的空白位置。 专家提示：组合面板与拆分面板操作相反。可按鼠标左键将面板卷标拖至所需位置，直至该位置出现蓝色光边，释放鼠标左键，即可完成面板的组合操作。	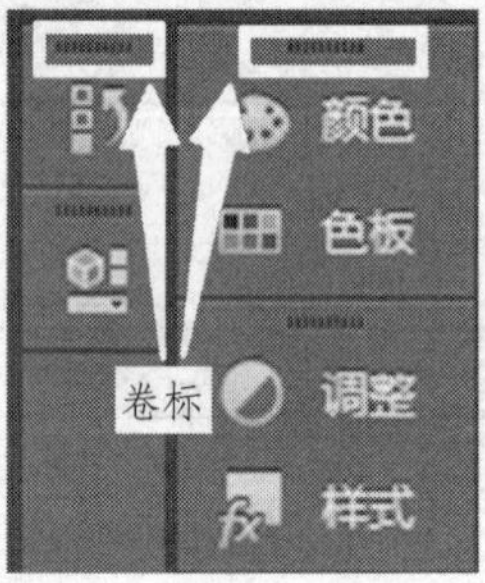

9.1.5 图像窗口标题栏

步骤或说明	截图
图像窗口标题栏显示了该图像文件的文件名、图像格式、色彩模式。	

9.1.6 状态栏

步骤或说明	截图
显示图像的比例、大小以及当前工具使用提示或工作状态等提示信息。 专家提示：点击“三角板”可以显示不同的信息。	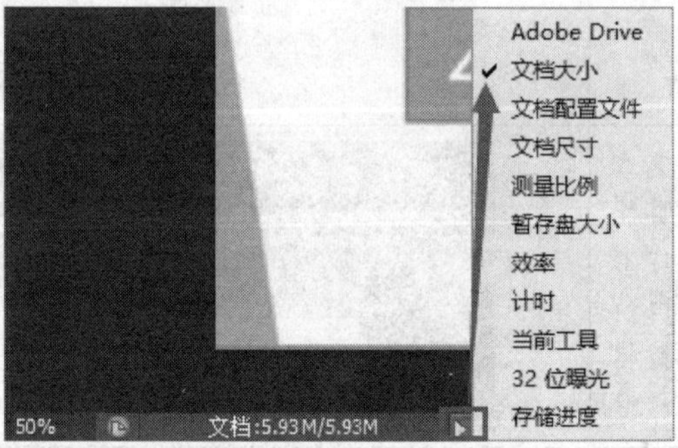

9.2 Photoshop 的常用优化设置

9.2.1 自定义工作界面

<table>
<tr><th>步骤或说明</th><th>截图</th></tr>
<tr><td>展开右上角“基本功能”旁的下拉列表。
Photoshop 为我们提供了基本功能、3D、动感、绘画、摄影等不同的工作界面。</td><td>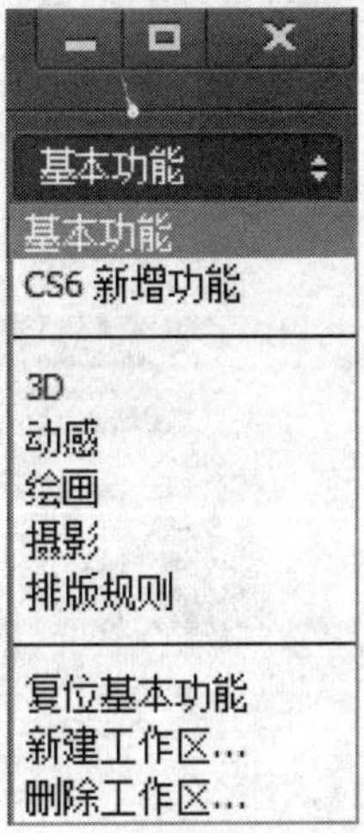
</td></tr>
<tr><td colspan="2">专家提示：可以手动进行删减、增加面板，调整面板位置来设计自己的工作界面，完成后，选择“窗口”→“工作区”→“新建工作区”命令进行工作区的存储。</td></tr>
</table>

9.2.2 自定义快捷键

<table>
<tr><th>步骤或说明</th><th>截图</th></tr>
<tr><td>选择“编辑”→“键盘快捷键”命令，打开“键盘快捷键”对话框。</td><td>
</td></tr>
<tr><td>选择打开相应菜单选项后，再单击需要添加或修改快捷键命令，即可输入新快捷键。</td><td>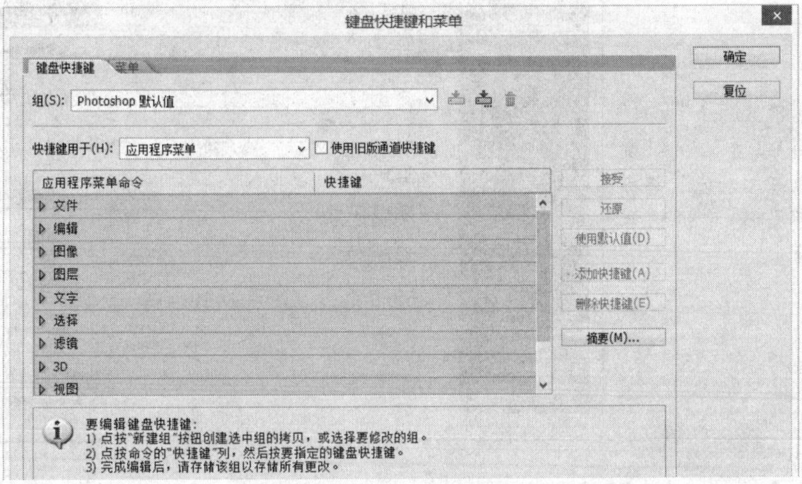
</td></tr>
</table>

9.2.3 首选项的设置

步骤或说明	截图
选择“编辑”→“首选项”→“常规”命令，打开“首选项”对话框，用户可以根据需求调整里面所包含的各类选项。	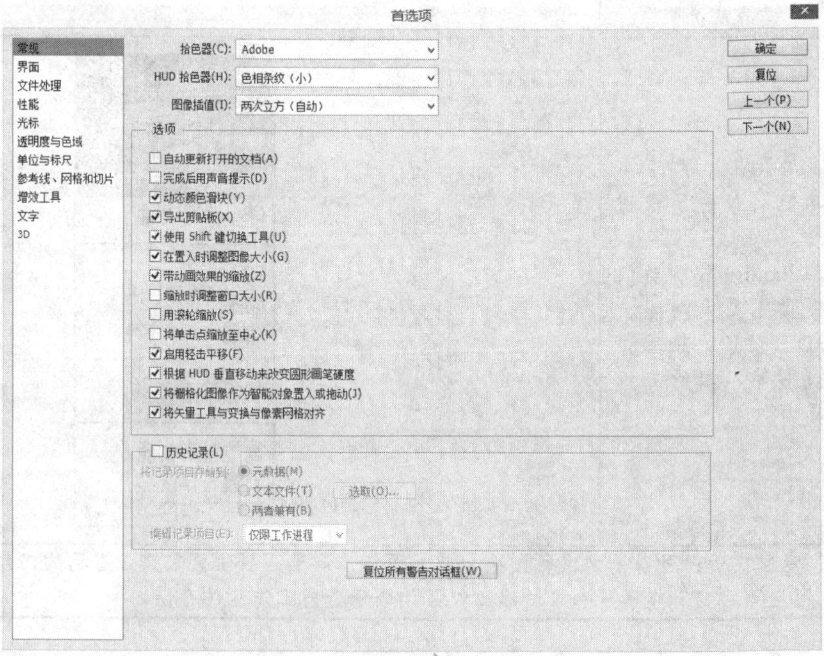

9.2.4 将界面恢复到初始界面

步骤或说明	截图
依次点击“窗口”→“工作区”→“复位基本功能”，将界面恢复到初始界面。	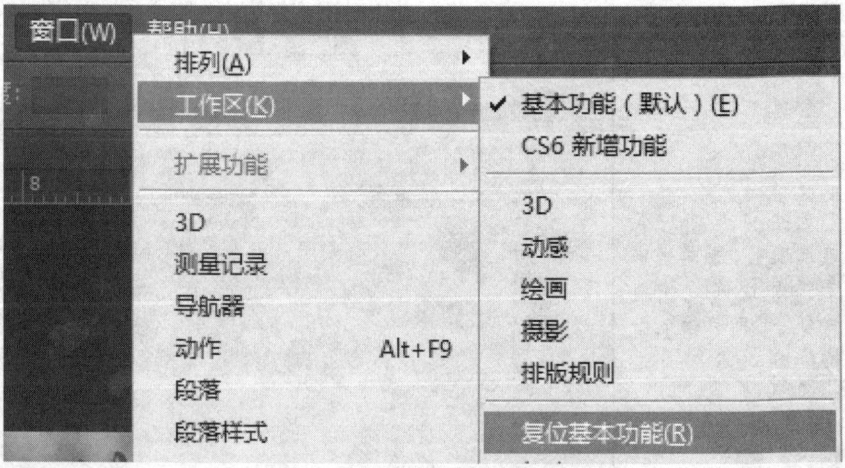

9.3 Photoshop 的文件基本操作

9.3.1 新建图像文件

<table>
<tr><th>步骤或说明</th><th>截图</th></tr>
<tr><td>当我们需要创作一个作品时，必须先新建一个图像文件。选择“文件”→“新建”命令或使用“Ctrl+N”快捷键，打开“新建”对话框。
设置好各个参数后，点击确定即可。</td><td>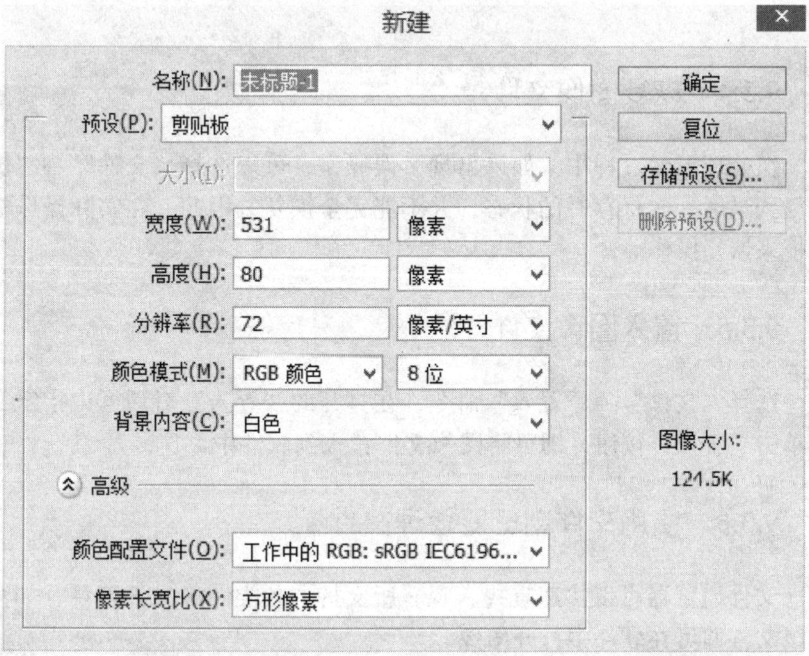
</td></tr>
<tr><td colspan="2">专家提示：各设置选项的作用如下。
名称：在此处输入新建图像文件的名字。
预设：可从下拉菜单中选择多种图像尺寸和分辨率的组合。
宽度和高度：图像的大小尺寸。其单位有像素、英寸、厘米、毫米和点等。
分辨率：默认情况下分辨率为 72 像素/英寸。如果制作一般网页上的图像，分辨率设置为 72 像素/英寸或 100 像素/英寸；若是制作用于印刷的图像，分辨率应设置为 300 像素/英寸。
色彩模式：设置图像的色彩模式，有位图、灰度、RGB 颜色、CMYK 颜色和 Lab 颜色等模式。
背景内容：新建文件的背景颜色，可选白色、背景色和透明。
颜色配置文件：精确、一致的色彩管理，要求所有的颜色设备具有准确的符合 ICC 规范的配置文件
像素长宽比：用来设置图像的长宽比例。</td></tr>
</table>

9.3.2 存储图像文件

新建或打开图像文件后，对图像编辑完毕后或在其过程中应随时对编辑的图像文件进行存储，以免因意外情况造成不必要的损失。

（1）存储新图像文件：第一次存储时选择“文件”→“存储为”命令，在打开的“存储为”对话框中需指定保存位置、保存文件名和文件类型。

（2）存储旧图像文件：选择“文件”→“存储”命令。

9.3.3　打开和关闭图像文件

执行“文件”→“打开”命令或者是按“Ctrl+O”组合键，即可打开图像文件。

单击需关闭图像窗口右上角的“关闭”按钮或按“Ctrl+W”键，即可关闭当前图像文件窗口。

9.3.4　恢复图像文件

在处理图像过程中，如果出现了误操作，可以选择“文件”→“恢复”命令将图像效果恢复到最后一次保存时的状态，并不能完全恢复。因此，在实际操作中常通过“历史记录”面板来恢复操作。

9.3.5　置入图像文件

选择“文件”→“置入”命令，在打开的“置入”对话框中指定文件位置和文件名，然后单击“置入”按钮，即可将图像文件置入到软件中。

9.3.6　使用文件浏览器管理文件

文件浏览器可以快速查找、观看所支持的各类图像文件信息，如需要打开图像文件，双击该文件即可在软件中打开图像。

选择“文件”→“在 Bridge 中浏览”命令，或单击工具属性栏右侧的按钮，或按“Shift+Ctrl+O”键，都可以打开文件浏览器。

9.4　Photoshop 的辅助工具

9.4.1　切换图像窗口

在 Photoshop 中只能对当前图像窗口进行操作，当图像窗口处于非最大化状态时，单击需切换至窗口的可见部分即可完成切换；如图片均处于最大化状态时，需单击图像窗口的标题栏。

9.4.2 新建图像窗口及排列图像窗口

<table>
<tr><th>步骤或说明</th><th>截图</th></tr>
<tr><td>选择“窗口”→“排列”→“新建窗口”命令，新建图像窗口后，可以在新建的图像窗口中放大图像显示，而在原来未放大的窗口中观察修改效果。
使用“窗口”→“排列”命令中子菜单提供的排列方式可以排列 Photoshop 中打开的多个图像窗口。</td><td>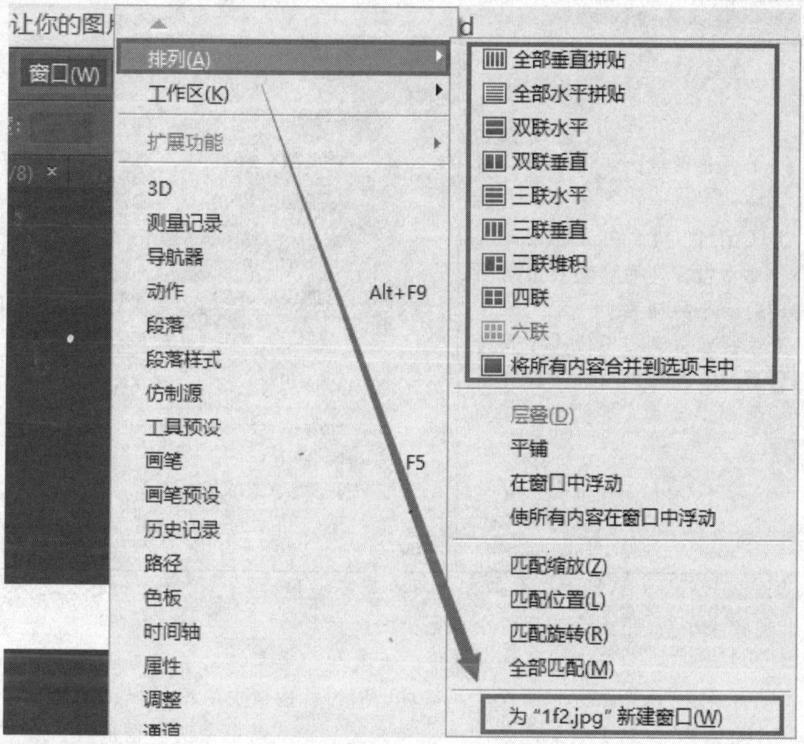
</td></tr>
</table>

9.4.3 放大与缩小图像显示

（1）单击工具箱中的“缩放工具”。

（2）按住鼠标进行拖动后会出现一个矩形区域，待需要放大的区域全部显示在矩形区域内时，释放鼠标即可对图像进行局部放大显示。

（3）选择“抓手工具”，按住“Ctrl”键，鼠标变成放大镜，按住鼠标并拖动。

9.4.4 设置图像显示模式

<table>
<tr><th>步骤或说明</th><th>截图</th></tr>
<tr><td>点击右下角的“更改屏幕模式”，即可选择不同的屏幕模式。</td><td>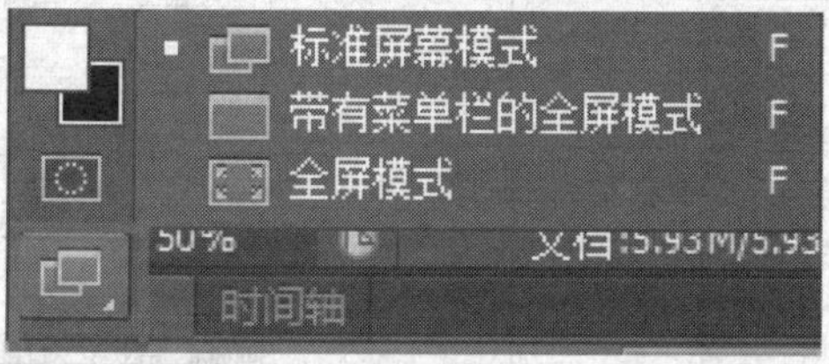
</td></tr>
</table>

9.4.5 图像和画布大小的调整

图像的大小是指图像文件的数字大小，以千字节（KB）、兆字节（MB）或吉字节（GB）为度量单位，与图像的像素大小成正比，而画布大小是指图像四周工作区的尺寸大小。

<table>
<tr><th>步骤或说明</th><th>截图</th></tr>
<tr><td>（1）调整图像大小：选择“图像”→“图像大小”命令，或按“Alt+Ctrl+I”键，打开“图像大小”对话框，即可调整数值对图像进行大小的调整。
专家提示：调整图像大小是指在保留所有图像的情况下通过改变图像的比例来实现图像尺寸的调整。</td><td>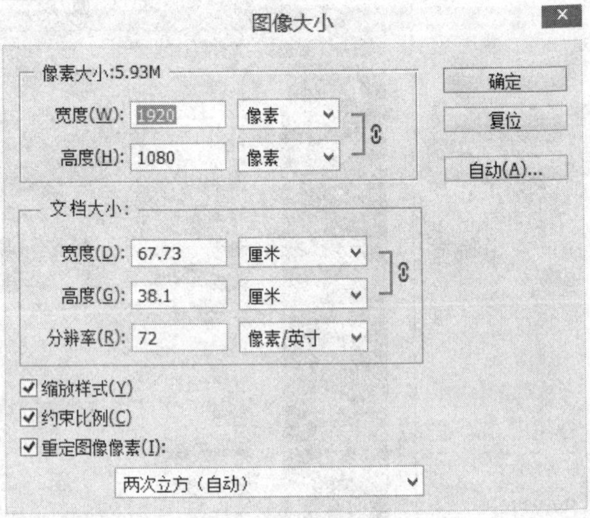
</td></tr>
<tr><td colspan="2">“图像大小”对话框中，各参数选项的含义如下。
“像素大小”：用于改变图像在屏幕上的显示尺寸。
“文档大小”：用于设置文档的宽度、高度和分辨率，以确定图像的大小。
“缩放样式”：选中该复选框后，将按比例缩放图像中的图层样式效果。
“约束比例”：选中该复选框后，在“宽度”和“高度”文本框后将出现“链接”标志，更改其中一项后，另一项将按原图像比例相应变化。
“重定图像像素”：选中该复选框后，将激活“像素大小”选项组中的参数，以改变像素大小；取消选中该复选框后，像素大小将不发生变化。
专家提示：图像质量的好坏与图像的大小、分辨率有很大的关系，分辨率越高，图像就越清晰，而图像文件所占用的空间也就越大。</td></tr>
<tr><td>（2）调整画布大小：选择“图像”→“画布大小”命令，或按“Alt+Ctrl+C”键，打开“画布大小”对话框，即可调整数值对图像进行大小的调整。
专家提示：画布是显示、绘制和编辑图像的工作区域。画布大小在一定程度上影响图像尺寸的大小。</td><td>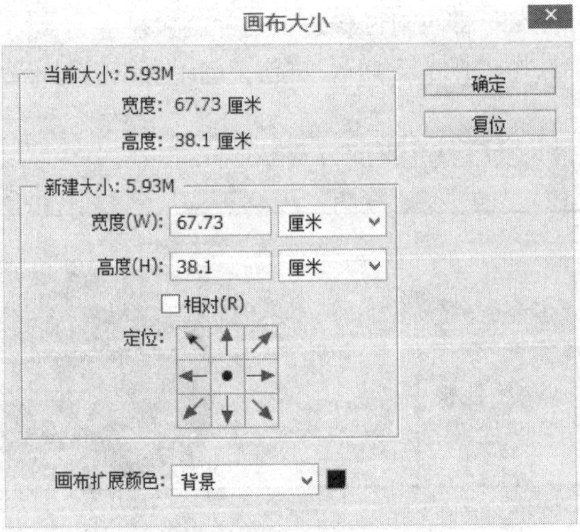
</td></tr>
</table>

步骤或说明	截图
放大画布时，会在不影响原有图像的基础上，在图像四周增加空白区域；缩小画布时，则会裁剪掉不需要的图像边缘。 在该对话框中可以设置扩展图像的宽度和高度，并能对扩展区域进行定位。 在“画布扩展颜色”下拉列表框中有背景、前景、白色、黑色、灰色等选项可供选择，最后只需单击“确定”按钮即可让图像的调整生效。	
（3）裁剪图像：选择工具栏中“裁剪工具组”→“裁剪工具”，可将图像不需要的部分剪去，从而改变图像大小。 专家提示：在图像处理过程中，经常要把画布大小和图像中的对象的大小进行匹配，就需要使用裁剪图像。	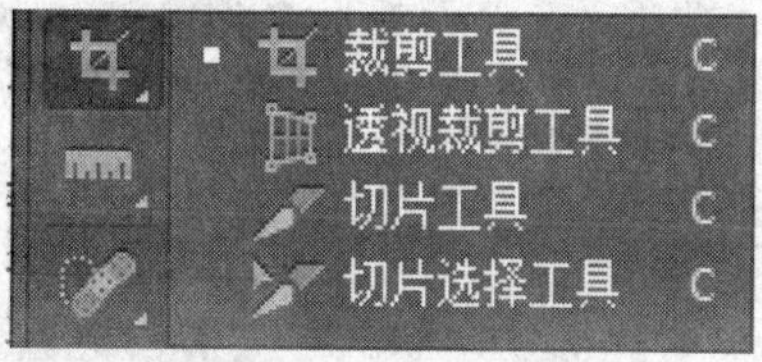

9.4.6 图像的编辑

步骤或说明	截图
（1）标尺的使用：标尺主要起定位参照作用。选择“视图”→“标尺”命令或按“Ctrl+R”键打开标尺，再次执行该命令即可隐藏标尺，标尺内的标记可显示出鼠标指针移动时的坐标位置。	
（2）网格工具的使用：网格工具有利于我们进行细致的图像排版处理，同时在进行像素画绘制时它也是重要的辅助工具，选择“视图”→“显示”→“网格”命令或按“Ctrl+'”键，可以在图像窗口显示网格，再次执行该命令即可隐藏网格。选择“视图”→“对齐”命令后，移动对象将自动对齐网格或者在选取区域时自动沿网格位置进行定位选取。	
（3）创建参考线：参考线有利于我们对图像元素进行排版处理和准确定位。将鼠标指针置于窗口顶部或左侧的标尺处，按住鼠标左键，拖动鼠标，鼠标指针会显示成“双向箭头”，拖动鼠标到要放置参考线的位置释放鼠标，即可创建参考线。	
点击“视图”→“新建参考线”。在“新建参考线”对话框中，选择“取向”和输入“位置”中的数据后，点击“确定”。	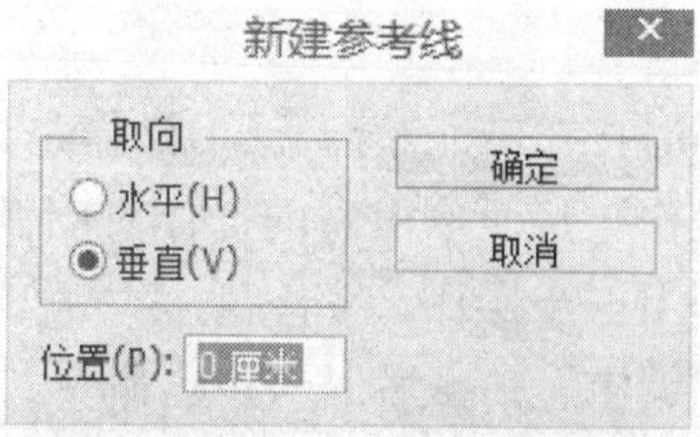
（4）标尺工具的使用：在工具栏中选择“标尺工具”，然后在图像窗口中需要测量的两点之间拖动鼠标，可在这两点之间画出一条直线，同时在属性栏中将显示相应的信息。 工具栏中的标尺工具可以非常方便地测量图像中两点之间的距离或物体的角度。	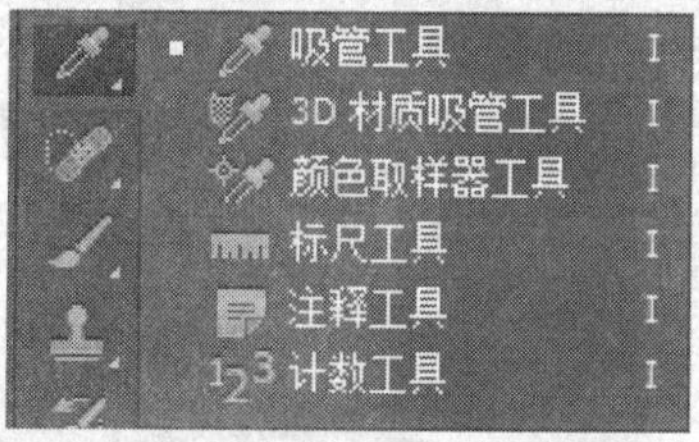

<table>
<tr><th>步骤或说明</th><th>截图</th></tr>
<tr><td>按住“Alt”键不放，将鼠标移动到直线的一个端点上时鼠标指针变为“小圆圈”，按住鼠标左键并拖动可以再画出另外一条直线。
工具属性栏中 A 的数值表示此角的角度，L1 的数值表示内角第一条边的长度，L2 的数值表示内角第二条边的长度。</td><td>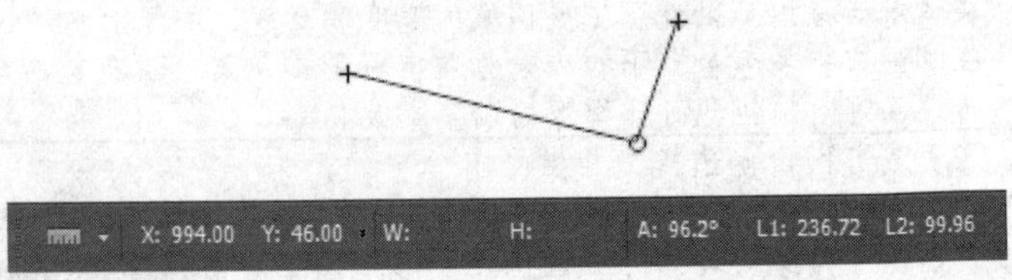
</td></tr>
<tr><td>（5）旋转图像：在图像处理过程中，由于图像的角度不正，或者方向不精确，可以执行“图像”→“图像旋转”命令进行修正。</td><td>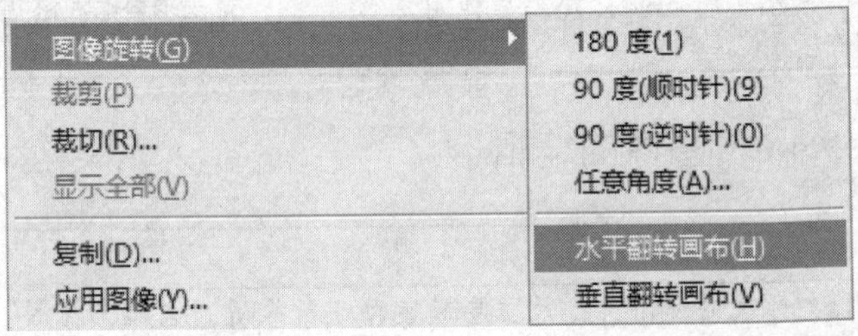
</td></tr>
</table>

9.5 图像的恢复操作

在处理图像的过程中，对效果不满意或错误操作可以使用恢复操作功能进行恢复，包含以下几种方式。

（1）退出操作。

在执行操作时按“Esc”键。退出操作是指在执行某些操作的过程中，在完成该操作之前可中途退出该操作，从而取消当前操作对图像的影响。

（2）恢复到上一步操作。

选择菜单“编辑”→“后退一步”命令，或按“Alt+Ctrl+Z”组合键。恢复到上一步是指将图像恢复到上一步编辑操作之前的状态，该步骤所做的更改将被全部撤销。

（3）恢复到任意步操作。

如果需要恢复的步骤较多，可选择菜单“窗口”→“历史记录”命令，打开“历史记录”面板，在历史记录列表中找到需要恢复到的操作步骤，单击即可。

9.6 相关知识

9.6.1 工具栏的介绍

步骤或说明	截图
工具栏中提供了各种图像绘制和处理工具，如果工具图标右下角有黑色小三角形标记，表示该工具组下还有其他隐藏工具。 多种工具共用一个快捷键的可同时按“Shift”和对应快捷键选取。	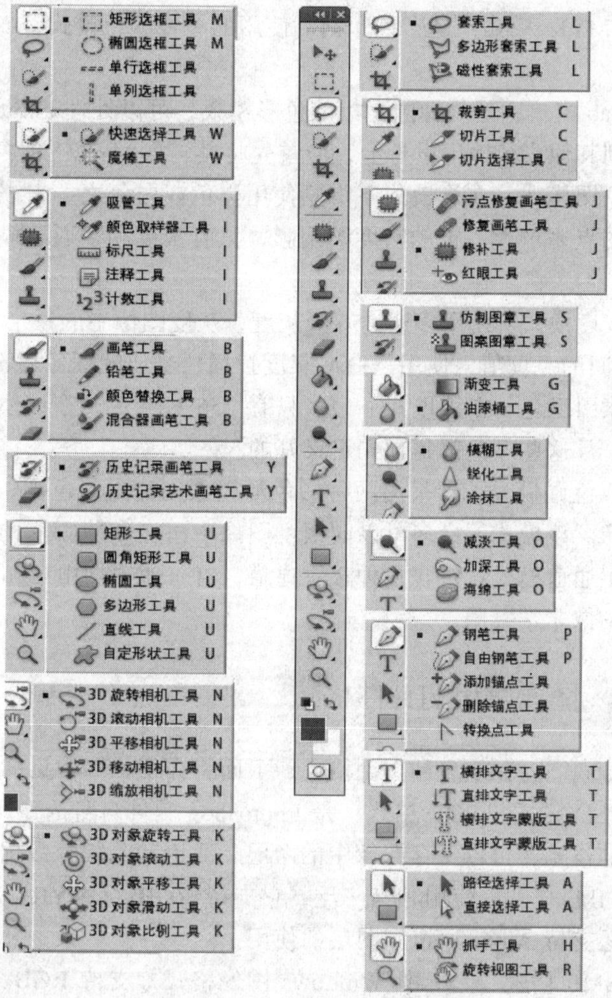

9.6.2 像素和图像分辨率

位图图像的大小和质量主要取决于图像中像素点的多少，而分辨率是指每英寸图像包含的像素数目，在 Photoshop 中，有以下一些常用的图像分辨率标准。

（1）在网页上发布的图像分辨率通常设置为 72 像素/英寸。

（2）彩版印刷图和大型灯箱海报图像一般不低于 300 像素/英寸。

（3）报纸图像通常设置为 120 像素/英寸或 150 像素/英寸。

9.6.3 图像的色彩模式

在“图像”→“模式”的子菜单中可以查看 Photoshop 的所有色彩模式，不同的色彩模式可相互转换，下面主要介绍几种常用的色彩模式。

（1）RGB 模式：是一种加色模式，在 Photoshop 中它可以提供全屏幕多达 24 位的色彩范围，即通常所说的真彩色。

（2）CMYK 模式：是彩色印刷时使用的一种颜色模式，CMYK 代表了印刷上的 4 种油墨色。

（3）Lab 模式：是一种国际标准色彩模式，可以处理 Photoshop CD 图像，要将 Lab 模式图像打印到其他彩色输出设备上，应首先将其转换为 CMYK 模式。

（4）位图模式：在该模式下将只使用黑色或白色之一来表示图像中的像素，它通过组合不同大小的点来产生一定的灰度级阴影，只有灰度和多通道模式下的图像才能被转换成位图模式。

（5）灰度模式：使用多达 256 级灰度，灰度图像中的每个像素都有一个 0（黑色）至 255（白色）之间的亮度值，使用黑白或灰度扫描仪生成的图像通常以灰度模式显示。

（6）索引颜色：在该模式下最多只有 256 种颜色，在该模式下只能存储一个 8 位色彩深度的文件，且这些颜色都是预先定义好的。

（7）双色调模式：即采用两种彩色油墨来创建由双色调、三色调和四色调混合色阶组成的灰度图像。该模式下最多可以向灰度图像中添加 4 种颜色。

（8）多通道模式：包含多种灰阶通道，每一通道均由 256 级灰阶组成，该模式对特殊打印需求的图像非常有用。

9.6.4 图像常用的文件格式

Photoshop 支持 20 多种文件格式，下面将介绍一些常见的文件格式。

（1）PSD 格式和 PDD 格式：是 Photoshop 软件自身的专用格式，是唯一能支持全部图像色彩模式的格式，可以保存图像中的图层、通道和蒙版等数据信息。

（2）TIFF 格式：应用相当广泛，它支持 RGB、CMYK、Lab、位图和灰度等多种色彩模式，同时还支持 Alpha 通道和图层的使用。

（3）BMP 格式：是标准 Windows 图像格式，支持 RGB、索引颜色、灰度和位图颜色模式，常用于视频输出和演示，存储时可进行无损压缩。

（4）GIF 格式：是在互联网及其他联机服务上常用的一种文件格式，用于显示超文本标记语言（HTML）文档中的索引颜色图形和图像，GIF 格式文件同时支持线图、灰度和索引图像。

（5）JPEG 格式：图像文件较小，便于打开观看，但会对数据进行压缩，不宜用于印刷。

（6）PDF 格式：是一种便携文档格式，可以精确地显示并保留字体、页面版式以及矢量和位图图形，并可以包含电子文档搜索和导航功能。

（7）Photoshop DCS 1.0 和 2.0 格式：桌面分色（DCS）格式是标准 EPS 格式的一个版本，可以存储 CMYK 图像的分色。使用 DCS 2.0 格式可以导出包含专色通道的图像。

（8）PNG 格式：用于无损压缩和显示 Web 上的图像，支持 24 位图像并产生无锯齿状边缘的背景透明度。

9.6.5 位图图像与矢量图像的区别

计算机中的图形图像有它独特的储存格式、色彩类型，计算机中的图形图像中的位图与矢量图像在像素和图像分辨率、色彩模式、图像常用的文件格式等的方面存在着很大的区别。

（1）位图：也称像素图，当位图放大到一定倍数后，图像的显示效果会出现类似马赛克的像素块效果。

（2）矢量图：是以线条定位物体形状，再通过着色为图像添加颜色，因此，矢量图画质不受放大和缩小的影响，但这种图形有色彩比较单调的缺点。

9.7 微课应用实例

9.7.1 在图片上添加各种文字

步骤或说明	截图
（1）添加文字。执行“文件”→“打开”，打开一张图片。 选择工具箱中的横排文字工具。	 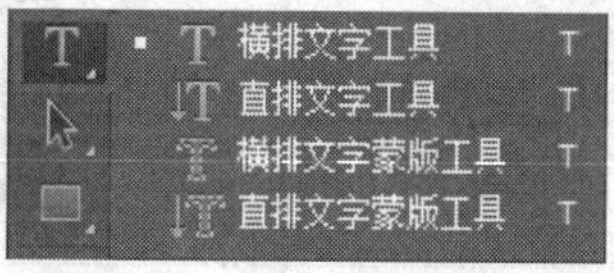
设置字体为“方正姚体”，“味”字的“字号”为 120px，“道”字的“字号”为 120px，颜色为“白色”，每一个字放一个图层中。 专家提示：点击文字工具、点击图片，会自动生成图层。	 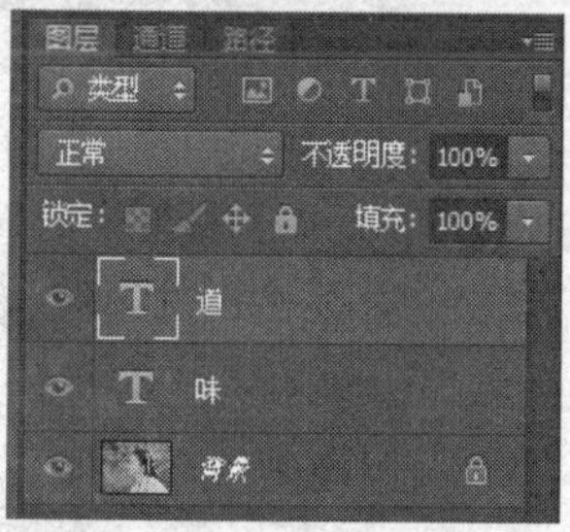
专家提示：文字的位置可以移动。点击 ，在“味”字上右键，会让你选择“味”或者“背景”。选择“味”，则可以移动该字。按住“Ctrl”，再按住“味”字，也可移动。 按住“Ctrl+Alt”，再按住“味”字，可复制。	
当点击文字工具，用鼠标在工作区单击后，就进入了文字输入模式，此时，Photoshop 会在当前图层之上创建一个新的文字图层，该图层的缩略图以大写字母 T 来表示。	

步骤或说明	截图
将背景层隐藏，选中两个文字图层，按下“Ctrl+Shift+E”组合键执行“合并可见图层”命令，双击合并的图层，将图层名称改为“味道”。	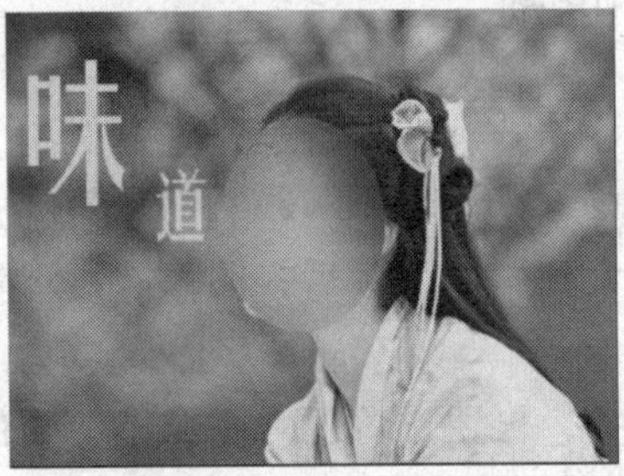 
（2）文字蒙版。执行“文件”→“打开”命令，打开“武夷山”文件。 新建一个图层；将图层混合模式设置为“滤色”。	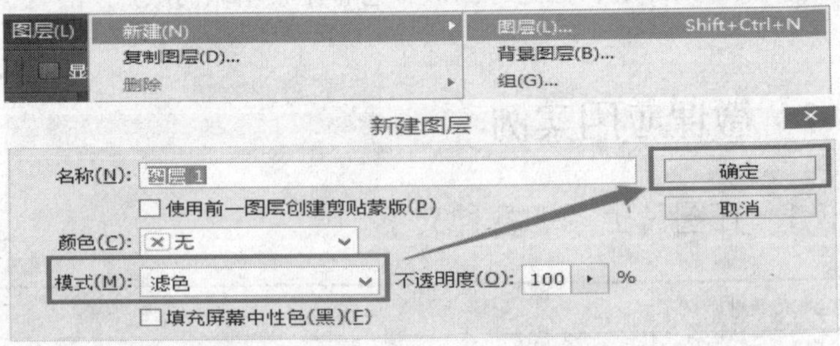
选择“横排文字蒙版”工具，在新建图层上输入文字“武夷山”。 点击“提交所有当前编辑”，得到文字选区。 选择“渐变工具”，选择“透明彩虹”渐变方式，从上到下填入渐变。	  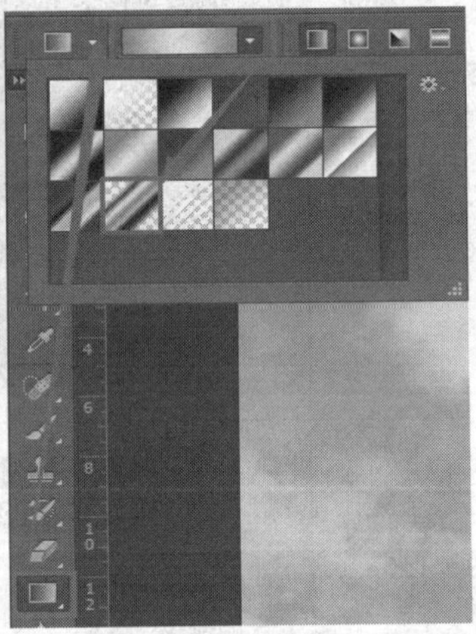
最终效果如图所示。	

续表

步骤或说明	截图
（3）创建变形文字。执行“文件”→“打开”命令，打开“九寨沟”和“放大镜”。 点击“快速选择工具”，选中放大镜。	 
点击“Ctrl+C”→“Ctrl+V”。把放大镜的图片复制到九寨沟图片上。 输入文字“九寨沟风景区”，移动到合适位置。 双击“文字图层”，单击“创建文字变形”按钮。 选择“鱼眼”样式，点击“确定”。	  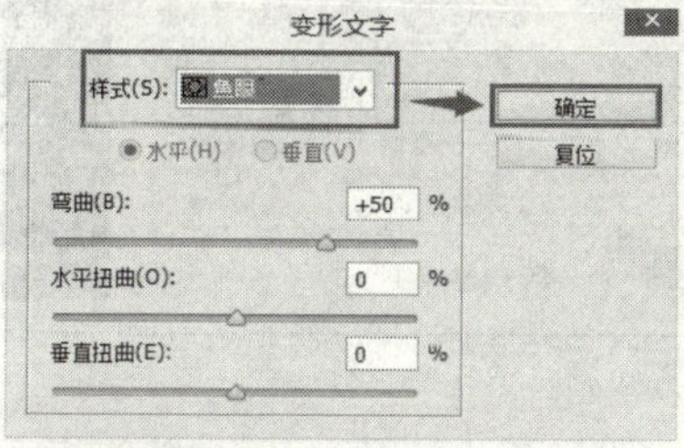 
（4）创建路径文字。打开“白宫”和“地球”。将“地球”调整到合适的大小。点击“快速选择工具”选择地球，将其复制、粘贴到“白宫”。	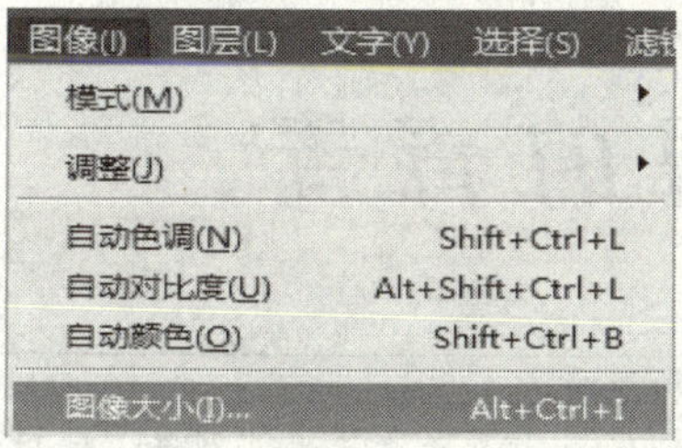 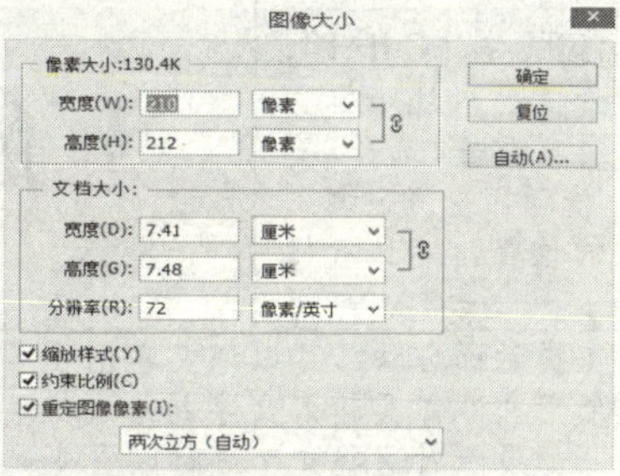
使用“裁剪工具”，裁剪出需要的部分。	 
点击“椭圆工具”，选择“路径”。按住“Shift”键画出圆，将路径位置匹配到地球上。 专家提示：按“Ctrl+T”，使图形可以“自由变换”才可移动椭圆。	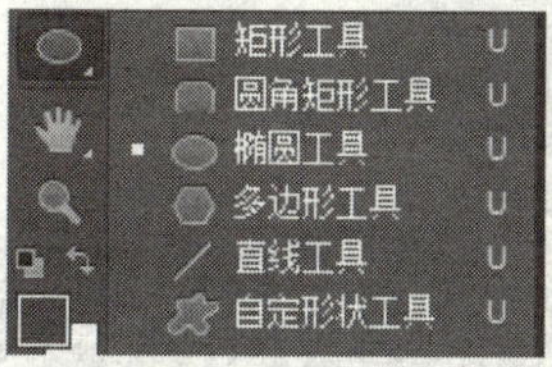 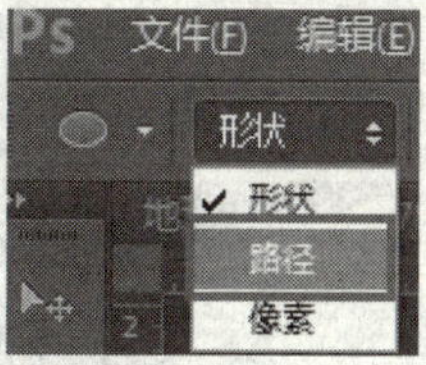 
专家提示：路径的创建，还可以使用钢笔工具，通过点击一系列的点来创建。	

<table>
<tr><th>步骤或说明</th><th>截图</th></tr>
<tr><td>选择“文字工具”，将鼠标指针靠近路径，当光标上出现一个曲线的路径标志时，单击鼠标输入文字，文字将沿着路径方向输入。
专家提示：按“Ctrl+T”，旋转文字到正确位置。</td><td> </td></tr>
<tr><td>（5）倾斜文字的制作。
新建一个文件。
输入文字“无悔的青春”。
第一种方法是打开字符面板，选择“倾斜”。</td><td>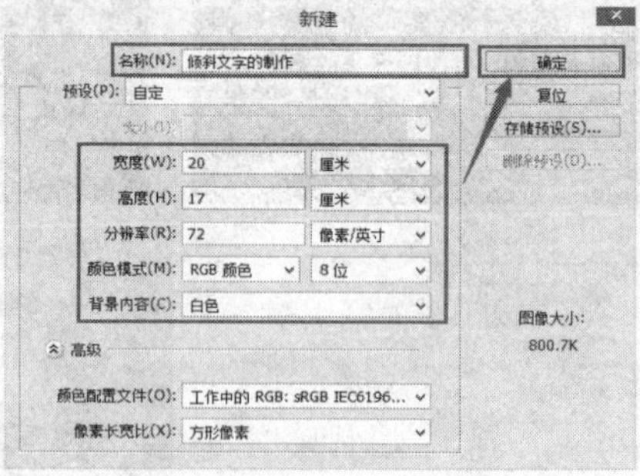 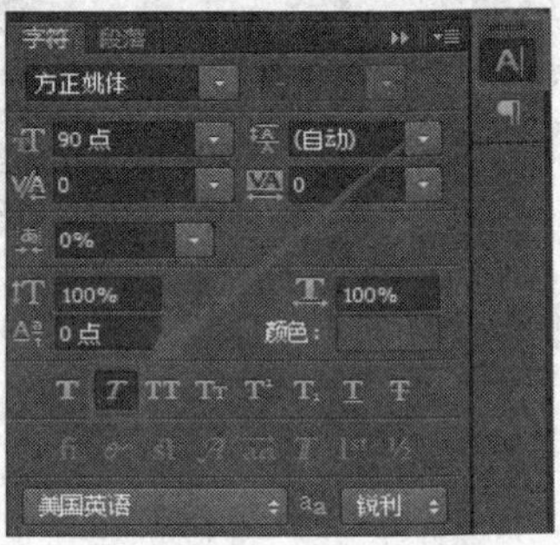</td></tr>
<tr><td>第二种方法是菜单栏选择“文字”→“栅格化文字图层”，将这些文字栅格化。按“Ctrl+T”，文字外面会出现小框。对着文字右击，选择“变形”，拖动四个角，调到满意的位置，字体就倾斜好了。</td><td></td></tr>
<tr><td colspan="2">专家提示：方法二可以使文字出现各种形状。
当使用文字工具输入文字并形成文字图层后，文字图层中的内容无法进行类似调整工具下的很多操作。如果想对这些文字进行以上变换，可执行“文字”→“栅格化文字图层”，即把文字图层栅格化后，再在文字处右击来选择栅格化的文字。
此例原始文字样式为“方正姚体”。</td></tr>
</table>

9.7.2 去除图片上的水印

<table>
<tr><th>步骤或说明</th><th>截图</th></tr>
<tr><td>打开文件“广告牌”。
使用矩形选择工具，选中“招商热线”。
专家提示：选中移动工具后才可以移动。</td><td> </td></tr>
</table>

<table>
<tr><th>步骤或说明</th><th>截图</th></tr>
<tr><td>切换回移动工具，按“Delete”键，在弹出的“填充”对话框中点击“确定”。
专家提示：同理可以去除右下角的电话。</td><td>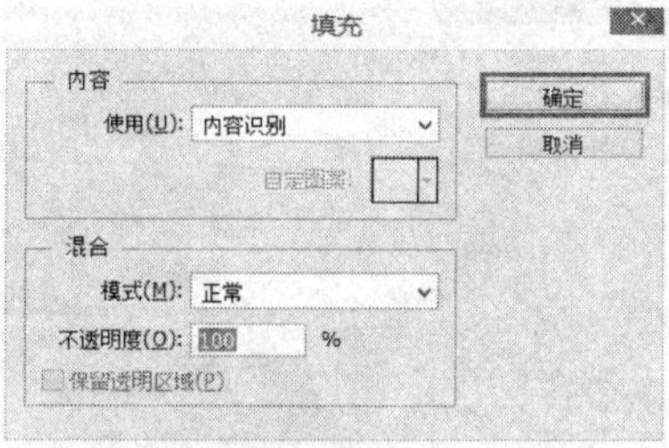

</td></tr>
<tr><td>也可以在图片选中后会形成的虚线框上，点击鼠标右键，选择“填充”选项。
选择好参数后，点击“确定”。
按“Ctrl+D”取消选区。</td><td>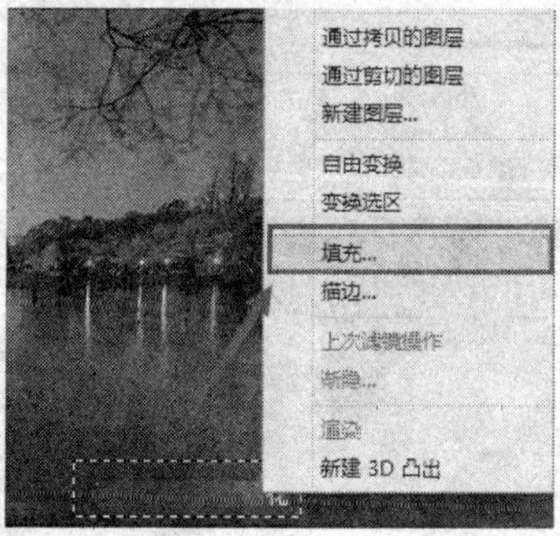

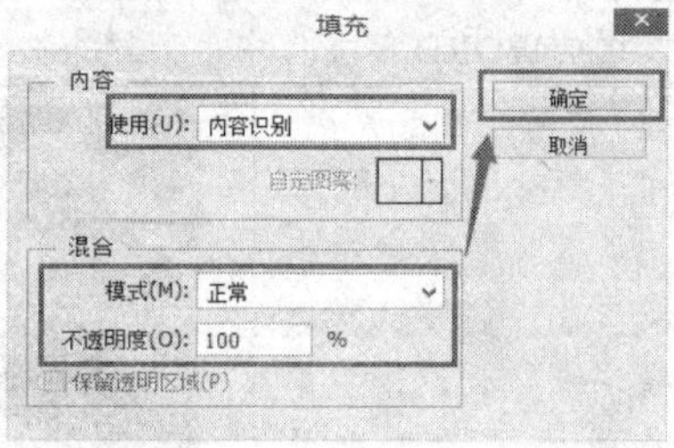
</td></tr>
</table>

9.7.3 抠出需要的图形

<table>
<tr><th>步骤或说明</th><th>截图</th></tr>
<tr><td>（1）用颜色抠图。
打开“有图章的图”。
菜单栏点击“选择”→“色彩范围”。
选择“红色”，点击“确定”。白色虚线显示的是选区。</td><td>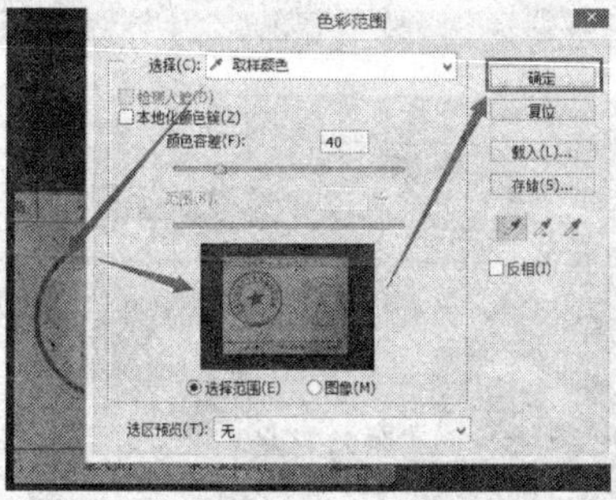

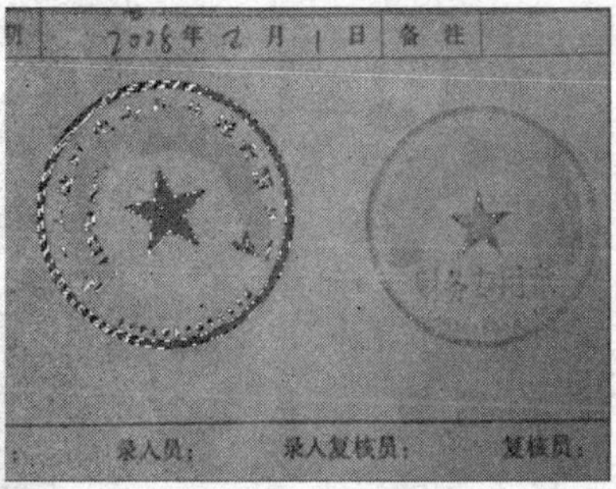
</td></tr>
<tr><td colspan="2">专家提示：选择“取样颜色”，鼠标变成“取样滴管工具”，在公章上面吸取颜色范围，可以在不同位置多取几次，这样选择出来的公章就比较完整，然后适当调整颜色容差拉杆，使选区更为准确。</td></tr>
<tr><td>按组合键“Ctrl+J”（复制选区到新图层）得到“图层 1”。隐藏背景图层，可以看见图章的大概轮廓都抠出来了。</td><td>

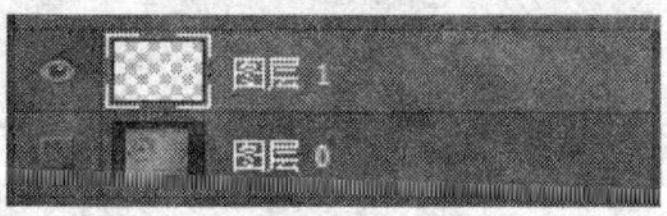

</td></tr>
</table>

<table>
<tr><th>步骤或说明</th><th>截图</th></tr>
<tr><td>菜单栏选择“图像”→“调整”→“色相/饱和度”或直接按组合键“Ctrl+U”，打开对话框进行调整。调整好后，点击“确定”。</td><td>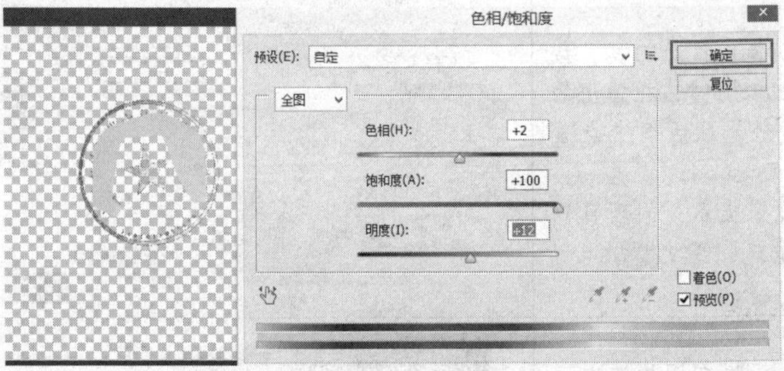
</td></tr>
<tr><td colspan="2">专家提示：如果觉得颜色有点浅，就按“Ctrl+J”复制图层 1，根据情况来决定复制几层。注意，如果想在 WORD 等文件中用到这个公章的话，保存的图片格式一定要是 PNG 格式的。</td></tr>
<tr><td>（2）用通道抠取人像。
打开“素材 1 人物”，在“通道”面板中观察红绿蓝 3 个通道，可以发现“绿”通道的前景和背景的黑白反差最大，仅选择“绿”通道可见。</td><td>
</td></tr>
<tr><td>在工具栏中选择“魔棒工具”，然后在选项栏中设置“容差”为 10，并勾选“连续”选项，接着单击黑色区域。选区效果如大图所示。
按住“Shift”键单击两条腿的交叉区域，将这个区域添加到选区中，如小图所示。</td><td>

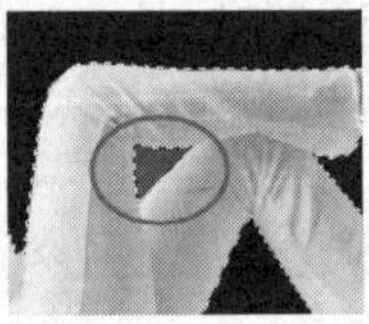</td></tr>
<tr><td>在“通道”面板中单击“RGB”通道，显示彩色图像，然后切换到“图层”面板，接着点击“Shift+Ctrl+I”组合键反向选择选区，再点击“Ctrl+J”组合键将选区内的图像复制到一个新的“图层 1”，最后隐藏“背景”图层，效果如图所示。</td><td></td></tr>
</table>

<table>
<tr><th>步骤或说明</th><th>截图</th></tr>
<tr><td>打开素材2背景，然后拖拽到素材1的操作面板中，按住鼠标左键将其中一个素材框拖出来，选择“移动”工具，即左侧工具栏中黑色的箭头，选中已拖出来的素材框中的素材，同样按住鼠标左键拖入另一个素材框中。点击“Ctrl+T”调节拖入素材的大小，双击退出，会新生产一个“图层2”。在图层2上按住鼠标并拖动，将“图层2”放在“图层1”的下一层。</td><td>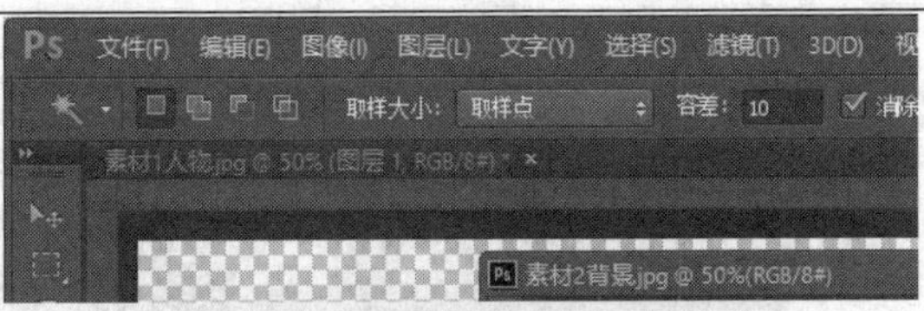

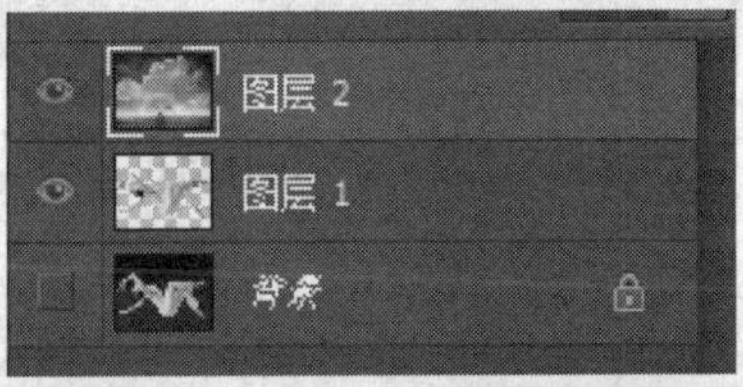

</td></tr>
<tr><td>点击图层1，按住人物往下移动一段距离，使人物刚好和草地接触。</td><td>
</td></tr>
<tr><td>菜单栏选择“图层”→“图层样式”→“投影”，在弹出的“图层样式”对话框中设置“不透明度”为18%，“距离”为30像素，“扩展”为20%，“大小”为50像素。点击“确定”。</td><td>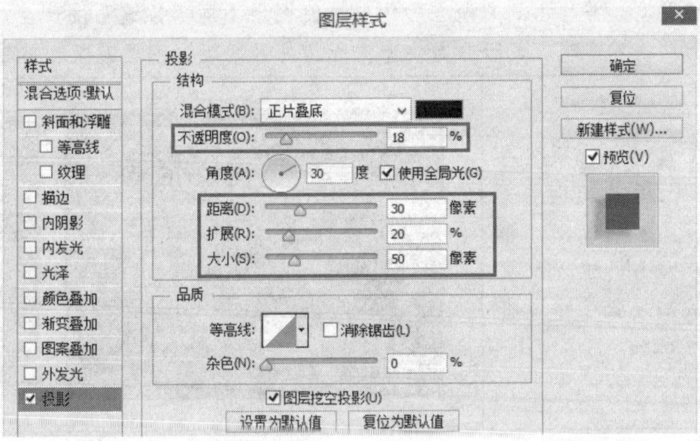
</td></tr>
</table>

<table>
<tr><th>步骤或说明</th><th>截图</th></tr>
<tr><td>专家提示：所有有关图像颜色的信息都是由通道反映出来的，通过编辑通道可改变图像中的颜色分量或创建特殊的选区。不管哪种图像模式，都有属于自己的通道。图像模式的不同，通道的数量也就不同。通道管理着图片的颜色信息，主要分为颜色通道、专色通道、Alpha通道和临时通道。</td><td></td></tr>
<tr><td>打开素材 3，然后拖拽到素材 1 的操作面板中，将新生成的“图层 3”放在最上层。
在“图层”面板下方单击“添加图层蒙版”按钮，为“图层 3”添加一个图层蒙版。</td><td>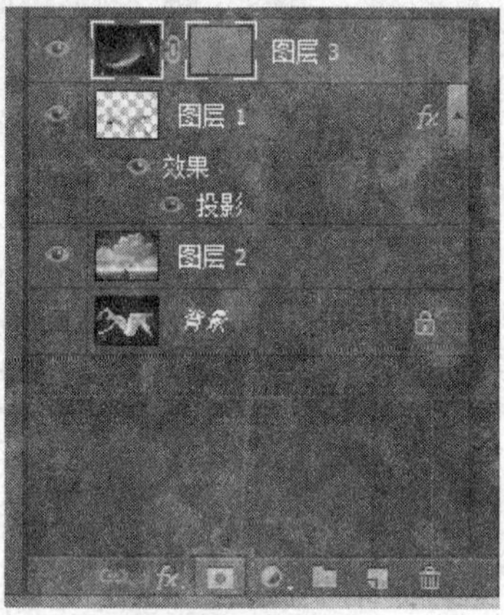
</td></tr>
<tr><td colspan="2">专家提示：蒙版用来控制图像的显示区域，通过对蒙版的编辑可以在不损失图像的前提下，将部分图像显示或隐藏。蒙版是浮在图层之上的一块挡板，它本身不包含图像数据，只是对图层的部分数据起遮挡作用，当对图层进行操作处理时，被遮挡的数据将不会受影响。使用蒙版编辑图片，修改方便，不会因为使用橡皮擦或剪切删除而造成不可撤回的遗憾。蒙版是将不同灰度色值转换为不同的透明度，并作用到它所在的图层，使图层不同部位透明度产生相应的变化。黑色为完全透明，白色为完全不透明。蒙版分为快速蒙版、矢量蒙版、图层蒙版和剪贴蒙版 4 类。</td></tr>
<tr><td>在工具栏中选择“画笔工具”，在选项栏中选择一种柔边圆笔刷，并设置“大小”为 288 像素，最后设置“不透明度”为 62%。</td><td> 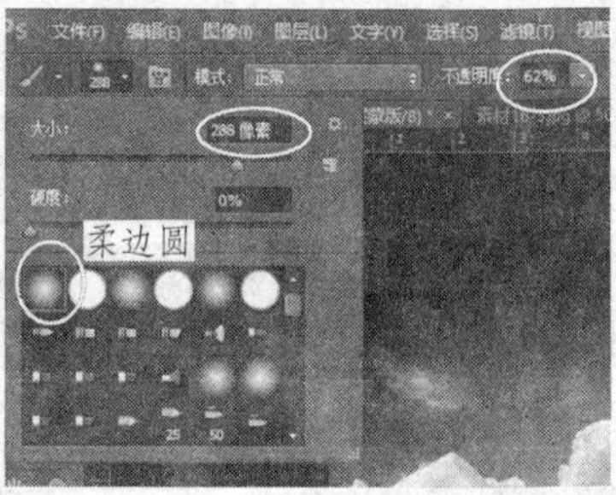
</td></tr>
</table>

步骤或说明	截图
在“图层”面板中选择“图层 3”的图层蒙版，然后设置前景色为黑色，接着用设置好的“画笔工具”在没有衔接好的地方进行绘制。 专家提示：用设置好的“画笔工具”在没有衔接好的地方不断地点击，直到光效与背景完全融合在一起为止。	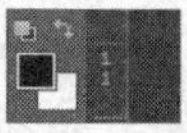  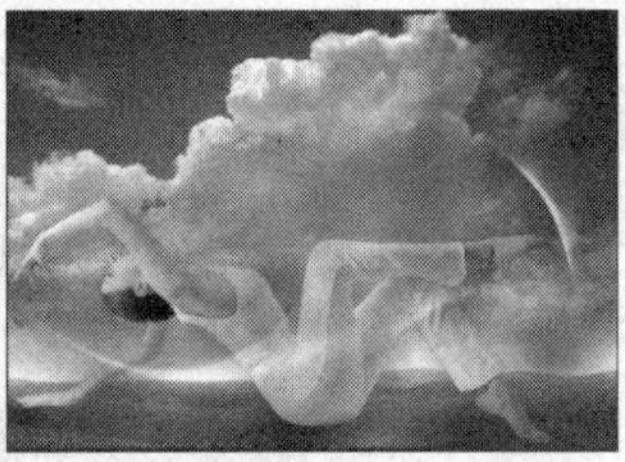
打开素材 4，将其拖拽到素材 1 的工作面板中；然后将新生成的“图层 4”放在“图层 2”的上方。接着，双击图层 4，设置该图层的“不透明度”为 56%。	

参考文献

[1] 方其桂. 微课制作实例教程[M]. 北京：清华大学出版社，2016.
[2] 倪彤. 微课/慕课设计、制作与应用[M]. 北京：清华大学出版社，2016.
[3] 乔玲玲，纪宏伟. 微课设计与制作实用教程[M]. 北京：清华大学出版社，2017.
[4] 余妹兰. Photoshop CS6 图像设计与制作案例技能实训教程[M]. 北京：清华大学出版社，2017.
[5] 纸笔画花. 教你如何，用 Ps 将图片带有的“水印”去掉，超简单！[EB/OL]. https: //baijiahao.baidu.com/s? id=1608137447256288974. html，2018-08-07.